珍藏本

纪念版

汉译世界学术名著丛书

经济发展理论

——对于利润、资本、信贷、利息和经济周期的考察

〔美〕约瑟夫·熊彼特 著

何畏 易家详 等译

张培刚 易梦虹 杨敬年 校

商務印書館
SINCE 1897 The Commercial Press

2017年·北京

Joseph A. Schumpeter
THE THEORY OF ECONOMIC DEVELOPMENT
An Inquiry into Profits, Capital, Credit, Interest, and the Business Cycle
Harvard University Press 1934
根据美国哈佛大学出版社 1934 年版译出

汉译世界学术名著丛书
（120年纪念版·珍藏本）
出版说明

2017年2月11日，商务印书馆迎来120岁的生日。120年前，商务印书馆前贤怀揣文化救国的理想，抱持“昌明教育，开启民智”的使命，立足本土，放眼寰宇，以出版为津梁，沟通中西，为中国、为世界提供最富智慧的思想文化成果。无论世事白云苍狗，潮流左右激荡，甚至战火硝烟弥漫，始终践行学术报国之志，无改初心。

迻译世界各国学术名著，即其一端。早在20世纪初年便出版《原富》《天演论》等影响至今的代表性著作，1950年代后更致力于外国哲学和社会科学经典的译介，及至1980年代，辑为“汉译世界学术名著丛书”，汇涓为流，蔚为大观。丛书自1981年开始出版，历时三十余年，迄今已推出七百种，是我国现代出版史上规模最大、最为重要的学术翻译工程。

丛书所选之书，立场观点不囿于一派，学科领域不限于一门，皆为文明开启以来，各时代、各国家、各民族的思想与文化精粹，代表着人类已经到达过的精神境界。丛书系统译介世界学术经典，引领时代思想，为本土原创学术的发展提供丰富的文化滋养，为推动中国现代学术和现代化进程做出了突出的贡献。

为纪念商务印书馆成立120周年，我们整体推出“汉译世界学术名著丛书”120年纪念版的珍藏本，寄望既利于文化积累，又便于研读查考，同时向长期支持丛书出版的译者、编者和读者致以敬意。

两甲子后的今天，商务印书馆又站在了一个新的历史时间节点上。我们不仅要铭记先辈的身影和足迹，更须让我们的步伐充满新的时代精神。这是商务人代代相传的事业，更是与国家和民族的命运始终紧密相连的事业。我们责无旁贷，必须做好我们这代人的传承与创造，让我们的努力和成果不仅凝聚成民族文化的记忆，还能成为后来人可以接续的事业。唯此，才能不负前贤，无愧来者。

商务印书馆编辑部

2017年10月

中译本序言

——对本书的介绍和评论

(一)

约瑟夫·阿洛伊斯·熊彼特(1883—1950年),美籍奥地利人,是当代西方著名经济学家。《经济发展理论》一书是他早期成名之作。熊彼特在这本著作里首先提出的"创新理论"(Innovation Theory),当时曾轰动西方经济学界,并且一直享有盛名。此书最先以德文发表于1912年,修订再版于1926年,越数年又重印了德文第三版。1934年,以德文修订本为依据的英译本,由美国哈佛大学出版社出版,被列为《哈佛经济丛书》第46卷。现在的中译本,据此英译本译出。

1883年,熊彼特出生于奥匈帝国摩拉维亚省(今捷克境内,故有人又把熊彼特看作美籍捷克人)特利希镇的一个织布厂主的家庭。他幼年就学于维也纳的一个贵族中学;1901—1906年肄业于维也纳大学,攻读法律和经济,乃奥地利学派主要代表人物庞巴维克的及门弟子。当时他的同学好友中有后来成为奥地利社会民主党领导人物的奥托·鲍威尔,以及后来成为德国社会民主党人、第二国际首领之一的希法亭。迨后他游学伦敦,就教于马歇尔;他终生高度推崇洛桑学派瓦尔拉。第一次世界大战前后，熊彼特曾执教于奥国的几个大学。1918 年，他曾一度出任考茨基、希法亭等人领导的德国社会民主党“社会化委员会”的顾问；1919 年，他又短期出任由奥托·鲍威尔等人为首的奥地利社会民主党参加组成的奥国混合内阁的财政部长。1921 年，他弃仕从商，任私营比德曼银行行长，1924 年银行破产，他的私人积蓄不得不受牵连而用于偿债。1925 年，熊彼特又回到学术界，先应邀拟赴日本任大学客座教授，但不久改赴德国任波恩大学教授，直到 1931 年又短期访日讲学。1932 年迁居美国，任哈佛大学经济学教授，直到 1950 年初逝世。熊彼特迁美后，尽管深居简出，但仍积极从事学术活动：1937—1941 年任“经济计量学会”会长；1948—1949 年任“美国经济学会”会长；如果不是过早去世，他还会担任预先商定的即将成立的“国际经济学会”第一届会长。

从熊彼特的上述学历和经历可以看出，他一方面直接承袭了资产阶级经济学主要代表人物的衣钵；另一方面又与第二国际首脑人物、社会民主党人有过密切的关系。这些渊源，对于了解熊彼特的哲学观点、政治见解和经济学说的形成及其特点，都是极为重要的。

（二）

熊彼特的《经济发展理论》以“对于利润、资本、信贷、利息和经济周期的考察”作为副标题，涉猎范围可谓极其广泛。但是书中最具特色和最引人注目的，还是他所提出的“创新理论”。全书共分为六章。第一、第二两章最为重要,从静止状态的"循环流转"到经济发展的根本现象,特别是第二章,对经济发展,包括从"企业家"的特点和功能、"生产要素的新组合"、"创新"的涵义和作用,直到资本主义的产生,熊彼特都作了开创性的精辟的论述,既是理论上的探讨,也是历史发展过程的概述。第三、四、五各章则进一步分别阐述了信贷与资本、企业家利润以及资本的利息。我们可以概括地说,"创新理论"就是熊彼特"经济发展理论"的核心。

在书中,熊彼特首先用静态方法分析了"循环流转",假定在经济生活中存在一种所谓"循环流转"的"均衡"状态。在这种情况下,不存在"企业家",没有"创新",没有变动,没有发展,企业总收入等于其总支出,生产管理者所得到的只是"管理工资",因而不产生利润,也不存在资本和利息。生产过程只是循环往返,周而复始。这实际上是一种简单再生产过程。按照马克思的分析,即使在简单再生产的条件下,资本家照样能获得利润,掠取剩余价值。可是在这里,熊彼特却否认了资本主义简单再生产的情况,以及在这种情况下所存在的剩余价值剥削及其转化形式利润和利息。

然后,熊彼特从"动态"和"发展"的观点分析了"创新"和资本主义。他在这里通过引进"企业家"和"创新"而导出了资本主义。这些内容就是书中第二章所阐述的"经济发展"的根本现象,也是熊彼特"创新理论"的本体。

按照熊彼特的观点,所谓"创新",就是"建立一种新的生产函数",也就是说,把一种从来没有过的关于生产要素和生产条件的"新组合"引入生产体系。在熊彼特看来,作为资本主义"灵魂"的"企业家"的职能就是实现"创新",引进"新组合"。所谓"经济发展”也就是指整个资本主义社会不断地实现这种“新组合”而言的。

熊彼特所说的“创新”、“新组合”或“经济发展”，包括以下五种情况：(1)引进新产品；(2)引用新技术，即新的生产方法；(3)开辟新市场；(4)控制原材料的新供应来源；(5)实现企业的新组织。按照熊彼特的看法，“创新”是一个“内在的因素”，“经济发展”也是“来自内部自身创造性的关于经济生活的一种变动”。我们认为，这种观点有一定的合理成分。

熊彼特认为，“资本主义在本质上是经济变动的一种形式或方法，它从来不是静止的”。他借用生物学上的术语，把那种所谓“不断地从内部革新经济结构，即不断地破坏旧的、不断地创造新的结构”的这种过程，称为“产业突变”。并说“这种创造性的破坏过程是关于资本主义的本质性的事实，应特别予以注重。”所以在熊彼特看来，“创新”、“新组合”、“经济发展”，都是资本主义的本质特征；离开了这些，就没有资本主义。在这里，熊彼特虽然强调了生产技术革新对资本主义经济发展的作用，并在一定程度上引用了“变动”和“发展”的观点，但却抽掉了资本主义的生产关系，掩盖了资本主义的基本矛盾。

在熊彼特看来，所谓资本，就是企业家为了实现“新组合”，用以“把生产指往新方向”、“把各项生产要素和资源引向新用途”的一种“杠杆”和“控制手段”。资本不是具体商品的总和，而是可供企业家随时提用的支付手段，是企业家和商品世界之间的“桥梁”，其职能在于为企业家进行“创新”而提供必要的条件。但是我们知道，资本是一种生产关系，是为资本家带来剩余价值的价值。这里，熊彼特却完全歪曲了资本的实质，掩盖了资本家对雇佣工人的剥削关系。

接着,熊彼特又分析了“企业家利润”及“利息”的产生。按照熊彼特的观点,只有在实现了“创新”的“发展”情况下,才存在企业家,才产生利润,才有资本和利息。这时,企业总收入超过其总支出;这种“余额”或剩余,就是“企业家利润”。在熊彼特看来,这是企业家由于实现了“创新”或生产要素的“新组合”而“应得的合理报酬”。

关于“利息”的形成,熊彼特提出了三大要点:第一,利息实质上来自“剩余价值”或“余额价值”。在正常的经济生活里,除了上述“余额”或“剩余”外,没有别的东西能产生利息。而这种“余额”或“剩余”,如前所述,乃来自“创新”所引起的“经济发展”。因此,在“循环流转”的情况下,也就是在没有“经济发展”的情况下,就不会有利息。第二,“发展”带来的“余额”或“剩余”价值,一般分为两类:一类是企业家利润;一类是同“发展”本身相联系的结果。显然,利息不能来自后者,因此,利息只有来自也必须来自“企业家利润”。利息便是从这种报酬中支付的,如同对利润的一种“课税”。第三,在一种通行“交换经济”也就是“商品经济”的社会里,利息不是暂时的,而是一种永久现象。值得一提的是,在利息理论上,熊彼特的“创新”和“制度”利息论则与他的老师庞巴维克的“时差”利息论大相异趣。他们师生二人,也曾为这一问题有过多次为经济学界所注目的争论。姑不论两人的论点谁对谁错或两者皆错,这种争辩的精神却颇有可取之处。

这里,熊彼特所谓的“企业家利润”,实际上只不过是一种“超额利润”。但即使是这种利润,也还是相对剩余价值的一种表现形式,是企业资本家的一种剥削收入,而不是什么“应得的合理报酬”。利息是从“企业家利润”中支付的,不言而喻也是一种剥削收入。

(三)

在本书最后第六章中,熊彼特运用他的“创新理论”分析了经济周期的形成和特点。熊彼特认为,由于“创新”或生产要素的“新组合”的出现,不是像人们按照“概率论的一般原理”所预料的那样连续均匀地分布在时间序列之上,而是时断时续、时高时低的,有时“群聚”(in groups or swarms,即“成组”或“成群”),有时稀疏,这样就产生了“商业循环”或“经济周期”。同时,在资本主义的历史发展过程中,“创新”是多种多样、千差万别的,因而对经济发展的影响就有大小、久暂之分,这就形成了周期的升降起伏波动。

但是我们要特别指出,到 1926 年《经济发展理论》德文修订再版时为止,熊彼特尚未发展到“多层次”的“三种周期”理论;当时他的心目中所考虑的,主要也还是为期大约 9 年到 10 年的“尤格拉周期”,也就是仍为单一的经济周期理论。不过,熊彼特当时已经表现出对他自己的经济周期理论不甚满意的情绪。他在本书第六章“经济周期”的开头就写道:“关于危机的理论,更正确地说,关于经济重复变动的理论,甚至还不像已经阐述了的关于企业家功能、信用、资本、货币市场、利润和利息等理论那样,有一个对主题比较令人满意的表述。”他又写道:“我在这方面的工作还只是一个骨架;我自己所许诺的彻底研究尚未完成,而且按照我的工作计划,像这样的情况还要持续一段长的时期。”直到 1939 年，熊彼特的英文两大卷，共 1 100 余页的《经济周期：资本主义过程之理论的、历史的和统计的分析》一书，才在美国出版问世；完成了他的颇具特色的以“创新”理论为基础的多层次的“三个周期”理论。但是我们又必须指出，在此以前，也就是本世纪 30 年代初期，熊彼特对于经济周期理论已有一些新的想法和构造端倪。尽管在 1934 年 3 月本书英译本出版时，他并未对第六章作任何改动，但在一年之后即 1935 年 5 月，他却在美国《经济统计评论》杂志上发表了“经济变动的分析”一文，已经比较完整地提出了多层次的“三个周期”理论的主要轮廓，这可以说是后来两大卷《经济周期理论》的雏形。

鉴于熊彼特的两大卷《经济周期理论》一书篇幅浩繁，一时在我国恐怕还难以有中译本出现，同时，为了补充本书第六章对经济周期分析之不足，我们决定将熊彼特的“经济变动的分析”一文，译成中文，作为本书的“附录”一同发表。读者如果将“附录”和第六章结合起来阅读，就可以获得熊彼特“多层次”经济周期理论的概貌。

从附录“经济变动的分析”一文可以看出，熊彼特的“多层次”经济周期理论，是综合了前人的论点、加上自己的见解而融贯形成的。他首次提出在资本主义的历史发展过程中，同时存在着长、中、短“三种周期”的理论。

第一种是经济“长周期”，或称“长波”，又称“康德拉季耶夫周期”，由俄国经济学家尼古拉·D. 康德拉季耶夫于 1926 年首先提出，所以以他的名字命名。每一个周期历时 50 年或略长一点儿。在这里，熊彼特沿袭了康德拉季耶夫的说法，把近百余年来资本主义的经济发展过程进一步分为三个“长波”，而且用“创新理论”作为基础，以各个时期的主要技术发明和它们的应用，以及生产技术的突出发展，作为各个“长波”的标志。

“长波”I——从大约1783年到1842年，是所谓“产业革命时期”。值得注意的是，这是专指第一次“产业革命”。

“长波”II——从1842年到1897年，是所谓“蒸汽和钢铁时代”。同样值得注意的是，这里所提到的蒸汽是与上一时期的技术发明有连贯性的。

“长波”III——从1897年到本世纪20年代末首次提出“长波”理论为止(当时这个“长波”尚未最后结束)，是所谓“电气、化学和汽车时代”。

第二种周期就是通常所说的平均大约9年到10年的资本主义经济周期，又称“尤格拉周期”，由法国的克莱门·尤格拉于1860年提出。在三种周期中，这一种是提出最早的。

第三种是平均大约40个月(将近三年半)的所谓“短周期”或“短波”，又称“基钦周期”，由美国的约瑟夫·基钦于1923年提出。

熊彼特还宣称，上述几种周期并存而且相互交织的情况，正好进一步证明了他的“创新理论”的正确性。因为在他看来，从历史统计资料表现出来的这种周期的变动，特别是“长周期”的变动，同各个周期内的生产技术革新呈现着相当密切的关联。概言之，一个“长波”大约包括有六个“中程周期”，而一个中程周期大约包含有三个“短波”。熊彼特本人也认识到，除了“长波”外，很难就“中程周期”，更不能就“短波”，具体地指出，某一个周期的上升波动是和某一种工业的发展或某一种生产技术的革新有关联的。

熊彼特的关于经济周期的思想观点和各个周期的具体内容，在1939年出版的他的两卷《经济周期》一书里，有更加广泛的描述和详尽的发挥。

（四）

综上所述，我们可以看出，熊彼特的“经济发展理论”，或者说他的“创新理论”，具有以下几个大的特点：

第一，熊彼特非常强调生产技术的革新和生产方法的变革在资本主义经济发展过程中至高无上的作用，并把这种“创新”或生产要素的“新组合”看成是资本主义的最根本的特征；因而认为没有“创新”，就没有资本主义，既没有资本主义的产生，更没有资本主义的发展。我们认为，这一看法颇有其可取之处。因为我们知道，马克思主义政治经济学从来就重视生产技术和生产方法的变革在人类历史发展中的作用，从来就认为生产力是社会发展的最革命的最活跃的因素。这不仅对于资本主义社会是这样，即使对于社会主义社会以及整个人类社会的历史也仍然应该是这样。

第二，在分析中熊彼特极力强调“变动”和“发展”的观点，强调并采用了历史的方法；同时认为“创新”是一个“内在的因素”，“经济发展”也是“来自内部自身创造性”的一种变动，从而又强调了社会经济制度“内在因素”的作用。这在西方经济学的传统中，是不多见的。

第三，熊彼特还非常强调和重视“企业家”在资本主义经济发展过程中的独特作用，把“企业家”看作是资本主义的“灵魂”，是

"创新"、生产要素"新组合"以及"经济发展"的主要组织者和推动者。这在西方经济学的传统中,也是不多见的。

当代西方的一位著名的进步经济学家保罗·斯威齐早在20世纪40年代就说过:"现代正统经济学家,在他们的系统理论分析中,从不试图分析〔资本主义的〕演进过程。这点可说已成定论。但有一个重要的例外,那就是熊彼特,他的《经济发展理论》是在这方面离开传统标准的一个突出代表。"①特别是传统的庸俗经济学,从不涉及生产方法的变更,而他们所说的"经济发展",主要甚至完全是指人口、资本、工资、利润、地租等等在数量上的逐渐变迁。而熊彼特的"创新理论",则在于用生产技术和生产方法的变革来解释资本主义的基本特征和经济发展过程,以图把历史的发展和理论的分析两者结合起来。

斯威齐接着又指出:"熊彼特的理论与马克思的理论具有某些惊人的相似之处。"在概括地指出两者的相似之处以后,他又说"对于熊彼特理论的简要概述足以表明,对于他,如同对于马克思一样,都把生产方法的变更看作是资本主义的一个根本特征。"②但是斯威齐立即又着重指出:"尽管熊彼特的上述观点同马克思的观点存在着某些明显的相类似之处——对于这一点熊彼特自己也清楚地认识到——但两者之间仍然存在着根本的理论上的差别。例如,在熊彼特那里,就没有'产业后备军'的分析;他对劳资关系的分析和处理,亦完全不同于马克思。"③熊彼特自己在本书中也说,

---

① 见保罗·斯威齐:《资本主义发展的理论》,英文版,1942年,第94页。

② 同上书,第94—95页。

③ 同上书,第95页。

他的结构只涉及马克思研究范围的一小部分。[1]

关于熊彼特和马克思的渊源问题，熊彼特的夫人伊丽莎白曾经写道："马克思在1883年逝世，这正是熊彼特本人和他所论述的十大经济学家中最年轻的凯恩斯诞生的一年。熊彼特和马克思有一共同之点，那就是关于经济发展过程的看法。在他自己的《经济发展理论》里，熊彼特试图提出'关于经济变迁不单是决定于推动经济制度从一个均衡到另一个均衡的各种外在因素的纯粹经济理论'。在这一著作的日文版的绪言里，他说：'读者可能会立刻明了的一点，我在开始时是不清楚的，即这一概念和这一目的（指熊彼特自己的）是和构成卡尔·马克思经济学说基础的概念和目的完全相同的。实际上，马克思之所以有别于同时代或前代的经济学家，正是因为他认为经济发展的特定过程是经济制度本身所产生的这一看法。在任何其他方面，他只是采用或修改李嘉图经济学的概念和命题；但是被放在次要的黑格尔背景里的经济发展概念，却完全是他自己（指马克思——引者注）的创见。可能正是由于这一点，一代又一代的经济学家才又都折回到他这里来，尽管他们可能发现他有许多可以批评之处。"[2]我们认为，在这一重大的共同点上，熊彼特很可能于无形中受到过马克思的影响。但毕竟由于世界观和立场不同，因而用伊丽莎白·熊彼特的话来说，"就引向极不相同的结果：它使马克思谴责资本主义，而使熊彼特成为资本

① 见熊彼特本书，第70页的附注结尾部分。

② 熊彼特：《从马克思到凯恩斯十大经济学家》，商务印书馆，1965年版，第2页。着重号是引者加的。

主义的热心辩护人”。①

姑不论熊彼特是通过他的同窗好友，还是通过马克思的著作，从而受到马克思学说观点的影响，也不论他所受这种影响的程度如何，熊彼特的“经济发展理论”或“创新理论”中的上述几大观点，如强调生产技术革新和生产方法变革的观点，强调变动和发展的观点，强调经济制度内在因素的观点，强调企业家创新功能的观点，无疑大都是正确的。这对于我们今天进行社会主义的“四化”建设、发展社会生产力、探索社会主义经济发展理论，仍有很大的参考价值和借鉴作用。

当然，熊彼特的“经济发展理论”或“创新理论”，有其根本缺陷，那就是它抹杀了生产关系及其变动，撇开了生产关系和生产力的矛盾及其在历史发展中的作用，因而上面所谈到的诸如“资本主义”、“资本”、“企业家利润”、“利息”等等范畴，就都与资本主义的生产关系无关，当然也就掩盖了资本家对雇佣工人的剥削关系。

说到熊彼特的经济周期理论，我们必须明确指出，这是他的“创新理论”的一种运用；换言之，这是他综合了以前和同时代的经济学者根据对历史统计资料的分析而得出的长短不同的经济周期理论，并以“创新”作为中心线索，从而形成的长、中、短“多层次”的“三种周期”理论。这种理论本身，原是来自实际资料的一种分析概括，因而可以提供我们作为研究资本主义历史发展过程和经济运行过程的参考。

① 熊彼特：《从马克思到凯恩斯十大经济学家》，第 3 页。

至于熊彼特进一步运用技术的革新、新资源的利用以及新领域的开发等等，来解释经济周期形成的原因，对于这一点我们则必须加以具体分析。如果说技术革新等因素对于形成经济周期的长短方面有所影响，那这一点还是有参考价值的。可是，如果把技术革新等因素看成是产生资本主义经济周期（包括危机阶段在内）的根源，那就是片面的和表面的，没有深入到问题的实质。所以我们对待熊彼特关于经济周期形成的论点，如同对待他的其他一些论点一样，不能笼统一概而论，而要采取两分法的态度。

总的说来，熊彼特的《经济发展理论》，可以说是西方经济学界第一本用“创新”理论来解释和阐述资本主义的产生和发展的专著。当然，就全世界整个经济学界而言，只有马克思的《资本论》，才是最早用历史唯物主义的科学观点，剖析和阐明资本主义的产生、发展和趋于灭亡规律的巨著。1942 年，美国保罗·斯威齐的《资本主义发展的理论》一书出版，这是西方经济学界进步学者试图运用马克思主义观点，比较系统地研究马克思有关资本主义经济发展的理论的少数著作之一。但必须指出，这几本著作主要都是以早期发达的资本主义国家为研究对象的。另一方面，虽然早在本世纪 40 年代，就有研究农业国家或发展中国家的经济发展和工业化的少数专著或论文问世，但直到第二次世界大战以后，50 年代和 60 年代，对发展中国家即第三世界国家的经济起飞和经济发展的研究才勃然兴起，“发展经济学”从此成为一门专门学科。近一二十年来，研究发达国家和发展中国家的经济增长和经济发展的书刊与日俱增；经济发展已成为国际经济学界的一个主要研究课题。

目前，我国介绍、评述和翻译国外关于发展经济学的论著日益增多；同时，研究我们自己的社会主义经济运行和发展问题也提到了重要的议事日程。我们知道，在我国实现四个现代化的过程中，发展生产力是重要目标，技术革新是关键步骤，企业家创业精神要大力提倡。而这些，尽管观点不同，却都是熊彼特《经济发展理论》一书的主要内容。为此，把这本书译成中文出版并与我国读者见面，是很有现实意义的。

张 培 刚

本书译者有：何畏（译第一、二章），易家详（译第三、四章），张军扩、胡和立（合译第五章），叶虎（译第六章、附录——经济变动的分析、英文版序言），特此说明。

目　　录

英文版序言

在这本书中提出的有些思想，可以远溯到 1907 年；但到了 1909 年，所有这些思想和见解都已经整理就绪，当时一个关于资本主义社会的纯经济特性的这种分析的总的框架已经形成，自后一直没有重大的更动。本书第一次以德文出版于 1911 年秋天。在它绝版了十年之后，当时我多少有点勉强地同意了刊行第二版，删掉了第七章，重写了第二章和第六章，并在这里和那里减缩或增添了一些内容。这是在 1926 年。德文第三版只是重印第二版，现在的英文译本也是以德文第二版为依据的。

如果我要说我在本书再版时除了在说明方面之外没有进行任何更改，是由于我相信书中所论各点都是完善的，它们就是我对此书第一次问世后所做和所想的，下了一个非常有害的判断。尽管我的确认为书中的纲要——或者可以叫做"看法"或"观点"——和结论基本上是正确的，但是也有许多地方我现在有另外的见解。我只提出一个地方，作为例子来说明。当经济周期理论第一次形成时，读者可以在第六章看到，我以为不成问题的是，只存在一种单一的波浪式运动，也就是尤格拉所发现的那种周期。我现在相信，至少有三种这样的波浪式运动，可能还不止三种；而当前面临于经济周期理论家的最重要的问题，恰好在于把它们各自分开，并描述它们的相互作用所引起的各种现象。但在本书后来的版本中，我并没有把这一要素引用进来。因为书籍如同孩子们一样，一旦离开了父母亲的家，就成为独立的人。它们过着它们自己的生活，而作者也有他们自己的生活。去干预那些离开了家的局外人，将会是不恰当的。这本书已经闯出了它自己的路，不管是对还是错，它已经在它的时代和领域里赢得了它在德国文献中的地位。对我来说，似乎最好是尽可能地不让它受到干扰。要不是由于我的杰出的朋友陶西格教授的建议和鼓励，我简直就没有想到要出一个英文译本。

为了同样的理由，我没有遵照我的伟大的导师庞巴维克的样子办事：他以无限的细心，在他出书以后的版本中，记下了每一个反对和批评的意见，并加上了他自己的评论。但是，我对于那些给我以荣幸对我的论点提出仔细批评的人，我却把争论限制在最低限度，这绝不是我对他们缺乏任何的敬意。不过，我必须承认，我还从来没有遇到过一种在实质性问题上据我看来具有说服力的反对意见。

就目的和方法言，本书显然是“理论性的”。这里不是作为方法上一种信仰表白的地方。或许我可以说，关于“事实的”研究和“理论的”研究的关系，我现在的想法倒是和 1911 年有些不同。但是我仍然深信，我们的科学，和其他任何事物一样，不能丢掉我们称之为“理论”的所谓精练的常识，它提供我们以考察事实和实际问题的工具。不管新的成堆的未经分析的事实，特别是统计上的事实，对我们的理论工具的关系是如何重要——毫无疑问，日益增添的事实材料的宝藏必定不断地启示新的理论模式，从而广泛地和默然地改进任何现有的理论结构——在任何给定的阶段，具有一些理论知识则是处理新的事实，也就是处理尚未体现在现有理论中的事实的一个先决条件。如果这些知识是粗浅的和下意识的，那么它可说是一种坏的理论，但仍然不失为一种理论。举例来说，我至今尚未能说服自己，让我相信诸如利息的来源一类的问题是既不重要的，又不令人感兴趣的。这类问题可以被这样看待，但无论如何，那只是由于著作者的过错。尽管如此，但我仍然希望，不久就能通过在货币与信贷方面，在利息方面，以及在经济周期方面的一些更加“现实的”研究，提供现在这里正感缺乏的详尽资料。

书中的论点，形成一个相互连贯的整体。但这并非由于有任何事先考虑周密的计划。差不多25年以前，当我开始研究利息理论和经济周期理论时，我并不怀疑这些课题将会彼此互有联系，并与企业家的利润、货币、信用等等有密切关联，而且这些恰好以当时的论点潮流向我显示的方式表现出来。但是不久就变得很清楚，所有这些现象——以及许多次要现象——都不过是另一个特殊过程所引发的事件，而那种将会解释这些现象的简单原理也将会解释另一个特殊过程本身。结论表明，这一批理论倒是对我们很有益的并可与均衡理论相对应，而均衡理论不论明显地或含蓄地曾经总是，而现在仍然是，传统理论的核心。我最初使用了“静态”和“动态”这样的名词来表示这两种结构，但是我现在——依从弗瑞希教授——明确地不再在这个意义上使用它们。它们已经被别的名词代替了，这些名词看起来或许有些粗陋。但是，我仍然坚持这种区别，因为我已经反复不断地发现它对于我当前的工作是有帮助的。这种情况，即使在经济学范围之外，在我们可以称之为文化演进的理论中，也被证实是这样；而这种演进理论，在重要方面，与本书的经济理论，有着惊人的相似之处。这种区别本身，曾经受到许多非难。然而，难道把日常经营一家厂商所引发的现象，与创设一家新的厂商所引发的现象，予以区别开来，是真的不符合生活现实，或者是人为的吗？难道它必然地要同一种"机械的类比"有任何关系吗？对钻研名词的历史有嗜好的人，如果他们感到要这样做，倒应该谈到一种动物学上的类比；因为静态和动态这些名词是由约翰·斯图亚特·穆勒引入经济学的，尽管用的是一种不同的含义。穆勒可能引自孔德，而孔德又转而告诉我们，他是从动物学家德·布兰维尔那里借用来的。

我要对我的朋友雷德弗斯·奥佩博士致以诚挚的感谢，他以无可比拟的好意，承担了一种非常难以驾驭的原文的艰巨的翻译工作。* 我们决定删去原版第一章和第三章的两个附录，以及这里或那里的一段或一节。有的地方，对说明作了一些更动；有些页数重新改写了。鉴于书中的论点本身没有任何改变，我觉得做一张更改对照表是多余的。

约瑟夫·A. 熊彼特

美国，马萨诸塞州，坎布里奇

1934 年 3 月

---

* 这里所谓原文是指德文，书名为 *Die Theorie der wirtschaftlichen Entwicklung*；现在的英文书名则为 *The Theory of Economic Development*。——校者

第一章　由一定环境所制约的经济生活的循环流转[①]

社会过程实际上是一个不可分割的整体。在它的洪流中，研究工作者的分类之手人为地抽出了经济的事实。把一个事实称为经济的事实这已经包含了一种抽象，这是从内心上模拟现实的技术条件迫使我们不得不作出的许多抽象中的头一个。一个事实绝不完全是或纯粹是经济的；总是存在着其他的——并且常常是更重要的——方面。然而，我们在科学中就像在日常生活中一样谈到经济的事实，我们是有同样的权利这样做的；也是根据同样的权利，我们可以写一部文学史，尽管一国人民的文学同它生存的一切其他因素是不可分割地联系在一起的。

社会事实是(至少直接是)人类行为的结果，而经济事实则是经济行为的结果。经济行为可以定义为目的在于取得货物的行为。在这种意义上，我们可以谈行为的经济动机，谈社会和经济生活中的经济力量，等等。可是，我们所要研究的只是目的在于通过

① 这个标题是参考菲利波维奇的用语来选定的。参阅他的《概论》，第 II 编，绪论。

交换或生产来取得货物的那种经济行为，因此我们将经济行为的概念限制在这种类型的取得上，而把那一比较广泛的领域留给经济动机和经济力量这些概念，因为在我们将要谈论的经济行为这个比较狭窄的领域以外，我们还需要经济动机和经济力量这两个概念。

因此，经济事实的领域首先就是由经济行为的概念所限定的那个领域。每一个人都必须(至少是部分地)有经济方面的行为；每一个人都必须要么是一个"经济主体"("economic subject "，译自德语"Wirtschaftssubjekt")，要么是依附于一个经济主体。可是，一旦各社会集团的成员在职业上各有分工以后，我们就可以区分两大类人：一类人的主要活动是经济行为或营业，另一类人的行为的经济方面相对于其他方面而言退居次要的地位。在这种情况下，经济生活是由一个特别集团的人来代表的，虽然所有其他社会成员也必须有经济方面的行为。于是这个集团的活动可以说是构成了经济生活，κατ'ἐξοχὴν，这样说的时候就不再包含抽象，不管从这种意义说的经济生活同人们的其他重要表现所具有的一切关系如何。

像谈一般的经济事实那样，我们也谈经济发展。说明经济的发展乃是我们在本书中的目的。在提出我们的论点以前，我们将在本章给自己提供一些必要的原则，并使我们自己熟悉某些概念上的设计，这些都是我们在以后所需要的。此外，必须为以后的论证提供一些可以比作是"把手"或"榫头"的东西，以便"掌握"公认理论的"轮子"。我完全摒弃了方法论上的注释这个武器。在这方面我只想大家注意到，本章所说的的确是经济理论主体的一部分，但在主要之点上并不要求读者具有今天需要特别为之论证的知识。其次，由于我们的论证只需要少数理论上的结论，我很高兴地利用了这样提供的机会，尽可能简单地表达我所要说的东西，不用专门术语，这就不免牺牲了绝对的准确性。但是，凡是在更加准确的表述的好处只存在于那些对我们没有什么进一步重要性之点的场合，我决定都采用这样一种办法。在这方面，我请读者参考我的另一本书。[①]

当我们探讨经济现象的一般形式，探讨它们的一致性或探讨如何去理解它们的关键时，我们在事实上表明了：我们在此刻想要把它们看作是某种作为"未知的事物"而需要加以研究的东西、需要加以探索的东西；我们想要对它们追本溯源，直到相对说来是"已知的事物"，就像任何一门科学对待它的研究客体一样。当我们成功地找到了两种现象之间的明确的因果关系时，如果起"原因"作用的现象是非经济现象，那么我们的问题就解决了。我们这样就完成了自己作为经济学家在当前这种场合所能够做到的事情，以后我们必须让位于其他的学科。反之，如果作为原因的因素它本身在性质上是经济的，我们就必须继续我们在阐释方面的努力，直至我们到达非经济的基地。这对一般理论和对具体事例来说，都是如此。如果我能说，例如，地租这个现象是由于土地质量的不同所引起的，那么经济上的解释就算已经完毕了。如果我能对某种价格运动追溯到对商业的政府管制，那么我就已经尽到了作为经济理论家所能尽到的责任，因为政府对商业的管制并不以通过交换或生产去获得货物为直接目的，从而不属于我们的纯粹经济事实这一概念的范畴。我们总是从事于描述把经济数据和非

① 《理论政治经济学的本质和主要内容》，以后简称《本质》。

经济数据联系起来的因果关系的一般形态。经验告诉我们,这样做是可能的。经济事件有它们的逻辑,这是每一个从事实践的人都知道的,我们只不过需要自觉地准确地加以表述而已。在这样做时,为了简便起见,我们将考虑一个孤立的社会;我们在这个孤立的社会中也像在比较复杂的场合中一样,能够看到事物的本质,而本书所要研究的就只是这种事物的本质。

因此,我们将要概述心中想象的经济机制的主要特征。为此目的,我们主要设想的是一个商业上有组织的国家,其中私人财产、分工和自由竞争居于统治地位。

如果一个从来不曾看到或听到过这样一个国家的人,观察到有一个农民为在一个遥远的城市生产谷物去为做面包而消费,他就会不得不问,这个农民怎样会知道这个消费者需要面包并且恰好是那么多呢?当他听说这个农民根本不知道谷物是在哪里或由何人所消费时,他肯定会大吃一惊。更者,他还可能看出,谷物必须通过一些人之手才达到最终的消费者那里,而所有这些人也都根本不知道这个最终的消费者,只有最后的面包出售人可能是例外;甚至这些出售人在知道这个具体的消费者会要购买面包以前,一般也必须从事过生产或购进面包。农民能够很容易回答向他提出的问题:长期的经验①(部分地是得自前人的)告诉他,为了他自己的最大利益,他应当生产多少;经验教育了他,使他懂得应当加以考虑的需求的大小和强度。他尽可能地维持这个数量,只在环境的压力下才逐渐地改变它。

① 参阅维塞尔:《自然价值》,在那里首次提出了这一点并阐明了它的意义。

在农民核算中的其他项目也是同样的，不问他是像大工业家一样完全地进行核算，或是半自觉地并通过习惯的力量来作出他的决定。在一定的限度内他通常都知道他必须购入的东西的价格；他知道他必须支出自己多少的劳动(不论他是按纯粹的经济原则来计算他自己劳动的价值，或他用比任何别人都完全不同的目光来看待他在自己土地上的劳动)；他知道耕作的方法——这一切全都是根据长期的经验。也是根据经验，所有他向其购入的人也知道他的需求的大小和强度。由于经济时期的“循环流转”——在所有的经济节奏中这是最引人注目的——进行得比较迅速，由于在每一个经济时期中发生的是基本上相同的事情，所以交换经济的机制是以巨大的精确性运行着的。过去的经济时期支配着个人的活动——和我们的情况一样——这不仅因为它们严厉地教育了他必须做些什么，而且还因为有另一个理由。在每一个时期内农民必须这样来生活：或者是直接依靠前一时期的物质产品，或者是依靠用这种产品的收入所能获得的东西。并且，所有以前的时期又使他卷入了一个社会和经济的关系网，这是他所不能轻易摆脱的。它们传给了他一定的生产资料和生产方法。所有这一切把他牢牢地钉在他的轨道上。在这里出现了一种力量，它对我们具有重大的意义，不久我们就要更加仔细地去研究它。但在此刻我们只需说明，在以下的分析中我们总是假定：在每一个经济时期中，每一个人都是靠前一时期生产的货物来生活——只要生产延伸到过去，或者说，只要一个生产要素的产品继续不断地流动，那就是可能的。我们这样说，只是为了使说明简化。

现在我们可以把农民的例子推广开来，并略为说得精确一些。

让我们假定：每一个人都售出自己的全部产品，而当他自己消费自己的产品时，他就是自己的顾客，因为这种私人消费的确是由市场价格决定的，即是说间接地由通过减少对自己产品的私人消费可以获得的其他货物的数量来决定的；反之，私人消费的数量按市场价格来进行，就好像所说的这种数量实际上出现在市场上一样。因此，所有的商人全都处于农民的地位。他们全都在同一时候既是买主——为了他们的生产和消费——又是卖主。在这种分析中，对工人也可以同样看待，即是说，他们的服务可以和其他能够出售的东西列入同一类中。现在，既然每一个这样的商人——从他自己来看——都根据他的经验来生产他的产品和寻找他的买主，就像我们的农民一样，那么把所有的人放在一起来看，情形就必定完全一样。除了发生干扰（由于各种各样的原因，干扰显然是可能发生的）之外，所有的产品都必须卖掉；因为它们的确是根据经验上得知的销售可能性才生产出来的。

让我把这一点进一步说清楚。屠户出售的肉是多少，这要由他的顾客，比如裁缝，将要购买多少肉并按什么价格购买来决定。可是这又依存于后者的营业收入，这种收入又依存于后者的顾客比如制鞋匠的需要和购买力，而制鞋匠的购买力又依存于他所为之生产的人们的需要和购买力；如此等等，直到最后我们遇到那些收入来自将自己的货物售与屠夫的人。这一经济天地所由组成的数量上的相互连锁和相互依存关系是随处可以见到的，不论人们选择什么方向去走动。不论你从什么地方进入这一点，不论你从什么地方离开这一点，你在或许走了许许多多然而又是一定数量的步子以后，到头来还是必须回到这个起点。这种分析既不会自然而然地完全停止，也不会由于一种原因——即能更多地决定其他的因素而不是由其他的因素所决定的那一种因素——而走入歧途。

如果我们不用习惯的方式来表示消费的行为，那么我们的图画就会更加全面。例如，每一个人都认为自己是面包的消费者，而不是土地、服务、铁等等的消费者。可是如果我们把人们看作也是这些其他东西的消费者，那么我们就可以更加清楚地看出各种货物在循环流转中所采取的途径。[①] 现在很明显，每一种商品的每一个单位并不总是像它的先行者在前一个经济时期内所经历的生产过程那样，经过同一的道路走向同一个消费者。但是我们可以认为，这种事情确实会发生，而不致改变任何实质性的东西。我们可以想象，年复一年地，生产力的永久泉源的每一次重新使用，目的均在于达到同一个消费者。过程的结果不论怎样总归相同，就像这种事情发生了一样。因此，可以说，在经济制度的某一处，一项需求可以说是正在等待每一项供给，在这个制度中没有一个地方是有商品而没有它的补充物，即为人们所持有的其他商品，这些人会根据从经验上确定的条件，用它来交换上面所说的货物。再根据所有商品都能找到市场这一事实，可以说：经济生活的循环流转就结束了；换言之，所有商品的卖主又以买主的身份出现，足够地去购买这些货物，用来在下一个经济时期按照已经达到的水平维持他们的消费和他们的生产设备，反之亦然。

可见，各个家庭或厂商的行为，都是按照经验给定的数据和同

① 参阅 A. 马歇尔：《原理》，第 VI 编，以及他的演说“老一代的经济学家和新的一代”，对他来说这个概念起着相同的作用。

样由经验确定的方式来作出的。显然这并不意味着，在他们的经济活动中不可能发生变化。数据可能改变，每一个人一旦注意到了这种变化之后，就会立即按照它来行动。但是每一个人都会尽可能地紧紧墨守习惯的经济方法，只在迫不得已的时候才屈从于环境的压力。这样，经济制度就不会自行随意地发生变化，而是在所有的时候都和以前存在的状态联系着。这可以称为"威泽尔的继续性原则"。[①]

倘若经济制度实际上并不"自行"改变，那么，如果我们只是假定它保持原状，我们并没有忽视任何对于我们现在的目的至关重要的东西，我们这样做，也只是用理想的精确性来表达一个事实而已。如果我们描述一个彻底没有变化的制度，我们确实是在作出一种抽象，然而其目的只是为了表达实际发生的事情的本质。暂时我们将要这样做。这同正统的理论并不相悖，至多也只是同习惯的说法有些不符，而后者却不能清楚地表述我们的论点。[②]

通过另一个途径，可以得出相同的结果。一个社会在一个经济时期内生产和销售的一切商品的总和，可以称为社会产品。为了我们的目的，不必更加深入地去钻研这个概念的意义。[③] 社会

① 最近在关于货币价值问题的著作《社会政策协会论文》(1909 年会议报告)中加以阐述。

② 参阅《本质》，第 II 编。

③ 关于这一点，特别要参阅亚当·斯密和 A. 马歇尔。这个概念差不多和经济学一样古老；如大家熟知的，它有着一段多事的过去，这使得在使用它时必须谨慎。对于有关的概念，还可参阅费希尔《资本与收入》；A. 瓦格纳《奠定基础》；最后有皮古《优惠关税和保护关税》，在那里他大量利用了"国民总利得"这一概念。还可参阅他的《福利经济学》。

产品本身并不是作为社会产品而存在的。它并不是系统活动的自觉向往的结果,就像经济制度本身也不是一种按照统一计划运行的"经济"一样。然而这是一种有用的抽象。我们可以想象:在经济时期的终了时,所有个人的产品在某个地方凑成了一大堆,然后根据某种原则将其分配。因为这个假设不包含对事实的重大改变,它至今为止是完全可以容许的。然后我们可以说,每一个人都对这个巨大的社会库藏作了一种贡献,后来又从它得到一些东西。对每一种贡献,在制度的某一处有着与之相应的另一个人的请求权;每一个人的份额都在某个地方随时准备着。由于所有的人均从经验得知,为了得到他们所需要的东西,他们就必须贡献多少(考虑到每一份额包含一定贡献这个条件);这个制度的循环流转就结束了,所有的贡献和份额必须互相抵消,不论根据什么原则去进行分配。至此为止所作的假设是:所有的相关数量都是由经验给定的。

这幅图画可以加以提炼,用一个大家熟知的办法,使之能对经济制度的运转提供更深入的见识。我们假定这种经验全不存在,必须从头去重建它,[①]就好像同一的人民,仍然有着同一的文化、嗜好、技术知识和同一的消费品与生产货物的最初存量,[②]但是却没有经验的帮助,他们必须通过自觉的和合理的努力,去找到自己的办法,以达到最大可能的经济福利的目标。我们并不因此就认

① 这个方法是莱昂·瓦尔拉所用的。

② 正如J. B.克拉克的每一个读者所知道的,严格说来必须这样来看待这些存量:不是按照它们的自然形态——如多少张犁、多少双靴子,等等——而是作为累积的生产力,它可以在任何时候没有损失地或没有摩擦地变成想要的任何特定商品。

为，人们在实际生活中能够作出这种努力。[①] 我们只是想要突出经济行为的基本原理，而不问所考察的各个家庭和厂商的实际心理如何。[②] 我们也不想要勾画出经济史的轮廓。我们想要分析的，不是经济过程怎样从历史上发展到我们现在实际看到的那样，而是它在任何一定的发展阶段上的机制或机体的运转。

这个分析提醒我们，要详细阐述并实际应用我们现在全都熟悉的概念工具。经济活动可能有任何的动机，甚至是精神方面的动机，但它的意义总是在于满足需要。因此我们从需要这个事实得出的那些概念和命题具有根本的重要性，其中最重要的是效用的概念以及从而引出的边际效用，或者用一个更加现代化的名词来说，就是“选择系数”。我们进而提出某些原理，即关于资源在各种可能用途的范围内分配的原理，关于货物相互间的补充性和竞争性的原理，并且我们可以合乎理性地引申出交换比率、价格和古老的源于经验的“供求法则”。最后我们达到价值体系及其均衡条件的初步思想。[③]

从一个方面说，生产是由物质客体的物质属性和自然过程所决定的。在这方面，就经济活动来说，可以像约翰·雷所说的，[④]

---

① 因此，对纯粹理论常常提出的这种反对意见不免是一种误解：说它假定享乐主义的动机和完全合理的行为是在经济生活中实际上起作用的唯一力量。

② 诚然，稍后还得引用心理学，以便说明实际的行为和它同合理图画的偏离。在以后各章中我们的论证主要转向一类这样的偏离——习惯的力量和非享乐主义的动机。但这是另外一回事了。

③ 在这里我可以请读者去参考关于边际效用理论及其后继者的全部文献。

④ 参阅米克斯特所编的他的著作，书名为《资本的社会学理论》。这一著作的强大的洞察力和创见，仍然值得现代学者一读。

它只是一个观察自然过程的结果并加以充分利用的问题。自然事实的领域究竟有多少与经济学有关，是难于一言而尽的。根据人们所针对或向往的理论类型，像(物质)收益递减规律这样的东西，对于具体的经济结果，可能有很大意义，也可能没有什么意义。在一个事实对于人类福利的重要性与它在经济理论中的解释作用方面的重要性之间，并没有联系。但是我们自然可能像庞巴维克的例子所表明的那样，①在任何时刻都会被迫去把新的技术事实引进我们的工具中。关于社会组织的事实就不属于同一类。但在处于经济理论的领域之外，只是作为后者的"数据"这一点上，社会组织却和技术事实处于相同的地位。②

事情的另一方面，即我们可以对生产的核心比对它的物质的和社会的方面进行更为深入的探究的方面，就是每一生产行为的具体目的。经济人在生产时所追求的目的(它说明了生产的基本起因)，给生产的方法和数量打下了它的清楚的烙印。它必然会在给定的资料和客观的需要的结构内决定着生产"什么"和"为什么"生产，这显然是不用提出论据来证明的。这个目的只能是创造有用的东西，创造消费品。在一种非交换的经济内，它只能是在制度范围内为了消费的效用问题。在这种场合，每一个人都是直接为了消费，即为了满足他的需要，而从事生产。而对这种产品的需要的性质和强度，在实际可能性的限度内，显然起着决定的作用。给

① 他的收益随着生产时期的长度而增长的规律，在我看来，似乎是把时间因素明白地引入生产方程式的一种成功的尝试。

② 由于这一点，也还由于其他的理由，约翰·穆勒关于生产和分配的鲜明区分，在我看来，是有些不能令人满意的。

定的外部条件和个人的需要是经济过程的两个决定因素，二者共同决定着结果。生产尾随着需要；它可以说是被需要拉着走的。但就一种交换经济来说，在细节已作必要修正的前提下，情形也正好是这样。

生产的这第二个“方面”，使得它一开始就是一个经济问题。它必须同生产的纯粹技术问题区别开来。它们之间有一种对立，这种对立是我们在经济生活中在一个企业的技术经理和商业经理之间的个人对立上常常看到的。我们常常看到，一方建议的生产过程的改变为另一方所拒绝；例如，工程师可能建议采用一种新的工艺，而商业方面的领导则以其不会得利为理由而加以拒绝。工程师和商人都可能这样来表达他们的观点：他们的目的是在恰当地管理企业，他们的判断就是来自关于这种恰当性的知识。除了误解和对事实的不了解等等之外，判断的不同就只能来自这一事实：对于恰当性每人都有一种不同的看法。商人所说的恰当性，意义是很清楚的。他指的是商业利益，我们可以这样来表达他的看法：为提供机器所需用的资源，如果用在别处，就能得到更大的利益。商业领导人的意思是：在一个非交换经济中，生产过程中的这样一种改变不会增加需要的满足，而是相反，它会减少这种满足。如果事情的确是如此，那么技术人员的意思又是什么呢，他所想到的恰当性又是怎样的呢？如果需要的满足是全部生产的唯一目的，那么把资源用在损害它的措施上的确就没有什么经济意义了。商业领导人不听从工程师的话是对的，只要他的抗议在客观上是正确的话。我们不考虑在技术上使生产工具臻于完善所带来的半艺术性的快乐。事实上，在实际生活中我们看到，当技术因素同经济因素冲突时，它总得屈服。但这并不能否定它的独立存在和意义，以及工程师的观点的健全性。因为，虽然经济目的支配着实际使用的技术方法，搞清楚方法的内在逻辑而不考虑实际障碍还是很有意义的。举一个例子就可以对这一点看得十分清楚。假定一部蒸汽机在它所有的部件上都符合经济上的恰当性。鉴于这种恰当性，对它已经作了充分的利用。那么，如果通过用更多的对它加热、让更多的有经验的人去操作它、对它加以改善等方法去在实际上更大地加以利用，如果这样做不能得到好处的话，那就没有什么意义了；即是说，如果能预先见到，燃料，更聪明的人，改进，以及原料的增加，得到的好处会比花费的成本更大的话。但考虑一下，在什么条件下机器能做更多的工作，能够多做多少，按现有的知识能进行何种改进等等，还是很有意义的。因为这样一来，所有这一切措施就能准备就绪，以待它们一旦变得有利时就立即付诸实施。经常把理想同实际比较，以便使可能性的放弃不是由于无知，而是根据考虑成熟的经济理由，那也是很有用处的。总之，在一定的时候所使用的每一种生产方法，都要服从经济上的恰当性。这些方法不仅包含有经济内容的想法，而且也包含有物质内容的想法。但后者有它们的问题和它们自己的逻辑，把这些彻底地想清楚——首先不去考虑经济的、最后起决定作用的因素——那是技术的目的；只要经济因素不另作指示，将其付诸实施就是技术意义的生产。

就像归根到底还是权宜之计支配着技术的以及经济的生产，而两者的区别则在于这种权宜之计的性质不同一样，一种略为不同的思想路线首先向我们指明了一个根本的类似，然后又指明了一个同样的区别。从技术上以及从经济上考虑，生产并没有在物质的意义上“创造出”什么东西。在两种场合，它都只能影响或控制事物和过程——或者说“力量”。为了以后的论证，我们现在需要一个概念，它包括这种“利用”和这种“影响”。它们包括许多不同的利用货物和对货物采取行动的方法；包括所有各种位置上的变化，以及机械的、化学的和其他的过程中的变化。但它总是这样一个问题：改变我们的需要得以满足的现存状态，改变事物和力量的相互关系，把某些东西组合起来和把其他一些东西拆散开来。从技术上以及从经济上考虑，生产意味着在我们力所能及的范围内把东西和力量组合起来。每一种生产方法都意味着某种这样的特定组合。不同的生产方法只有通过组合的方式才能加以区别，即是说或者是根据所组合的客体，或者是根据它们的数量之间的关系。每一个具体的生产行为，都为我们体现了这样一种组合，对我们就是这样一种组合。这一概念甚至可以推广应用于运输等等，总之从广义说可以应用于称为生产的每一件事情。对于每一个企业本身，甚至对于整个经济制度的生产条件，我们都将看成是“组合”。这个概念在我们的分析中起着很大的作用。

但是经济的组合和技术的组合彼此并不是一致的，前者涉及现有的需要和手段，后者涉及方法的基本思想。技术生产的目的诚然是由经济制度决定的；技术只是为所需要的货物去发展生产的方法。经济的现实不一定会把方法贯彻执行到达于它们的逻辑结论，并臻于技术上的完善，而只是使执行服从于经济的观点。技术理想——它是不考虑经济条件的——这就受到了修正。经济的逻辑胜过了技术的逻辑。结果，我们在自己周围的实际生活中所看到的，是劣质绳索而不是钢缆，是不良的挽畜而不是比赛的良驹，是最原始的手工劳动而不是完美的机器，是笨拙的货币经济而不是支票流通，如此等等。经济上的最佳和技术上的完善二者不一定要背道而驰，然而却常常是背道而驰的，这不仅是由于愚昧和懒惰，而且是由于在技术上低劣的方法可能仍然最适合于给定的经济条件。

“生产系数”代表在一单位产品中各种生产要素货物的数量关系，因此它是组合的主要特征。在这一点上，经济因素和技术因素是显然对立的。在这里，经济的观点不仅会在两种不同的生产方法之间作出决定，而且即使在任何给定的方法之内，也会去考虑生产系数，因为个别的生产资料可以在一定的范围内彼此替代，即是说一种资料的缺少可以被另一种资料的增加所补偿，而不致改变生产方法，例如，蒸汽力的减少可以用手工劳动的增加去补偿，反之亦然。[①]

我们已经用生产力量的组合这个概念解释了生产过程。这些组合的结果，就是产品。现在我们必须精确限定所要组合的是什么东西：一般说来，就是所有各种的物体和“力量”。部分地说，它们又是由产品构成的，只有一部分物体是自然赋予的。还有许多从物质意义来说的“自然力量”也会给我们扮演产品的角色，例如电流。它们包括的，部分是物质的东西，部分是非物质的东西。其次，人们把一种货物看作是产品还是生产资料，这常常是一个如何解释的问题。例如，劳动可以被看作是工人所消费的货物的产品，

① 卡弗在《财富的分配》中对这些“变动”解释得十分明白清楚。

也可以被看作是原始的生产资料或生产手段。我们决定采用后者：对我们来说劳动不是产品。货物是列入这一类还是列入那一类，常常依个人的观点为转移：因此，同一种货物对一个人来说可能是消费品，对另一个人来说就可能是生产资料。同样，某一货物的性质，可能常常依其指定的用途为转移。在理论文献特别是早期的理论文献中，充满了对这一类事情的讨论。我们只要指出这一点，请读者去参考就行了。可是下面是更为重要的问题。

人们常常将货物按"位次"来分类，依其离最终消费行为的距离而定。[①] 消费品属于第一位，消费品所由以直接产生组合中的货物居于第二位，如此类推，以至逐渐更高的或更远的位次。绝不要忘记，只有已在消费者手中准备进行消费的货物才列入第一位，而例如面包师傅手中的面包，严格说来，只有当它和送面包人的劳动相组合，才能进入第一位。位次较低的货物，如果不是自然界的直接赐予，那就总是来自位次较高的货物的组合。虽然这种图式可以另样来构造，但为了我们的目的最好是把一种货物列入它曾经从中出现过的最高位次。据此，例如劳动就是居于最高位次的货物，因为劳动在一切生产开始的最初时刻就已出现，虽然在所有其他阶段也会看到它。按照生产过程或组合的顺序，每一种货物都通过添加其他属于较高或较低位次的货物而成熟为消费品；借这种添加之助，它逐渐走到消费者跟前，就像一条河流一样，借助于流进来的各条小溪，冲破岩石的阻拦，越来越深地在地面上形成一个主流。

① 参阅 K. 门格尔的《原理》和庞巴维克的《资本的实证理论》。

现在必须对这个事实加以考虑：当我们由低向高来看位次时，货物就变得越来越没有定形了；它们越来越失去自己的特殊形状，即预先决定其只作一种用途而不作其他用途的那些特性。在货物的位次上我们走得越远，货物就越来越失去自己的专门性，即为达到特定目的的效能；它们的潜在用途越广泛，它们的意义就越普遍。我们继续遇到越来越少的可辨别清楚的货物，单个的种类变得相应地包含越来越广，就像当我们沿着一条逻辑概念的系统由下往上走时，我们遇到的是数目不断减少、内容不断稀薄而包含范围则不断广化的概念。货物的家谱变得越来越单薄了。这只是意味着，我们选择的观点离开消费品越远，居于第一位的货物就变得越来越多，它们都是来自居于较高位次的相同货物的。当任何类的货物完全地或部分地是同样的生产资料的组合时，我们就说它们是在生产上彼此有关联的。因此，我们可以说，货物在生产上的关系随着它们的位次而增加。

这样，如果我们顺着货物的等级依次上升时，我们最后就会走到合乎我们目的的最终生产要素。说这些最终要素是劳动和自然的赐予或"土地"，是劳动提供的服务和土地提供的服务，这是无需进一步论证的了。[①] 所有其他货物则"包含着"两种要素中的至少一个，多数场合是包含着两者。我们可以把所有货物分解成为"劳动和土地"，即是说我们可以设想所有货物都是劳动服务和土地服

① 这一点是O.埃费尔兹特别强调指出的。当人们忆起古典经济学家是怎样片面地强调劳动，这一点又同他们的某些结论多么密切相关，而实际上只有庞巴维克在这一点上达到了完全的一致性，那么人们就必须承认：埃费尔兹的强调这件事情，实际上是一种重大的贡献。

务的集合体。反之,消费品是特殊的一类,其特点是可供消费。但是其余的产品,即"生产出来的生产资料",一方面只是这两种原始生产货物的体现,另一方面又是"潜在的"消费品,或者最好说成是潜在消费品的组成部分。至此我们没有找到理由要在它们之中看到一种独立的生产要素,以后我们会了解到,根本就没有这种理由。我们"把它们分解成为劳动和土地"。我们也可以分解消费品,并且相反地把原始的生产要素设想为潜在的消费品。可是这两种看法都只适用于生产出来的生产资料;因为它们没有独立的存在。

问题现在发生了:这两种原始生产要素彼此保持怎样的关系呢?是一个的地位在另一个之上,或者是它们的作用根本就不同吗?我们不能从哲学的、物理的或任何其他一般的观点去回答这个问题,而只能从经济的观点去回答它。对我们来说,这只是一个为了经济制度上的目的它们的关系应如何表示的问题。可是,在经济学说领域应当说是正确的回答,却不可能是普遍正确的,而只能是按照理论体系的某种构造来说才是正确的。这样,例如重农主义者对第一个问题的回答是肯定的,他们的确是把土地置于劳动之上——这样回答本身是完全正确的。如果说他们的观点只不过是想要说劳动不能创造出任何新的物质的东西,那么对它就没有任何可以反对的余地。这只是这个概念在经济领域有多大用处的问题。例如,同意重农主义者的这一点,并不妨碍我们对他们的进一步论证表示不同意。亚当·斯密也从正面回答了同一个问题,但他认为劳动居于土地之上。这在本身上也并不错;甚至应当把这一概念当作一个出发点。它表达了这一事实,即土地的利用不要求我们在反效用上作出牺牲，如果我们打算要从土地获得什么东西，我们也可以采用这个概念。诚然，亚当·斯密显然想到了由自然界作为自由货物所提供的生产力量，而把它们在经济制度中实际上并不被看作是自由的这一事实归之于地主们对土地的占有。他显然认为，在一个没有土地私有制的社会中，只有劳动才是一个经济核算的因素。当然这肯定是不正确的，但他的出发点本身并不因此就站不住脚。大多数的古典经济学家都把劳动因素放在首位——尤其是李嘉图。他们能够这样做，因为通过他们的地租理论，他们已经排除土地及其价值的决定。假如这个地租理论站得住脚，那么我们肯定就能对这个概念感到满意。甚至像雷〔Rae〕这样一个有独立见解的人也对它感到满意，这恰恰就是因为他接受这个地租理论。最后，有第三类作家对于我们的问题作了否定的回答。我们是站在这些人一边的。对我们来说，起决定作用的论点是：两种原始生产要素在生产中同样是不可缺少的，的确这是出于同样的理由和同样的态度。

第二个问题又可以有各种不同的回答，这与对第一个问题的回答完全无关。这样，例如埃费尔兹认为劳动起主动作用，土地起被动作用。他为什么这样看，那是很明显的。他认为，劳动是生产中的主动因素，而土地则是劳动在上面表现自己的客体。他说的这一点是正确的，但是，他的安排没有给我们提供什么新知识。在技术方面，埃费尔兹的概念并不足取，然而这一方面对我们不起决定作用。我们关心的只是在个人的经济考虑和交往中两种原始生产要素所起的作用，而在这一点上两者的表现完全相同。劳动和土地一样也是被“节约使用”的。劳动和土地一样也是受到评价的，是根据经济原则来使用的，两者获得相同的经济上的考虑。而两者均不涉及什么别的事情。由于在原始生产要素方面再没有别的事情同我们的目的有关，所以我们将把它们放在同等地位上来看待。在这种解释上，我们同意其他边际效用理论家的观点。

我们对于土地这个生产要素虽然没有什么多的话要说，但对于另一个要素，劳动，最好还是略为更仔细地加以考察。且不去管生产劳动和非生产劳动、直接用于生产的劳动和间接用于生产的劳动这些区别，以及同样不相干的脑力劳动和体力劳动、熟练劳动和非熟练劳动这些区别，我们却必须就两种其他的区别加以评论，它们之所以重要，是因为我们可以从它们开始，以便提出对于我们至关重要的一项意见。这就是领导的劳动和被领导的劳动之间的区别，以及独立的劳动和工资劳动之间的区别。区别领导的和被领导的劳动的东西，初看起来是非常带根本性的。这里有两个主要的特点。第一，领导的劳动在生产有机体的等级中处于较高的地位。对于“执行的”劳动的领导和监督，似乎把领导的劳动从其他劳动一类中提拔出来了。虽然执行的劳动与土地的各种用途只不过是处于相等同的地位，从经济的观点看，它和这些用途的职能绝对相同；但是领导的劳动，却与执行的劳动及土地的用途这两者不同，它显然居于支配的地位。它似乎是形成了第三种生产要素。而使它与被领导的劳动区别开来的其他特征似乎构成了它的性质：领导的劳动有某种创造性的东西，即它能为它本身定出它自己的目的。至于独立劳动和工资劳动的区别，我们可以同样追溯到领导的劳动和被领导的劳动的区别。独立劳动之所以是一种特别的东西，恰恰因为它具有领导的劳动的职能，而在其他方面它与工资劳动却并无任何区别。因此，如果一个独立的个人自行进行生产，也做执行的工作，那么他就可以说是把自己分成了两个人：一个是领导，一个是普通所说的工人。

很容易看出，处于较高等级这一特点，即监督职能本身，并不构成实质上的经济区别。仅仅依据一个工人在工业组织中位于另一个工人之上，也就是处于指挥和监督的地位这一情况，并不能使他的劳动变成某种性质不同的东西。即使从这种意义说的"领导"不动一个手指头，或不对生产作出任何直接的贡献，他仍然执行普通所说的间接劳动，完全就像，譬如说，一个看守人一样。更大的重要性似乎可以赋予另一个因素：这就在于对生产的方向、方法和数量作出决定。即使人们允许上述较高的位次在经济上没有多大重要性——虽然在社会学上也许十分重要——人们在这个作出决定的职能上却可以看到一种实质上的区别性。

但是我们立即看到，作出决定的必要性是在任何工作中都会出现的。一个补鞋匠的徒弟不作出某种决定，不独立地决定一些问题（不管多么小），他就不能修鞋。"做什么"和"怎样做"是教过他的；但是这并没有免除他具有某种独立性的必要性。当一个电力公司的工人去到一个家庭修理照明系统时，甚至他也得对做什么和怎样做的问题作出一些决定。一个代理商甚至不得不在价格方面参与决策，在一定范围内还可能把规定他的货物的价格之权委托给予他——然而他却既不是"领导"，也不一定是"独立的"。至于企业的领导或独立的所有人，他们肯定得要就大部分的事情去作出决定、作出决议。但是做什么和为什么要做也是教给了他的。他首先知道怎样去做:他已经懂得了技术的生产以及有关的全部经济数据。此外尚有待于作出决定的,同补鞋匠的学徒所作的决定就只有程度上的差别了。而做什么则是由需求给他规定了的。他不定出什么具体的目标,但给定的环境迫使他去按照一定的方式行动。给定的数据肯定是会改变的,但究竟多么迅速、多么成功地对它作出反应,那就要看他的能力了。然而任何工作的执行都是这样。他的行动不是根据一般的事态,而是根据某些象征,他学会了要注意这些象征,特别是从他的顾客的需求直接表现出来的趋势。对于这种趋势他一步一步地屈从,因此只有次要的因素通常才能是他所不了解的。可是,根据这种考虑,可以说:只要个人在自己的经济行为中只是根据已知的环境得出结论——而这的确就是我们在这里所研究的,也是经济学总在研究的——那么他们究竟是领导别人的还是被人领导就无关重要了。前者的行为同后者的行为都服从于相同的规律,而建立这种规则性,并表明表面上是偶然的东西实际上是被严格确定了的,就是经济理论的根本任务。

因此,根据我们的假设,生产资料和生产过程一般没有真正的领导者,或者宁可说真正的领导者就是消费者。主管工商企业的人只是执行由需要或需求以及由给定的生产资料和方法为他们所规定了的事情。个人只在他是消费者时、只在他表示需求时,才有影响。从这种意义说,的确每一个人都参加了生产的领导,不仅是肩负企业领导责任的人,而且是每一个人,特别是从最狭窄意义说的工人。除此之外,个人对生产的领导并没有其他的意义。在过去,管理经济制度的数据是大家熟知的,如果数据保持不变,这个制度就会按同一方式继续下去。数据可能会经历的变化不是那么为人所熟知的;但从原则上讲,个人会尽可能地追随它们。他不会自发地去改变任何东西;他只是改变状况已经正在自行改变的东西;他消除数据与他的行为之间的差异,如果给定的状况已经改变,而人们却试图仍按同样的方式去行动,这种差异就会产生。任何个人诚然可以采取与我们观点所假定的完全另样的行动;但只要变化只是从客观需要的压力产生的,经济制度中的任何创造作用就都不存在。如果个人采取不同的行动,那么实质上不同的现象就会出现,这是我们将要看到的。但在这里,我们只是想要说明经济事实所固有的逻辑。

根据我们的假定也可以说,劳动的数量是由给定的环境所决定的。在这里我们要附加考虑一个以前未予回答的问题,那就是在任何一个时候存在的劳动供给量的大小。一定数量的人做多少工作,这显然不是在一开头就严格确定了的。如果我们暂时假定,雇用所有个人的劳动的最佳可能性为已知,从而有着这种雇用的严格确定的尺度,那么在这个尺度的每一点上每一种劳动的具体雇用的效用就可以同伴随雇用的反效用相比较。日常生活中的千万个声音提醒我们,涉及我们日用面包的劳动是一种沉重的负担,人们不得不需要时才去承担,而只要有可能就将其推出。从这里明确地出现了每一工人所将要完成的工作数量。在每一个工作日的开头,这样的一种比较自然总是有利于所将要完成的工作的。可是,当你在需要的满足上前进得越远,工作的动力就越下降,同时它所与之比较的数量,即工作的反效用,就越增加;因此这种比较不断地越来越不利于工作的继续,直到工作的愈益增加的效用和愈益增加的反效用彼此平衡这一时刻对每一个工人都到来为止。自然，两种力量的强度因人而异、因国而异。在这种差异中，有一个根本的说明因素，可以说明个人历史和国家历史的形成。然而理论原则的本质并不受到它们的干扰。①

因此，劳动的服务和土地的服务只是生产力量。衡量任何质量的劳动的数量肯定是有困难的，但这是可以办到的，就像对土地的服务规定某种物质的衡量在原则上不会有困难那样，不管在实际上这件事是多么困难。然而，如果只有一个生产要素，举例来说，如果一种质量的劳动能生产所有的货物——如果假定所有自然的赐予都是自由货物，因此就它们来说不产生经济行为的问题，那么这种假定就是可以设想的——或者说如果两种生产要素分别起作用，每一种都只给自己生产出性质不同的产品，那么这样一种衡量就是从事实践的人为了他的经济计划所需要的。例如，如果一定价值的消费品的生产需要三个单位的劳动，同一价值的另一种消费品需要两个单位的劳动，那么这个生产者的行为就会是已经定了的。可是在实际上，情况并非如此。各种生产要素实际上总是一道起作用。现在，譬如说，如果生产一定价值的一种货物需要三单位劳动和两单位土地，而生产另一种货物则需要两单位劳动和三单位土地，那么生产者应当选择哪一种呢？显然需要有一个标准来比较两种组合；需要有一个公分母。我们可以把这个问

① 详细说明，参阅《本质》*，第Ⅰ编和第Ⅱ编。显然这个原则只对努力的一定成果才有用，这就是明确的结果，例如每小时的实际工资。

* 书名全文是《理论经济学的本质和主要内容》，熊彼特的最早期著作，原文德文，1908年版；1936年日文初版，1950年日文再版。——校者

题称为配第的问题。[①]

这个问题的解决给我们提供了"归属理论"。生产者个人想要衡量的，是他的生产资料数量的相对意义。他需要一种标准，用来调节自己的经济行为；他需要各种指标，自己可以遵照它们来办事。总之，他需要有一种价值标准。但他只是直接对他的消费品才有这样一种东西；因为只有这些消费品才能直接满足他的需要，这种需要的强度就是他的货物对他的意义的基础。对他的劳动服务和土地服务的积存量来说，首先就没有这样一种标准；我们现在还可以说，对他的被生产出来的生产资料来说，同样也没有这样一种标准。

显然，这些其他货物之所以重要，也只是因为它们同样是为了满足需要而服务的。它们对需要的满足有所贡献，正是因为它们对消费品的实现有所贡献。因此，它们从后者那里获得了自己的价值；消费品的价值好像是回射到它们身上的。它是"归属"于它们的，根据这种归属的价值，它们就在每一种经济图式中获得了自己的地位。因此，对生产资料存量或对两个原始生产要素中的一个的总价值的明确表示，并不总是可能的，因为这种总价值常常是无限大的。然而，对一个从事实践的人或对理论来说，并没有必要去知道这个总价值。这绝不是一个放弃每一个生产可能性的问题，即放弃存在的问题，而只是把某种数量的生产资料划归这一目的或那一目的的问题。例如，一个孤立的个人，他如果没有两种原

① 配第顺便把这个问题放在他的《政治算术》一书中；诚如大家所知道的，这本书也包含着后来理论分析的许多其他的萌芽。

始生产要素的任何一个就根本不能生产(或生活),是不能对任何一个生产要素的价值作明确的表达的。在这个限度内,当穆勒说劳动服务和土地服务是不确定的、是不可衡量的时候,[①]他是正确的。但当他进一步又说,在具体情况下,人们绝不能说出一个产品中的“自然”份额和劳动份额时,他就是错误的了。的确,从物质上讲,这两者是不能划分的;但就经济制度的目的说,这种划分也是不必要的。就后者来说,必要的是每一个人都知道得非常清楚,即他的满足的增加,有多少是由于每一种生产资料的任何小量的增加。可是,在这里我们不准备对归属理论问题作更深入的探讨。[②]

与消费品的使用价值不同,生产货物的这种价值是“收益价值”,或者人们也可以说,是生产力价值。与前者的边际效用相应的是后者的边际生产用途,或者用一个常用的名词,就是边际生产力;每一单位劳动服务或土地服务的意义,是由劳动或土地的边际生产力给定的,因此,它的定义应当是,借助于一单位给定的劳动服务或土地服务的存量迄今所生产的最不重要的单位产品的价值。这个价值表示每一个别劳动服务或土地服务在总社会产品的价值中的份额,因此,可以明确地称为一种劳动服务或土地服务的“产品”。对于不完全熟悉价值理论的人来说,这些简短的说明是不能表达它们的全部意义的。我请读者去参阅 J. B. 克拉克的《财

① 阿什利编:《原理》,第 26 页。

② 参阅 K. 门格尔、维塞尔和庞巴维克,他们首先研究了这个问题。还可参阅《本质》,第 II 编,以及我的《归属问题评述》,载《政治经济学、社会政策和管理杂志》(1909 年)。我们不涉及从边际生产率理论产生的更为困难的一些问题,因此就不必提到它现在的、更正确得多的形式。

富的分配》，在书中他对这种理论作了精确的叙述，阐明了它的意义。[①] 这里我只想指出，对一种纯粹的经济论述来说，这是"劳动产品"一词的唯一精确的含义。我们在这里只是从这种意义来使用它。也是从这种意义，我们说，在交换经济中土地和劳动的服务的价格，即地租和工资，是由土地和劳动的边际生产力决定的，因此，在自由竞争下，地主和劳动者得到了他们所享有的生产资料或生产手段的产品。这个定理在现代理论中是几乎没有争论的，我只在这里提到一下。在以后的充分阐述中这个定理会变得更加明白了。

下面这一点对我们来说也是重要的。实际上，个人是那么容易地利用他的生产资料的价值，因为这些生产资料所生产的消费品是在经验上熟知的。因为前者的价值依存于后者的价值，所以当要生产迄今没有生产过的其他消费品时前者必须改变。因为我们想要不理睬这个一定经验的存在，并让它在我们眼前升起，以便研究它的性质，所以，我们必须从这一点开始：此时个人还不清楚如何在各种现有的使用可能性之间作出选择。于是他首先将使用他的生产资料来生产那些满足他的最迫切需要的货物，然后进而生产那些需要的迫切性不断下降的货物。并且每走一步，他都要考虑，由于利用生产货物来满足当时选定的需要的结果，有什么其他的需要感觉必然就会不能得到满足。只有在更强烈的需要的满足不会因之成为不可能时，每一步的采取才能是经济的。在没有

① 特别是由于对边际概念的理解不充分，产生了许多误解。关于这一点请参阅埃奇沃思的文章"分配理论"，载《经济学季刊》(1904 年)，特别是他对霍布森反对克拉克的论点的回答。

作出选择时，生产资料就没有确定的价值。对于每一种打算的使用可能性，就会相应地有每一增量的一种特定价值。这些价值中究竟何者与任何的增量有肯定的联系，只有在选择已经作出，并经受住了经验的考验之后，才能显现出来。一个特定的需要在比它更加强烈的需要得到满足以前是不会予以满足的这一个根本条件，最后导致这个结果：一切货物均应在其各种不同的可能用途之间加以划分，使每一货物的边际效用在其所有一切的用途中均相等。于是在这种安排中，个人就找到了在给定的条件下以及从他的观点看来是最好的可能的安排。如果他这样行动，那他就可以说，他已经尽其所能充分利用了这些环境。他将为他的货物达到这种分配而斗争，并改变每一种设想的或执行的经济计划，直到达成这种分配为止。如果没有现成的经验，那他就必须一步一步地探索以走上这种分配的道路。如果已经有从以前各经济时期积累下来的这种经验可资利用，那他就会试图遵循同一途径。如果这种经验所藉以表达的条件改变了，那他就会屈从于新条件的压力，使他的行为和他的评价符合这些条件。

在一切场合，均有一种确定的使用每一种货物的方法，因而有一种确定的需要满足，因此，反映这种需要的货物的各次增量都有一个效用指数。这种效用指数说明了每次增量在个人经济中的地位。如果有一种使用的新可能性产生，那就必须根据这种价值去考虑它。可是，如果我们回到这种已经作出的并构成这种效用指数的各个"选择行为"，我们就会发现在每一场合，另一种而不是这种确定的效用是起决定作用的。如果我已经把某一货物分为三种使用可能性，则当第四种可能性产生时，我将根据前三种实现了的满足状态去评价它。可是，就这三种的划分而言，这种效用不起决定作用，因为它只在划分的决定已经作出之后才进入存在。但是对每一种货物最后都出现一个确定的效用尺度，它反映了这种货物的一切用途的效用，它给予这种货物一种确定的边际效用。就一种生产资料来说，也给予了同样的东西，这就是像我们已经说过的通过它的“产品”，或者根据维塞尔的说法，通过它的“生产贡献”。

由于一切生产均涉及在各种竞争的可能性之间作出选择，并且总是意味着否定其他货物的生产，因此，产品的总价值就绝不是一种净收益，而只是它在减去否则可以生产出来的其他产品价值后的剩余。后者的价值代表着对选定产品的反对论据，同时又可衡量它的强度。在这里我们遇到了成本要素。成本是一种价值现象。分析到最后，一种货物的生产对于生产者的成本就是这样的消费货物：它们是本来可以用相同的生产资料获致的，却因为生产选择的结果现在不能生产出来。因此，生产资料的使用包含着一种牺牲，在劳动方面也像在其他生产资料方面一样。诚然，在劳动方面还有另一种条件必须满足，即劳动的每一次支出都必须造成一种效用，它至少须能补偿伴随劳动支出所产生的反效用。可是，这绝不会改变这一事实：在这个条件的范围内，个人从事劳动支出的行为，同他从事其他生产资源支出的行为完全一样。

因此，没有得到满足的需要绝不是没有意义的。它们的效应是随处可以觉察到的，每一种生产决定都必须与之作斗争。生产者将生产向一个给定的方向推进得越远，这种斗争就变得越加艰苦；即是说，一种特定的需要越是得到满足，在同一行列上想要得到更多的那一欲望的强度就越小，因此，通过进一步生产得到的满足的增长也就越小。并且，在这个方面随着生产而来的牺牲也就同时增加。因为，为生产这种产品所用的生产资料必须从越来越重要的需要类型中抽出。因此，从一个方向的生产中得到的价值越来越小，最后终于化为乌有。当这种事情发生时，这种具体的生产就宣告结束。因此，在这里我们可以谈论一种生产中的收益递减规律。可是，这同物质产品递减规律具有完全不同的意义，我们的命题的正确与否同这种规律是毫无牵连的。[①] 显然，成本增进的经济规律会最后起作用，即使物质的命题是不正确的，而它的反面才是正确的。因为，必须作出的投资的价值最后会增加得那么多，以致通过生产而得到的效用的增加会消失，即使这一投资的物质数量会逐渐降低。如果后者能成为事实，则每一个人的需要的满足条件显然会处于较高的水平，但是主要的现象不会因此有所改变。

因此，生产者实际上给予生产成本要素的考虑，只不过是考虑使用生产货物的其他可能性的一种方式。这种考虑构成了对每一种生产使用的制约，而且成为每一个生产者所遵循的向导。但在实际上习惯不久就把它凝炼成为一个简短灵便的语句，每一个人都利用它，不必每一次都重新去构造它。生产者用它来在实际上进行工作，在必要时使之适应改变了的环境；在那里表达了需要与现有资料的全部关系，大体上是不自觉的；在那里反映了他的全部

① 在这样离开物质递减规律时，我们在背离古典经济学家的体系方面走出了决定性的一步。参阅我的文章“分配理论中的地租原理”，载施穆勒编的《年鉴》(1906 年和 1907 年)。还可参阅怀兹“收益递减”，载《社会科学简明词典》。

生活条件和他的经济视野。

成本作为生产资料的其他潜在的使用途径的价值的表现，构成了社会资产负债表的负债项目。这是成本现象的最深刻的意义。生产者货物的价值，必须与这个名词区别开来。因为这个名词代表的——根据假设——是实际创造出来的产品的高一层的全部价值。但在生产边际上，如上所述，两种数量是相等的，因为这些成本上升到产品的边际效用的高度，所以也上升到参与生产资料组合的边际效用的高度。在这一点上出现了相对最佳的位置，通常称为经济均衡，[①]只要能维持给定的数据，这种均衡就会在每一个时期自行重复。

这里有一个非常值得注意的后果。从那里可以得出结论：首先，每一产品的最后增量，将在除了成本外不会得到更多效用的情况下生产出来。理解得正确的话，这的确只是一个自明之理。但是，其次，还可得出结论：在生产中，一般不能得到超出生产货物的价值的剩余价值。生产只能实现在生产计划中预先见到的价值，它是预先潜存于生产资料的价值之中的。也是从这种意义说，而不仅是从上面提到的物质意义说，生产不"创造"价值，就是说，在生产过程进行中不发生价值的增加。需要的进一步满足，在生产完成它的工作以前，完全依赖于必要的生产资料的占有，就像它嗣后依赖于产品的占有一样。个人将试图避免前者的损失，就像他力图避免后者的损失一样，而他放弃前者也像放弃后者一样只是为了得到相同的补偿。

① 参阅《本质》，第 II 编。

现在归属的过程必须回到生产的最终因素，即劳动和土地的服务。它不能停止在任何生产出来的生产资料上，因为相同的论证可以就它们中的每一个来重复。因此，直到现在没有一种产品能表明有超过其中所包含的劳动和土地服务价值的剩余价值。就像我们以前把生产出来的生产资料分解成为劳动和土地一样，我们现在看到，它们只是评价过程中的临时项目。

因此，在一个交换经济中——暂时我们稍为提前一点来说说——所有产品的价格，在自由竞争下，必须等于体现在其中的劳动和自然两种服务的价格。因为在生产以后产品所获得的同一价格，必然是就一整套必要的生产资料预先就可以得到的，这是由于依存于生产资料的恰恰同依存于产品的一样多。每个生产者必须把他的全部收入转让给为他供应生产资料的那些人，由于这些人又是某一种产品的生产者，他们也必须把自己的收入转让出去，直到最后整个原始总价格落入劳动和自然两种服务的供应者之手。可是，稍后我们还会回到这一点上来。

这里我们遇到了成本的第二个概念，即交换经济的成本。商人把他必须支付给其他人以便购入他的货物或者是生产这些货物所用的资料的货币数目，即他的生产费用，看作是成本。我们还把他的个人努力[①]的货币价值纳入成本之中，以完成他的核算。于是成本在本质上就是劳动服务和自然服务的价格总和。这些价格总和必须总是等于从产品获得的收入。因此，在这个范围内，生产

① 个人劳动服务可以说是"实际的费用"，像西格中肯地说出的；参阅他的《经济学导论》，第55页。每一个稍事核算的商人，现在都把他自己的土地的地租列入他的费用中，他这样做是正确的。

必须基本上没有利润地川流不息。说经济制度在其最完善的状况下应当没有利润地运转，这是一种怪论。可是如果我们记得我们立论的意义，怪论就不怪了，至少是部分地不怪了。自然我们的论断并不意味着，如果经济制度是完全均衡的，那它的生产就不会有结果；而只是意味着，结果全部流往原始生产要素去了。正如价值是我们贫困的象征一样，利润也是不完善的象征。可是，怪论依然部分地存在着。很显然，生产者一般确实获得比付给他们劳动的工资和付给他们可能拥有的土地的地租更多的东西。难道就不能有一般净利润率，即超过成本的剩余吗？竞争可能冲走一个工业部门的特殊剩余利润，但它不能毁灭所有一切生产部门共有的利润。然而姑且假定生产者赚得这种利润。于是他必须相应地对他从而获得利润的生产资料去进行评价。而这些生产资料要么是原始的生产资料即个人的努力或自然的力量，这样我们就回到了我们以前所在的地方；要么它们是生产出来的生产资料，这时它们必须相应地受到更高的评价，即体现在它们之中的劳动和土地服务必须比其他的这种服务受到更高的评价。可是，这是不可能的，因为劳动者和地主能够非常有效地同这些以前投下的劳动和土地的数量竞争。因此，净利润不能存在，因为原始生产性服务的价值和价格总是会吸收产品的价值和价格，即使生产过程是在许许多多独立的厂商中分割开来的。我不想使读者过于感到厌倦，因此将应当属于此处的进一步分析放在后面。①

这一点也不像有些读者所看到的那样，如此地甚至同古典的

① 参阅第四章，尤其是第五章。

学说相对立。价值的成本理论，特别是李嘉图的劳动理论，都非常强烈地显示出相同的结论，有些理论趋势，例如把所有各种收入、有时甚至把利息都称之为工资的这种趋势，就是用它来解释的。如果在古典的时代这一点没有明白说出，①那首先是因为较老的经济学家在承认他们自己的原理的推论上不是那么严格的，其次是因为我们的结论似乎与事实过于明显地相违背了。庞巴维克的确是明白说出这一点的第一个人：产品的整个价值必须在原则上在劳动和土地之间划分，如果生产过程想要最完善地进行的话。这就自然要求：整个经济制度准确地适应于所从事的生产，所有的价值都同数据恰好相适应；所有的经济规划都和谐地一起运转，没有干扰它们的执行的事情。可是，庞巴维克进而指出，有两种情况会一再干扰产品价值与生产资料价值之间的均衡。第一个称为摩擦。由于无数的原因，经济有机体不是十分迅速地运转的。错误、灾祸、惰性等等，以众所周知的方式，继续不断地成为损失的泉源，但也成为利润的泉源。②

在我们转到庞巴维克所提到的第二个情况以前，让我们在这里插入几句关于两个非常重要的因素的话。第一个是风险因素。可以区分两种风险：生产的技术失败的风险，在这里我们可以包括由于上帝的行为而遭受损失的危险，以及商业失败的风险。只要这些危险是可以预见的，它们就对经济计划直接起作用。商人们要么把风险的保险费包括在他们的成本会计中，要么他们作出开

① 例如，洛茨就是这样做的，尽管他用非常微弱的方式闪开这种直觉；参阅他的《社会科学简明辞典》。斯密的书中可以找到非常明显的暗示。

② 参阅庞巴维克的解释：《资本利息的实证理论》，第4版，第219—316页。

支，去防备一定的危险，要么他们在最后考虑到各生产部门间风险的差异——并使之均等——其办法只是避开最有风险的部门，直到后者因此造成的价格增涨能提供一种补偿。[①] 这些拉平经济风险的方法，在原则上没有一种是能创造出利润的。一个小心采取任何措施——建筑水坝、机器保险等等——去防止风险的生产者，肯定会得到保护他的生产成果的好处，但他通常也必须负担相应的成本。风险保险金对于生产者不是利得的泉源——至多对保险公司则是，它可以从而直接获得中介人利润，主要是把许多风险汇总在一起——因为到时候产生的需要会靠它来支付。较大的风险的补偿只在表面上是较大的收益：它必须乘以概率系数，因此它的真实价值又减少了——而且恰恰是减少了剩余的数额。任何只是消费这种剩余的人，在事态进程中是要为之付出代价的。因此，常常赋予风险要素的独立作用，以及有时与之相联的独立收益，都是没有什么意义的。然而如果风险不是预先见到的，或者无论如何是在经济计划中没有考虑到的，情况自然不同。这样，它就一方面成为暂时损失的泉源，另一方面又成为暂时利得的泉源。

这些利得和损失的主要泉源——这是我想要在这里考虑的第二个因素——是在个人习惯于考虑的数据中自动发生的变化。这些变化创造了新的形势，适应于它是需要时间的。在这种适应能够发生以前，在经济制度中发生了成本与收入之间的许许多多积极的和消极的脱节。适应总是会有困难的。在大多数场合，即使

① 参阅埃默里，引文见我的论文《美国的新经济理论》，载施穆勒的《年鉴》(1910年)和费希尔的《资本与收入》。

关于已经变化的事态的知识,也不是能够尽快得到的。从这种知识得出结论又是一大步,它会遇到许多阻碍,如没有准备、缺乏资金等等。但相对于以前所有的产品的那种完全适应常常是不可能的,自然特别是在耐用生产者货物的场合。在它们完全磨损之前所必须经历的时间内,这种条件的变化不可避免地会发生,而这就造成了李嘉图在他的书中第一章第四节所考虑的确定它们的价值的特点之一。它们的收益同它们的成本失去了一切联系,不得不只是有多少算多少;它们的适当价值改变了,但没有可能去对相应的供给作修改。这样,它们从某种意义说就变成了一种特别的收益,可以升到它们所包含的劳动和土地服务的价格总额之上,或落在这种价格总额的下面。它们出现在商人的眼中就好像自然力量出现在他的眼中一样。我们像马歇尔那样,称之为准地租。

可是,庞巴维克指出了第二种情况,它可能改变归属的结果,并可能阻止产品的一部分价值在劳动和自然的服务中反映出来。这就是如大家熟知的,一切生产中所包含的时间的消逝,[①]除了那种维持生命的原始劳作的瞬间生产之外。由于时间的消逝,生产资料就不只是潜在的消费品,而是通过一个新的实质性特点——将它们同能够被消费的货物分隔开来的时间距离——而与消费品区别开来。生产资料是未来的消费品,因而比消费品所值较低。它们的价值不能竭尽产品的价值。

我们在这里触及了一个异常微妙的问题。但由于它的重要性

① 关于经济生活中的时间因素,庞巴维克是最重要的权威。其次是 W. S. 杰文斯和约翰·雷。关于“时间偏好”这一特殊因素的详细研究,可参阅费希尔的《利息率》一书。还可参阅 A. 马歇尔对时间因素的论述。

对于本书的论证是有限的，所以我们只在这里向我们自己提出一个问题。在一个经济制度的正常进程中，生产过程年复一年地遵循同一的轨道，而一切数据均保持不变，那么，生产资料和产品相比，是否会发生系统的价值低估呢？这个问题可以再分为两个问题：不考虑客观的和个人的风险系数，在这样一个经济制度中，对未来的满足能否比对同等的现在满足系统地和一般地评价更低呢？在这样一个经济制度中，除了时间消逝本身对评价的影响之外，在时间进程中所发生的事情能否确立这种价值上的差别呢？

对第一个问题的肯定的回答，听起来似乎是很有道理的。立即给予某种赠品肯定会比允诺在将来给予更受欢迎。① 然而，这不是这里的问题，而是对收入的有规律的流动的评价。如果可能，让我们想象以下的情况。某人享受一笔终身年金。在他的余生中，他的需要在种类上和强度上保持绝对不变。年金数目很大而且十分可靠，足以使他不必另行设置基金，以防备特别紧急的需要和可能遭受的损失。他知道自己不会发生对他人承担的义务，也不会产生突发的欲望。不存在按利息将储蓄进行投资的可能性——因为，如果我们假定有此可能，那我们就将预先假定利息的因素，就会危险地接近于循环推理。现在，处于这种境地的一个人，会不会对他的年金的未来的分期支付看得比在时间上较近的支付更轻呢？他会——总是不考虑个人的生命风险——对未来的分期支付比对现在的支付更轻易地放弃吗？显然不会，因为如果

① 然而，可以提到一下，甚至这一事实也不是那么清楚和简单的；相反，它的道理需要进行分析，我们将在下面简短地给予这种分析。

他真的那样做，就是说如果他对一次未来支付比对一次时间上较近的支付以较小的补偿而放弃，那么他就会发现，到头来，他所得到的总的满足会比他可能得到的要小。因此，他的行为会给他带来损失；那将会是不经济的。可是这样一种行动是可能采取的，就像在其他方面违反经济理性规则的行为常常发生一样。但是这种事情的发生，并不是这些规则本身的一个要素。[①] 自然，我们在实际生活中遇到的例外大多数并不是"违反"，而要用我们的假设与事实不合去解释。可是，当我们看到对现在的享受估价高得惊人时，特别是在儿童和未开化人方面，那么摆在我们面前的就只是存在于要解决的经济问题与人们的经济观点之间的不一致：儿童和野蛮人只知道瞬间的生产。未来的需要不是在他们面前显得小些；他们根本就看不到这种需要。因此他们经受不住那种要求有更广阔视野的决策的考验。这是很明显的；但是通常他们也无须作出这种决策。能掌握需要与满足手段双重节奏的人，在特殊的场合或许可能嘲弄这个结论，即任何一种倒向一边的换位意味着满足的丧失，可是他不能在原则上否定这个结论。

但是我们的第二个问题又怎么样？难道生产过程不能按照我们的典型例子的假设所不相适应的方式进行吗？难道货物的继续流动就不能有时更弱一些、有时更强一些吗？尤其是，难道一个更丰产的生产方法需要更多的时间这一事实，不是一定要影响现在

① 我的反对理由，是由还活着的要算是对未来满足低估这一要素的最杰出的阐释人，费希尔教授，所充分表达出来了，因为他引用"缺乏耐性"一词来描述这种情况。非理性的缺乏耐性，也像错误等等一样，无疑是存在的。但它不是事物的正常进程的要素。

货物的价值(只有拥有这种价值才使得对它的选择成为可能),从而使时间成为循环流转中的一个因素吗?我们对这一问题的否定回答可能容易被人误解,而且只在后来才能获得它的全部意义。我并不否认时间因素在经济生活中的重要性,而只是用一种不同的眼光去看待它。引进更富于生产性但更消耗时间的过程的问题,与时间因素怎样影响它的问题,是两个截然不同的问题。我们现在不是谈论引进新过程的问题,而是谈论由已经处于正常运转状态中的给定过程所组成的循环流转。在这里更有成效的生产方法也像任何其他方法一样立即取得其成果,不管它的时期的长短如何。一种生产方法,显然只在它能比各个成效较小的生产方法(它们能在相同的时间内用相同数量的生产要素去进行)的总数提供更多的产品时,才能称为"更有成效的"。在具备必要数量的劳动和自然力量时,用这种方法的生产会无限地重复下去而不必进行任何的选择,而产品的流量将是源源不断的。但即使情况不是这样,也不会有对未来产品的低估。理由是,如果生产过程定期地产生它的结果,那就仍然不会有等待,因为消费能使自己适应,在单位时间内按照同等速度继续流动,因而不会有低估未来产品的动机。[①] 我很可能对现在的货物比对将来的货物评价更高,如果持有它们能保证我在未来得到更多货物的话。但当我被保证有货物的更丰富的流入而我的行为已适应于这种情况时,我就将不再这样做,而我现在的估价和将来的估价必然相等。因而将来的"更

① 谷物刚刚在收获之后,自然会比以后的价格要低些。可是,这个事实是可以用储藏成本、用利息的实际存在以及用许多其他的情况去解释的,而对于我们的原则却都不会改变什么。

多的”货物不再依存于现在货物的持有。我们也可以把我们的年金领取人的例子推广而应用于这一场合。假定他至今每月领取1 000美元。然后他被允许在一年终了时，代之以给予 20 000 美元。现在，直到第一年的分期付款到期为止，时间因素本身可能使人感到很不愉快。可是从这次付款到期之后，他会看到他的地位改善了，的确他会按一年8 000美元的全部增加额，而不只是按其一部分，去估计他的改善程度。

同样的论点也适用于节欲的要素[①]、等待的必要性，等等。在这方面，我请读者特别参阅庞巴维克的说明。对我们来说，只需精确地表述我们的立场。对这种现象也不能简单地否认它的存在。但是它比从存在的外表看来要复杂得多，而且值得注意的是，它的性质和它的表现还没有得到透彻的分析。在这里我们也必须把创造一种生产工具的过程同一旦创造出来之后去操纵它的过程区别开来。不管节欲在前者中的作用会是怎样——我们将不得不反复谈论这一点，首先是在下一章对储蓄的讨论中——肯定说在后者中等待的必要性不是在生产过程的每一次重复中都会重新出现的。人们不需“等待”经常的收益，因为人们在需要它的时候理所当然地就得到了它。在正常的循环流转中，人们不必定期地去抵制瞬间生产的引诱，因为屈服的话人们会**立即**情况更坏。因此，不

① 主要的作家是西尼耳和——在另一方面——庞巴维克，后者在他的《资本利息的历史及其批判》中；最近有美国作家麦克文。还可参阅《帕尔格雷夫辞典》中的“节欲”一条及其列举的文献。关于这一因素常常受到疏忽对待，卡塞尔的《利息的性质和必要性》是有代表性的。我们的立场接近于维塞尔的《自然价值》和约翰·B. 克拉克的《财富的分配》。还可参阅《本质》第 III 编。

可能发生收益泉源不消费意义上的节欲问题，因为根据我们的假设，除了劳动和土地之外，没有其他的收益泉源。最后，难道节欲因素不能在正常的循环流转中起着作用。因为如果它在生产工具的最初创造中是必要的，那么它就必须在后来的正规产出中得到偿付？第一，通过我们的进一步考察将可以看出，在必要的生产要素的提供中节欲只起十分次要的作用；具体说，新的生产方法的采用从整个说来并不要求有预先的货物积累。第二，把节欲算作成本的一个独立因素，意味着在这个场合把同一项目计算两次，正如庞巴维克所曾表明的。[①] 不管等待的性质如何，它肯定不是我们在这里所考虑的经济过程的一个要素，因为循环流转一旦建立以后，在花费或生产努力与需要的满足之间就不会留下什么缺口。按照克拉克教授的结论性的表述，二者是自动地同时发生的。[②]

归属理论说明了所有各种货物的价值。这里只须补充说明一点：个别的价值并不是独立的，而是彼此互为条件的。这个规则的唯一例外，是那种不能用另一种商品去替代的商品，那种商品只有这样的不能替代而且不能在别处使用的生产资料。这样的例子是可以想象的；例如在由大自然直接提供的消费品的场合，它们就可能出现；但这只是一种微不足道的例外。所有其他货物的数量及其价值均处于严格的相互关系之中。这种关系是通过它们作为相

① 费希尔对这个题目的论述（《利息率》，第 43—51 页），由于他把时间贴现看作是一个主要的事实，其存在差不多是自明之理，因而丧失了说服力。

② 的确，克拉克把带来这种“同时发生现象”的功绩归之于资本。以后可以看到，我们在这点上并不赞成他的说法。我再一次强调：在利润和损失的加速的和阻挠的影响之下，花费和收益是自动地彼此同时发生的。

互补充物的关系、交替使用的可能性以及替代关系来表达的。即使两种货物只有单独一个共同的生产要素，它们的价值仍然是互有联系的；因为两种货物的数量，因而它们的价值，是依存于这单一要素的合作的，它们在两者共有的生产要素方面，将服从于同等边际效用这一规则。无须指出：由特别是劳动这个生产要素所造成的生产关系，实际上包括所有的货物。每种货物的数量的决定，从而它的价值的决定，都受所有其他货物的价值的影响，故只有考虑到这些价值之后，才能加以彻底的解释。因此我们可以说，各种货物对每一个人的价值会形成一个价值体系，其中各个要素是相互依存的。

一个人的整个经济都表现在这个价值体系中，包括他的生活、他的观点、他的生产方法、他的需要等等所有一切关系，他的全部经济组合。个人绝不会同时意识到这个价值体系的所有部分；相反，在任何时候，它的较大部分倒是处于意识所及的范围之外。还有，当他就他的经济行为作出决定时，他并不注意到在这个价值体系中得到表达的所有事实，而只是注意手头现有的某些指标。他在日常生活中的行为是根据一般的习惯和经验，在一种货物的每次使用中，他都从凭经验得知的这种货物的价值开始。但是这种经验的结构和性质，是在价值体系中给定的。这种彼此调整过的价值，是由个人年复一年地予以实现的。而这种价值体系，正如已经指出的，呈现一种非常值得注意的稳定性。在每一个经济时期中都存在这种趋势：它重又转到以前的老旧的轨道上去，再一次实现相同的价值。即使这种经久不变性被打断，某种继续性总是会保持下来；因为即使外部条件改变了，也绝不是要做某种全新的事情的问题，而只不过是使以前做过的事情适应于新的条件罢了。

价值体系一旦建立,各种组合一旦给定,它们总是成为每一个新的经济时期的发轫点,可以说总有一种于它们有利的推测。

这种稳定性对于个人的经济行为是不可缺少的。在实际上,他们在绝大多数场合不能去从事那种为重新创造这种经验所必需的脑力劳动。我们还看到,过去各个时期货物的数量和价值在事实上部分地决定着以后各个时期货物的数量和价值,但单凭这一点还不能说明这种稳定性。突出的事实显然是:这些行为规则经受住了经验的考验;而且各个人都有这样的意见,那就是整个说来,他们不能比继续按照这些规则来行动做得更好一些。而我们对于价值体系——它好像是这个经验之山的地质学——的分析,也向我们表明,货物的这些数量和这些价值,在人们的需要和视野不变的情况下,实际上可以解释为周围世界中给定条件的合乎理性的结果。

因此,个人行为的这种经验方式绝不是偶然的,而是有着合理的基础的。有一种经济行为,它在一定条件下,能在手头现有的手段与可能以最好的方式去满足的需要之间,建立均衡。我们所描述的价值体系是同经济均衡的位置相适应的,而这种经济均衡的组成部分,若要加以改变(如果所有的数据保持不变),就会使每一个人体验到他的境况不如从前。因此,只要问题是在使他自己适应于条件,并且服从于经济制度的客观需要而不想去加以改变,那么对于个人就只有一个并且是唯一的一个特殊的行为方式必须采用;[①]只

① 这诚然只是在自由竞争和单方面垄断(两个词都是从技术意义说的)的场合才受到普遍承认。但就我们的目的来说,这就足够了。最近已经证明,库诺主张说,即使在“垄断竞争”领域也有着可确定性的重要实例,他到底没有错。

要给定的条件不变，这个行为的结果就将会保持不变。

假定读者熟悉竞争情况下和垄断情况下的交换和价格的一般理论，我们就可以顺便注意到，普遍存在的交换可能性自然会改变每一个人的价值体系。根本的原理，即资源的各个单位是在各种可能的途径之间进行分配以便获得同等的边际满足，自然是仍然起作用的。在交换经济中，我们可以这样来表示这种根本原理：对所有的家庭来说，价格必须同消费品的边际效用成比例；对所有的厂商来说，生产者货物的价格必须同它们的边际生产率成比例。但是一个新的现象产生了：生产者对于其产品的估计不再按这些产品对于他们可能具有的任何“使用价值”，而是按生产者最后为这些商品所获得的效用。[①] 每一个人对于他的产品的评价尺度，因而每一个人对于他可能拥有的生产资料的评价尺度，将由用出售这些生产资料的服务所获得的收入去交换或购得的货物的评价尺度来构成。完成这种业务的最有利的途径是根据经验找到的，对每一种商品或生产性服务都要这样去评价。

我们在交换经济中在每一个时期内所能观察到的所有的无数交换，在总体上构成了经济生活循环流转的外部形态。交换规律向我们表明，这种循环流转怎样可以从给定的条件得到解释；它也告诉我们，只要这些条件保持不变，为什么这种循环流转就不会改

① 这就是奥地利人常常称呼的“主观交换价值”。熟悉过去50年中理论讨论历史的读者，会回忆到这种现象如何引起了对于其所包含的循环推理的谴责——奥地利理论的许多反对者认为，在试图用“效用”去解释生产者货物的价格的任何论据中，都包含了这种循环推理。今天就不值得离开我们的论题去说明，为什么这种反对是徒劳的。

变，以及为了使自己适应这些条件的改变，这种循环流转又为什么和怎样改变。在假定条件保持不变的情况下，同一种类和同一数量的消费品和生产者货物就会在每一个连续的时期内被生产出来和消费掉，因为在实际上人们是根据经过反复证明的经验来行动的；在理论上我们认为他们是按照在给定条件下现有手段的最佳组合的知识来行动的。但在连续的时期之间还有另一种联系，因为每一个时期都要使用前一时期为它准备的货物，同时在每一时期也生产出货物以供下一个时期之用。为了叙述简便，我们将要这样来表述这一事实，那就是假定每一个时期，只消费上一个时期所生产的货物，只生产将在下一时期所消费的货物。这样使两个经济时期相互衔接起来的办法并不会改变事情的实质，这是一看就知道的。根据它，每一种消费品需要两个经济时期才能完成，不多也不少。

现在，我们将要对在每一个时期中，为了实现这一简单化的经济过程所必要的交换进行分类。第一，我们把那种仅仅为了将接受的东西再传递出去而进行的交换抛开不论。理论表明，这样的交换在每一种贸易经济中必然是大量存在的，但是，我们在这里对这种纯粹技术性的交易不感兴趣。[①] 其次是劳动和土地的服务对消费品的交换，这在每一种贸易经济中均会发生。毫无疑问，这类交换体现了一种经济制度的货物流量的绝大部分，并把它的来源和它的出口连接起来。但是工人和地主出售其生产性服务——这只在每一个时期的末了才提供其产品——是为了已在手中的消费

① 参阅《本质》，第II编。

品。再者,即使他们的服务有一些是用来生产生产者货物,他们也是为消费品而出售他们的生产性服务。在每一个时期,尚未体现在所考察的时期内将要使用的生产资料中的那些劳动和土地服务,是用来和前一时期已经完成的消费品相交换的。在这种说法中的那些与事实相反的东西,只不过是用来使说明简化而已,它并不影响到原则。在这种交换之前,谁拥有这种劳动和土地服务,那是很清楚的。但谁是交易中的另一方?在交换以前,用来支付这种服务的消费品操在谁的手中?答复是:就是在这一时期需要劳动和土地服务的那些人,也就是想要把在前一时期生产出来的生产资料通过增加更多的劳动和土地服务而变成消费品的人,或想要生产新的生产资料的人。为了简单起见,让我们假定:两类人在所要考虑的一切时期内都做同样的事情,那就是或继续生产消费品或继续生产生产性货物——这是符合具有分工的交换经济的原则的。然后我们可以说,在前一时期生产消费品的那些人,在本时期将这些货物的一部分给予工人和地主,因为那些人需要这些工人和地主的服务来为下一个时期生产新的消费品。在前一时期生产生产性货物而在本时期也想同样做的人,则把这种生产性货物提供给消费品的生产者,以换取他们为了获得新的生产性服务所需要的那些消费品。

因此,工人和地主总是只把他们的生产性服务同现在的消费品相交换,不管前者是被直接使用,抑或只是被间接使用在消费品的生产中。他们没有必要将他们的劳动和土地服务去交换未来的货物,或交换对未来消费品的承诺,或用以申请对现有消费品的任何"预支"。这只是一种交换,而不是信用交易。时间因素不起作用。所有的产品都只是产品，并不含有别的什么东西。对各个厂商来说，不管它是生产生产资料，还是生产消费品，那是完全无关紧要的事。在两种场合，产品都是立即得到支付并按其全部价值支付的。个人尽管总是在为下一个时期工作，却无须朝本时期以外去看。他只是遵从需求的命令；至于他也在同时为将来提供东西，那就由经济过程的机制去管好了。他不关心对他的产品进一步发生的事情；如果他必须对自己的产品负责到底，他或许就根本不会开始这一生产过程。特别是消费品，它也只是产品而不是什么更多的东西，是除了售予消费者外，在它身上不发生更多事情的产品。它不在任何人手中形成维持劳动者的“基金”，等等；它既不直接地也不间接地为进一步的生产目的服务。因此，所有这种存量的积累问题都消失了。至于这样一种机制，它一旦得到调整以后就能继续维持自己，究竟是怎样产生的，那是另一个问题。它是怎样发展的和它是怎样起作用的，是两个不同的问题。

还可以推论：任何处所，即使在贸易经济中，生产出来的生产资料也只不过是暂时的项目。我们在哪里也都找不到它们的一个存量，似乎是以它们本身的资格在完成任何职能。除了给它们当中所包含的劳动和土地服务以工资和地租外，它们再也不能对国民总所得提出任何要求。没有任何净收入因素最后附着在它们身上。从它们那里不能产生出任何独立的要求。反之，在每一时期，所有手头的消费品均将归于本期所使用的劳动和土地的服务；因此，所有的收入都被吸收在工资或自然力量的租金的名义之下了。[①] 由此我

① 分配理论的第一条根本原理就存在于这个表述之中。

们得出结论:在劳动和土地为一方与消费品为另一方之间的交易过程,不仅为经济生活的流量提供了主要的方向,而且按照我们的假设,这也是唯一的方向。劳动和土地分享国民总所得的全部,而且手头就只有为满足其有效需求所必需的那么多的消费品,没有更多的。而这是符合经济学中的最后一对数据的:即需要及其满足的手段。这也是我们一直在考虑的那一部分经济现实的真实写照。它已经被理论弄得残缺不全了,从中大量的虚构和臆造的问题人为地产生了出来——包括什么是劳动和土地服务从而得到报偿的"基金"这个问题。

因此,交换经济的组织以下面的方式向我们显现出来。各个企业现在是作为为了他人的需求而进行生产的地方出现在我们面前,而一国全部生产的产出首先将在这些单位之间进行"分配"。可是,在这些企业中,除了把两个原始生产要素组合起来的职能之外,再没有其他的职能,而这一职能在每个时期内都好像是自行机械地完成的,不要求有与监督及其相类似的东西区别开来的个人因素。这样,如果我们假定土地的服务操在私人手中,那么,撇开垄断者不论,除了从事某种劳动或将土地服务提供生产之用的人以外,再没有人对产品有任何要求权。在这种条件下,在经济制度中就没有其他一类的人,尤其是没有这样一个阶级:它的特征是拥有生产出来的生产资料或消费品。我们已经看到:说在某处有这种货物的积累存量的看法是绝对错误的。它的产生主要是由于这一事实:许许多多生产出来的生产资料要经历一系列的经济时期。然而这并不是一个实质性的要素,如果我们把这种生产资料的利用限制在一个经济时期以内,我们并没有改变任何根本的东西。

消费品存量的思想甚至连这种依据也没有；与此相反，消费品一般只操在零售商和消费者手中，其数量只是满足当前需要所必不可少的。我们只看到货物的不断流转和经济过程的不断移动，但我们看不到有什么存量，其组成部分或是经常不变，或是经常得到替代的。一家厂商是生产消费品还是生产生产性货物，那对它也没有区别。在两种场合，它都是用相同的方式处理它的产品，获得——在完全自由竞争的假设下——与其土地或劳动服务的价值相应的支付，没有别的东西。如果我们甘愿称一个企业的经理或其所有人为"企业家"，那么他就会是一个既没有利得也没有损失的企业家，[①]没有特别职能，也没有特种收入。如果生产出来的生产资料的所有人被称为"资本家"，那么他们只能是生产者，同其他的生产者没有任何不同，也同别人一样不能把产品超出按工资和地租总额给定的成本出售。

因此，从这种解释的观点，我们看到了不断得到更新的货物流量。[②] 只在片刻之间似乎有着类似某种个别货物存量的东西；而且人们只能从一种抽象的意义来实际谈论"存量"，也就是从某一种类和数量的货物总是通过在经济制度中一定地区的生产、交换机制表现出来的这种意义，来谈论"存量"。从这种意义说的存量可以比作河床，而不是在河床上流过的水。水流是从劳力和土地

---

① 这是瓦尔拉的用语。可是，在他的均衡体系中利息却作为一种收入而存在，这是真的。

② 严格区分"基金"和"流动"，并使这种区分富有成果，这是S. 纽科姆（Newcomb）的一本没有受到人们重视的书即《政治经济学原理》的功绩之一。在现代文献中，对这一点费希尔特别强调。货币的循环流转，没有比在纽科姆的书中（第316页以下）描述得更清楚的了。

这种继续流动的泉源得到补充的，它在每一经济时期流入我们称之为收入的水库，以便在那里转变成需要的满足。我们不准备详细解释这一点，而只是简短地指出：它包括接受一种特定的收入概念，即费特〔Fetter〕的概念，而把不是经常消费的所有货物从它的范围内加以排除。从一种意义说，循环流转就在此处终止。可是，从另一种意义说，它又没有终止，因为消费产生出重复消费的欲望，而这种欲望又产生经济活动。我们在这里应当谈谈准地租，可是没有谈，这要请读者原谅。初看起来更严重的似乎是根本没有提到储蓄。但这一点也是可以解释的。不管怎样，在没有变化的经济制度中，储蓄是不起重大作用的。

一种商品的每一数量对于每一个人所具有的交换价值，依存于他能用它来获得并且实际上打算用它来获得的货物的价值。只要后者是没有决定的，这一交换估价无疑会根据在当时所想象到的可能性而波动；如果个人改变他的需求的方向，这一估价也同样会改变。但是，当任何货物找到了在交换中的最佳用途时，交换价值会停留在一个，并且是唯一的一个，确定的高度上，如果条件不变的话。显然，从这种意义说，同一种商品的任何一个单位的交换价值对不同的人是不同的，这的确不仅是首先由于他们的嗜好不同，其次由于他们的整个经济情况不同，而且第三——与这些事实完全没有关系——是由于个人所交换的货物不同。[①] 但是任何两种货物在市场上交换的数量关系，或它们的倒数，即每种商品的价

① 我的意思是：由于嗜好和总的经济情况不同，即使对于其他的人也同样交换的同一货物，每一个人是评价不同的。但是这些个人也交换不同的货物。

格关系，对于所有的个人，不论贫或富，都是一样的——像我们在上面说过的一样。每一种货物的价格都是同所有其他货物的价格相联系的，这一点只在我们把它们全都归结到一个共同的分母时，才变得十分明白。[①]

现在让我们引进这个价格的分母和交换媒介，并让我们选定黄金来起“货币商品”的作用。尽管为了我们的目的，我们对于熟知的交换理论要求很少，因而对于它可以说得十分简短；但是对于货币理论，我们却必须说得比较多些。但在这里，我们也只限于以后会对我们有用的那些论点，但即使对这些，也只在对我们以后的论证有必要的限度内才加以论述。因此，我们将把在本书中不会再出现的那些问题放在一边，例如金银复本位制的问题或货币的国际价值问题。对于有些理论，它们的功绩存在于以后我们没有机会去追随的那些方面，我们也会毫不踌躇地用比较简单的或更为人们所知道的理论去代替，只要它们也将对我们有用，即使它们在其他方面更不完善。[②]

经验告诉我们，每一个人均赋予他的货币存量以价值。在市场上，所有这些个人的价值估计导致在单位货币与所有其他货物数量之间建立一种确定的交换关系，在原则上就像我们以前就其他货物所说的一样。从个人与个人之间的竞争，以及从各种使用可能性之间的竞争，在给定条件下，产生了多种确定的货币“价

① 参阅《本质》，第 II 编。

② 读者可以从下文中了解我的关于货币及其价值的思想的主要特点：“社会产品与计算单位”，载《社会科学档案》，第 44 卷（1918 年）。在那里使用的货币概念是一个完全不同的概念。

格”,就像其他货物一样多。因此,这些货币价格——这个名词已由前面的叙述完全下了定义,在以后的论述中我们将要常常使用——就像任何其他的价格一样,是以个人的价值估计为基础的。但是,这些个人的价值估计又是建立在什么基础之上的呢?这个问题是自己冒出来的,因为这里在货币的场合,我们没有像对任何其他商品那样的一种简单的解释,这种解释就在于个人从其消费中所获得的需要满足。我们对这个问题的答复是根据维塞尔的论点:[①]物质商品的使用价值自然提供了历史的基础,在这种基础上货币获得了同其他货物的确定的交换关系;但货币对每一个人的价值和它在市场上的价格可能并且实际上会离开这个基础。这一点自然是明白的:作为货币的黄金所具有的个人边际效用和价格,都不能离开它作为商品的个人边际效用和它的市场价格。因为,如果一旦离开了,就会存在一种连续不断的趋势,通过将艺术品铸成金币,或将金币加以熔化,来消除这种差别。这是正确的。不过这并不能证明什么东西。因为一种商品在两种不同的用途上售得相同的价格,不能得出结论说,一种用途确定这个价格,而另一种用途只是随从这种价格。恰好相反,显然是两种用途一道来形成这一货物的价值尺度;如果一种用途不存在,它的价格就会不同。货币商品就是处于这种地位。它有两种不同的使

① 《社会政策协会文集》。1909 年大会报告。关于这一点,参阅米塞斯《货币与流通手段的理论》,第 2 版;早一些的著作,有怀兹“货币价值理论的现代趋势”,载《政治经济学,社会政策和管理杂志》(1910 年)。读者如果怀疑上述论点含有循环推理,也可参阅米塞斯教授的书。尽管它并不包含循环推理,作者也想声明:他现在不认为这种引进货币因素的方式是令人满意的,即使是在本章目的的限度内。

用可能性，虽然在两种用途中边际效用和价格都肯定必须相等，如果货物能从一种用途自由地流入另一种用途的话；但是它的价值绝不能单从艺术用途上去解释。如果我们想象全部货币商品的存量都是铸币——这的确是可能的——那么这一点就变得特别明显了。即使在这时货币还是会有价值和价格，但是上面的解释显然就站不住脚了。一方面停止铸币，另一方面禁止熔化，同样从经验上给我们提供了实例，说明货币价值具有独立的性格。

因此，作为货币的货币价值，在理论上是完全能同材料的价值分开的。诚然，后者是前者的历史泉源。但在原则上我们在解释货币价值的具体实例时，可以忽视材料的价值，就像在考虑一条巨河的下游时，可以忽视从其发源地流入的水量一样。我们可以想象，个人按照他所拥有的货物的比例，或者更准确地说按照用价格表示的这种货物的比例，获得一定数量的某种没有使用价值的交换媒介，不言而喻，每一个经济时期的一切货物都必须换成这种交换媒介。然后，这种媒介又只是作为交换媒介来定值。它的价值，根据假设，只能是一种交换价值。[①] 每一个人，像我们早先关于为市场而生产的一切货物所说的，将要根据他能用这种交换媒介去获得的货物的价值，来评定这种交换媒介的价值。因此，每一个人都会对他的货币作出不同的评价；即使每一个人都用货币来表示他对其他货物的价值估计，这种估计在个人与个人之间也会有不

① 货币将由于它的交换职能而受到评价。而这显然同生产手段的职能相似。如果人们只把货币看作是“最好的工具”（像许多意大利人那样）去接受它，事情就比较明白了。

同的重要意义，尽管它们在数量上相等。的确，在市场上，每种货物都只有一种用货币表示的价格；同样，在任何时候，在市场上也只能有一种货币价格。所有的个人都用这种价格进行计算，在这一点上他们相遇于共同立场。但这只是在表面上如此，因为尽管价格对所有的人一律相等，但对每一个人却有不同的含义；它们为每一个人表示获得货物的不同限度。

那么，这种个人的货币交换价值又是怎样形成的呢？在这点上，我们将要把货币理论同我们刚才所讲的经济过程的流转结合起来。我们会立即看到，根据我们的概念，个人交换价值必须一直追溯到生产者货物。我们说过，生产者货物是暂时性的项目，它们在交换经济中不包含任何独立的价值形成。我们还说过，没有收入流量是流向任何时候拥有生产者货物的人。因此，在这里没有机会去形成货币的独立的个人交换价值。像在经济过程中一样，在商人的货币计算中，根据我们的假设，生产出来的生产资料也是一个暂时性的项目。这些个人并不根据货币的个人交换价值去评价货币，因为他们用它不能得到供他们自己消费的货物，而只是把它转手出去。因此我们不能从这里去寻找货币的个人交换价值的决定；相反，在这些交易中反映出来的交换价值必然是渊源于别处。因此，只有货物的基础流量保存下来，就只有在以劳动和土地服务为一方和以消费品为另一方之间的交换。人们评价自己的货币存量，是单独依据用货币所能够得到的消费品的价值。因此，货币收入与真实收入之间的交换是突出的一点，是在经济过程中个人交换价值从而货币的价格得以形成的地方。现在，结果是很容易表达的：货币对于每一个人的交换价值，依存于他用自己的收入所能得到的消费品的使用价值。在一个时期中用货物表示的总有效需求，就成为在这一经济过程中所采用的收入单位的价值尺度。因此，在一定条件下，对每一个人来说，他的货币存量就都有一个明确决定的价值尺度和确定的边际效用。[①] 这一货币存量在经济制度中的绝对数量是没有关系的。从原则上讲，一个较小的总数也像一个较大的总数一样，提供了相同的服务。如果我们假定现有货币数量是固定不变的，那么年复一年地对货币的需求将会相同，从而对每一个人将会出现相同的货币价值。货币在经济制度中将会这样地分配，以使统一的货币价格得以出现。当所有的消费品得到处理，所有的劳动和土地服务得到支付之后，情形就会是这样。在劳动和土地服务为一方与消费品为另一方之间的交换可以分为两部分：劳动及土地服务与货币之间的交换，货币与消费品之间的交换。由于货币的价值和价格一方面必须与消费品的价值和价格相等，另一方面又必须与劳动和土地服务的价值和价格相等，[②]所以很清楚：我们的图画的主要轮廓是不会因为插入中间环节而有所改变的，货币只起一个技术工具的作用，对现象没有增添什么新东西。用一个习惯的措辞，我们可以说，货币到现在为止只代表着经济事物的外衣，从它做出抽象并没有忽视本质的东西。

---

① 假定有一定的市场交换技术和一定的支付习惯。关于这一点，参阅马歇尔的《货币、信用与商业》或凯恩斯的《货币改革小议》，还可参阅施莱辛格的《货币经济与信用经济理论》。

② 我再重复一遍，为了简单起见，我们在这里只是考虑一个孤立的经济制度，因为把国际关系包括进去，徒然使说明复杂化，而不会增添什么实质性的东西。同样在我们考虑的经济制度中，所有的个人都完全用货币来计算，并彼此发生联系。

初看起来，货币好像是加在不同货物数量上的一般秩序，[①]或者我们可以说是“一般购买力”。每一个人首先把货币看成是用来获得一般货物的手段；如果他出售他的劳动或土地服务，他出售它们不是为了特定的货物，而好像是为了一般的货物。可是，如果我们再仔细看看，事情就呈现一幅不同的面貌。因为每一个人评价他的货币收入，确实是按照他用货币所实际得到的货物，而不是按照一般的货物。当他一谈到货币价值时，他习惯购买的一系列货物就或多或少比较清楚地浮现在他的眼前。如果整个类别的购买者突然改变他们收入的开支，那么很显然，货币的价格，还有货币的个人交换价值，无疑也将要改变。可是，这种事情通常并不发生。一般说来，一个确定了的开支计划往往被认为是最好的而坚持了下来，它不会迅速改变。这就是为什么实际上每一个人通常都能用一种固定的货币价值和价格进行计算，而只须逐渐加以调整，使之适应于改变了的条件。因此，我们关于货币，可以说我们早先关于所有其他货物所说过的话，那就是：就现有购买力的每一部分来说，在经济制度中的某些处所已经存在着对它的需求，存在着对它的货物供应；而货币的大部分，完全像生产资料和消费品的大部分一样，年复一年地走着相同的道路。在这里我们也可以说，如果我们想象的每一块货币在每一经济时期走着完全相同的路径，我们也没有改变实质性的东西。这种实际收入和货币收入的

① 这个概念最早可从伯克莱那里看到。以后它从来都存在着，J. S. 穆勒最近使它传播开来。在现代德国文献中，它主要可以在本迪克森那里找到。它和数量理论、生产成本理论或“平衡”理论都不矛盾。

关系，也决定着货币价值的改变。[①]

到此为止，我们完全是把货币看作流通手段的。我们所看到的，只是实际用于使大量商品定期流通的那种货币数量的价值的确定。显然，在每一个经济制度中，由于大家熟知的原因，还存在着不流通的货币数量，其价值的决定尚未得到说明。因为，到此为止，我们还没有学到任何这样的货币使用，它使得超出个人支付他的现行购买所需用的货币数额以上的积累，成为必要。以后我们必须回到这一点。在这里我们不再对它作进一步的论述，而满足于说明了与我们所已经描述的主要交换行为相适应的那种货币数量的流通和价值决定。不管怎样，在正常的循环流转中（这是我们在这里所考虑的），不需要为了其他的目的而持有重要的货币存量。

我们也忽视了另一个要素。购买力不仅是被用来进行消费品对劳动和土地服务的交换，而且也是用来转移地产本身的所有权；还有，购买力本身也是被转移的。我们能够很容易地考虑所有这些要素，但是，它们对于我们的意义，同我们在当前论证的范围内我们所能分析的那些要素的意义，却有本质上的不同。我们只能简单指出，在我们一直描述的不断地重复出现的经济过程中，没有容纳这些东西的余地。购买力本身的转移，不是这一过程的必要因素。这一过程可以说是自行流转的，它在本质上是任何一种信用交易都不需要的。我们已经指出过，对劳工和地主没有预先支出，他们的生产资料只不过是从他们那里购得的。这一点并未由

① 参阅维塞尔《自然价值》。

于货币的干预而改变，货币的预先支付也像消费品或生产资料的预支一样，并不必要。显然我们不需要排除这种情况：个人从他人获得购买力，而将自己的原始生产力——例如土地——的一部分转移给他们作为回报。为了消费而借入就是这种情况，没有附加特别的利息。同样，劳动和土地的一般转移也是这种情况，这是我们在下面将要表明的；因此我们可以说，在循环流转中，货币除了促进商品的流通之外，并不起其他的作用。

还可以加上一句：为了同样的理由，我们没有谈到信用工具。自然，交换过程不仅有一部分，而且全部都是可以用这种信用媒介来清算的。甚至这样来想象也不是没有趣味的：不用实际的金属货币，而只有——譬如说——汇票在流通。例如，这告诉我们：关于货币具有商品价值这种原始必要性的主张，并不意味着具体的货币商品必须实际上流通。因为，要使货币同其他货物的价值具有固定的关系，除了它必须同某种具有确定价值的东西发生联系之外，的确再不需要别的东西。因此，经济过程没有金属货币的干预，也能运行。任何一个供应劳动和土地服务的人，会收到一张一定数量的货币单位的汇票，然后用它来购买消费品，以便在下一时期再收到——如果我们坚持我们的货币定期地走着同一路径这个概念——表示同一数量的货币单位的另一张汇票。假定这样一种交换媒介能够顺利地流通并被普遍接受，它就能完全起货币的作用；因为它能起这种作用，个人对它的评价就同对金属货币的评价完全一样，它会按用商品表示的同一“价格”来转手流通。即使从来不发生任何偿还债款的问题，而只有彼此互相抵消的对法定通货的要求权的连续过程的问题，情形也是如此。于是就会有对这种交换媒介的需求，它在我们的假设中总是由于有相应的供给而得到满足。但是由于我们已经看到金属货币单位的价格，只是消费品的价格从而也只是生产性货物的价格的反映，那么我们可以说，我们假设的汇票的价格也会起同样的作用。因此，它会按其充分的名义价值去流通，换言之，它总是按票面价值流通的。这是由于不存在给予折扣的动机的缘故。这个论据比起早先的论据来，能用比较稍为实际一些的方式使我们懂得：在我们假设的经济制度中不出现利息，因此，这里所描述的经济事物的逻辑不能解释利息现象。

但是除了这一点之外，我们没有理由要在这里再来多谈信用支付手段。如果信用工具只是代替某种已经存在的金属货币，那么它的使用本身就不会产生任何新的现象。如果某种交换行为年复一年地用这种信用工具进行清算，那么这种信用工具所起的作用就和相应数量的金属货币相同，至此并无刺激要在循环流转中去突然引进信用，而这种信用是我们应当加以研究的。由于这个原因，还因为信用要素在以后会变得对我们非常重要，同时因为我们很需要把这一点同我们在这里所描述的货币职能作一鲜明的对比，我们将假定：我们的货币流通，到此为止，只是由金属货币[①]组

① 在这样一种经济制度中的“金属货币”的数量，不仅和一定的价格水平相适应，而且也和货币流通的一定速度相适应。如果所有的收入是按年支付的，那显然比按周支付需要较大数量的货币，否则所有的价格必然要低一些。我们假定这种流通速度是固定不变的，因为我们在这个论点的许可范围内，完全同意维塞尔的这个说法（上引书，第 522 页以下）：流通速度的变动，像信用支付手段的数量一样，不是价格水平变动的独立的原因，因为它是由商品的运动所引起的——从我们的观点最好是说“就它是由商品运动所引起的而言”。还可参阅奥佩蒂“货币理论”和德尔·韦奇奥“货币理论”，载《经济学家杂志》（1909 年）。

成的，并且为了简单起见，只是由黄金组成的。为了使两个要素分开，一般我们所说的货币将只是金属货币。我们将把这一概念，连同不仅是代替以前存在的货币数量的那种信用工具，一起纳入支付手段这一概念之中。关于“信用支付手段”是不是货币的问题，将在以后讨论。[①]

这样，与货物流量相适应，有一个货币流量，其方向是同货物流量的方向相反的，其运动——根据这样一个假设：没有黄金的增加或任何其他单方面的变动发生——只是货物运动的反映。从此我们就结束了关于循环流转的描述。就整个交换经济来说，有着同一的继续性，并在同一假设下，有着同一的不变性，就像就一个非交换经济来说的一样——不仅过程，而且价值，都是继续性和不变性。谈到社会评价，那的确会是对事实的一种曲解。心理的价值必须存在于自觉之中，因此，若要让这个词有任何意义，那么心理的价值在本质上就必须是个人的。我们在这里研究的价值所含有的意义，不是从整个经济制度的观点去说的，而只是从个人的观点去说的。社会事实——在这里也像在所有的评价中一样——是处在这样一个环境中：各个个别的价值是彼此互相联系而不是彼此各自独立的。经济关系的总和构成经济制度，就像社会关系的总和构成社会一样。如果人们不可以谈社会价值，那就还有一个社会价值体系，一个个人价值的社会体系。这些价值是和个人经济中的价值同样相互联系的。它们通过交换关系彼此发生作用，因此它们影响所有其他个人的价值，也受这些价值的影

① 关于“购买力”的概念，在书刊中，可参阅达文波特：《价值与分配》。

响。[①] 在这个社会价值体系中，反映了一国所有的生活条件，尤其是所有的“组合”均在其中表现了出来。社会价值体系的沉积〔sediment〕就是价格体系。它是从同一意义说的一个单位。诚然，价格并不表示对一种货物的社会价值的一种估计。的确，价格根本不是一种确定的价值的直接表现，而只是在许多个人评价的压力下起作用的诸过程的结果。

① 它们之间有着一般的相互依存关系。关于这一点的更详细的说明，参阅《本质》，第 II 编。

第二章　经济发展的根本现象

I

社会过程——它理性地说明①我们的生活和思想——已经引导我们离开对社会发展作先验的处理，并教导我们看出了对之作经验处理的可能性；但是它完成自己的任务是很不完善的，所以我们必须小心地对待这个现象本身，尤其是我们用来理解它的概念，特别是用来表示这种概念的文字，文字的各种联系会导致我们走入歧途，朝着各种毫不足取的方向。与先验的先入之见（更确切地说，是从先验的根子中产生出来并已经变成了先入之见的思想，如果我们忽视不可逾越的鸿沟，使之去做经验科学的工作的话——尽管它本身不是这样一种先验的先入之见）密切相连的，是对历史的"意义"的各种探索。认为一个国家，一种文化，甚至整个人类，一定会表现出一种一致的、直线式的发展的假设也是如此；甚至像

① 理性地说明一词在这里用的是马克斯·韦伯的意义。读者可以看出，"理性的"和"经验的"二词在这里意味着同类的或同源的东西，如果不是相同的东西的话。二者均与"先验的"一词不同，并且相反，后者意味着超出"理性"和"事实"二者的范围，即超出科学的领域。就某些人来说，这已经变成一种习惯，那就是，他们使用"理性的"一词的意义，大体和我们使用"先验的"一词的意义差不多。因此，请读者提防误解也许不是多余的。

罗雪尔这种具有务实精神的人也作出这种假设，无数的哲学家和历史理论家，从维科到兰普雷希特一长串才华横溢的人物，过去认为而且现在还认为，这是理所当然的。以达尔文为中心的所有各种进化思想(至少如果这只不过是意味着类比的推理)，还有把动机和意志行为看成不只是社会过程的反映的那种心理学上的偏见，也都属于这一类。但是，进化思想现在之所以在我们的学科中受到怀疑，特别是对历史学家和人类文化学家来说，也还有另一个原因。除了对现在环绕着"进化"思想的不科学的和超科学的神秘主义的谴责以外，又加上了对浅薄涉猎的谴责。对于"进化"一词在其中起作用的一切仓促作出的一般性判断，我们当中的许多人都失去了耐性。

我们必须离开这些东西。然后留下来的还有两个事实：一是历史变化的事实，由于历史变化，社会条件在历史时代中成为历史的"个体"。这些变化既不构成循环过程，也不构成沿着一个中心摆动的运动。社会发展的概念，是由这两种情况连同其他的事实来限定的：每当我们不能从以前的事态来充分说明一个给定的历史事态时，我们的确认识到有一个没有解决的然而又不是不可解决的问题的存在。这一点首先对于个体的例子是适用的。例如，我们理解 1919 年德国的国内政治史是前一次战争的影响之一。可是，它对于更加一般的问题也是适用的。

经济发展至今只不过是经济史的对象，而经济史又只是通史的一部分，只是为了说明而把它从其余的部分分离出来的。由于事情的经济方面对于每一种其他的事情的这种根本依存性，所以不能单用以前的经济的情况去解释经济的变化。因为一国人民的经济状态并不单是从以前的经济情况中产生的，而只是从以前的全部形势中产生出来的。由此而引起的在解释上和分析上的困难，由于构成历史的经济解释的基础的那些事实，而变得大为减少了——在实际上是如此，如果在原则上不是如此的话；要是不必对这种观点表示赞成或反对，我们就可以说，经济世界是比较独立的，因为它在一国人民的生活中占据如此重大的地位，并形成或决定其余生活的一大部分；因此，写一部经济史这件事本身显然不同于写一部——譬如说——军事史。在这一点上，还得加上另一个事实，它促进了对社会过程任何一个部门的分别的描述。社会生活的每一个部分，都好像是由一组具有不同特性的人们居住的。各种不同的要素成分一般并不直接影响任何这样一个部门的社会过程，就像一颗炸弹的爆炸只会“影响”那些碰巧当它在其中爆炸的房间里的一切东西那样，而只是通过这个部门的数据和它的居民的行为去施加影响；即使一个事件的发生像我们拿炸弹爆炸的比喻所表明的那样，它的影响也只在主要有关的人们所穿着的那种外衣内发生。因此，就像关于基督教反改革运动对意大利和西班牙的绘画的影响的描述总归是艺术史一样，关于经济过程的描述也总归是经济史，即使在那里，真正的原因大部分是非经济的。

经济部门又是可以用种类无穷的观点和处理方法去研究的，比如人们可以根据这些观点和处理方法的范围的广度去胪列——或者我们也可以说，根据它们所包含的理论的普遍程度去胪列。从对 13 世纪尼德阿尔泰寺院经济生活的性质的说明，到桑巴特对西欧经济生活的发展的说明，贯串着一条继续不断的、逻辑上一致的长线。像桑巴特的这种说明就是理论，并且的确是我们此刻所说的那种经济发展理论。但它不是本书第一章的内容所意味着的那种经济理论，后者是自从李嘉图的时代以来人们所理解的那种“经济理论”。诚然，后述意义的经济理论在像桑巴特的那种理论中也起作用，但它完全是一种次要的作用：就是说，凡是历史事实的联系非常复杂以致必须引用超出一般人的分析能力的解释方法的地方，思想路线就采取那种分析工具所提供的形式。可是，凡是在问题只是使发展或发展的历史结果成为可以理解的，只是找出能说明一种形势或决定一个问题的要素时，传统意义的经济理论就几乎不能作出什么贡献了。[①]

① 然而，如果经济学家在这个题目上总是有一些话要说，那么这只是因为他们不曾把自己限制在经济理论上，而是——的确照例是很肤浅的——去研究历史社会学或作出关于经济未来的设想。劳动分工、土地私有制的起源、对自然的日益增长的控制、经济自由，以及法律上的安全——这些是构成亚当·斯密的“经济社会学”的最重要的要素。它们显然是同事件的经济进程的社会结构相关的，而不是同事件的经济进程的任何内在的自发性相关的。人们也可以把这个看作是李嘉图的发展理论（譬如说按照毕希尔的意思），而且它呈现了给他赢来“悲观主义者”称号的思想路线，那就是这样一种“假设性的预测”：由于人口的不断增长和地力的不断耗竭（根据他的意见，这只能被生产的改良暂时地打断），最后会出现一种静止状态——这要同现代理论中理想的暂时的均衡静止状态完全区别开来——在这种状态中经济形势的特征是地租的极度增大。这种理论同上面所理解的发展理论完全不同，同我们在本书中将要提出的发展理论尤其不同。穆勒更加小心地表述了相同的思想路线，在色彩和语调的分布上也有所不同。然而在实质上，他书中的第四编“社会进步对生产和分配的影响”却是完全相同的东西。即使这个题目也表明了“进步”在多大程度上被认为是非经济的东西，是某种植根于只对生产和分配“发生影响”的数据之中的东西。特别是，他对“生产工艺”中的改进的处理，是绝对“静态的”。按照这种传统的观点，改进只是一种偶然发生的事情，对于它的影响我们必须进行考察，而关于它的出现本身我们却没有什么可说的。倒是就这样被忽略了的东西，正是本书的研究主题，或者毋宁说是本书结构的基石。J. B. 克拉克（《经济理论要义》）——他的优点是自觉地区分了“静态学”和“动态学”——看出了动态因素使静态均衡受到干扰。这也是我们的观点；从我们看来，主要的事情也是考察这种干扰的影响，以及由此而出现的新的均衡。但是，虽然他把他自己限制在

我们在这里不讨论这种意义上的发展理论。我们既不指出历史进化的因素——不论是个别的事件,比如十六世纪美国的黄金生产在欧洲的出现,还是"更一般的"情况,比如在经济人的心理状态中、在文明世界的领域中、在社会组织中、在政治群星中、在生产技术中等等方面发生的变化;也不描述它们在个别的例案中或在各组的例案中的影响。[①]恰好相反,在第一章已将性质对读者做过充分说明的经济理论,只不过是为了它自身的目的而要加以改进,即通过在它上面进行创建。如果这样做也是想要使这种理论能比过去更好地完成它对别种发展理论的服务,那么事实依然是,两种

这一点上,并且就像穆勒一样从中看出了动态学的意义,我们却将首先给这些干扰的原因提供一种理论,因为在我们看来,它们不仅仅是干扰而已;并且从我们看来,主要的经济现象依存于它们的出现。特别是:他所列举的干扰原因中的两个(资本和人口的增加),对我们来说,也像对他来说一样,只是干扰的原因,不管它们作为"变化的因素"对正文中刚刚提到的另一种问题,是多么的重要。第三个原因(消费者嗜好方向的改变)也是如此,这将在以后的正文中加以具体说明。但是其他两个(技术变革和生产组织变革)需要作特别的分析,并将引起与从理论意义说的干扰完全不同的某些事情。不承认这一点,是经济理论中存在我们认为不能满意的东西的最重要的唯一原因。从这种看来无足轻重的源泉,产生了——正如我们将要看到的——经济过程的一个新概念,它会克服一系列的根本困难,并从而证明我们在正文中对这一问题的新陈述是正确的。这个对问题的新陈述同马克思的陈述更加接近。因为根据马克思,有一种内部的经济发展,而不只是经济生活要与变化着的情况相适应。但是,我的结构只包括他的研究领域的一小部分。

① 因此,本书第一版问世后发生的最令人烦恼的误解之一,就是这一发展理论忽视了所有一切历史的变革因素,只有一个即企业家的独立存在是例外。如果我的陈述的用意真像这一反对意见所认定的,那它显然就是胡说了。但它涉及的,根本不是具体的变革因素,而是这些因素起作用的方法,是变革的机制。"企业家"只是变革机制的承担者。我不是只考虑到一个历史的变革因素,而是根本没有考虑到任何一个这样的因素。我们在这里更没有考虑到那些特别说明在经济组织、经济习惯等等之中所发生的变革的一些因素。这更是另一个问题;尽管所有这些处理方法有着彼此发生冲击的地方,可是,如果不把它们彼此分开,如果不给予它们每一个以自行成长的权利,那么这就会意味着使所有方法的成果都受到损害。

方法是处于不同的水平之上的。

我们的问题可如下述。第一章的理论从“循环流转”的观点描述经济生活，这种生活年复一年地基本上同样地在渠道中流动着——就像血液在生物有机体中循环一样。现在，这种循环流转及其渠道确实及时改变了，在这里我们放弃了与血液循环相似的类比。因为，虽然后者也在有机体的成长和衰亡过程中发生变化，然而它只是继续不断地这样做的，也就是说，通过人们所能选择的、比任何可以分配的数量都要小的步子，但不管怎么小，它总是处在同一结构之内。经济生活也经历这样的变化，但它还经历其他的变化，这些变化则不是继续不断地出现的，而且它们还会改变这种结构，即传统的过程本身。它们不能通过对循环流转的任何分析去理解，虽然它们是纯粹经济的，虽然对它们的解释显然是属于纯粹理论的任务。现在这类变化，以及随之而发生的现象，就是我们研究的对象。但是我们并不去问：是哪一些这样的变化实际上使得现代经济制度成为现在这个样子的？也不去问：这种变化的条件是什么？我们只问，的确像理论经常要问的那样：这种变化是怎样发生的，它们又将会引起什么经济现象？

同一件事情，可以作稍为不同的说明。第一章的理论是从经济体系走向一个均衡位置的趋势这种观点去描述经济生活，这种趋势给我们提供了决定货物价格和数量的手段，可以描述为对任何时候存在的数据的适应。与循环流转的情况相比，它本身并不意味着年复一年地发生“同样的”事情；因为它只是意味着，我们把经济体系中的几种过程看作是走向一个均衡位置的趋势的部分现象，但不一定是走向同一种的均衡位置。经济体系中理想的均衡状态的位置——从来未达到过的，继续不断地“被追求的”（当然不是自觉地）——是变化着的，因为数据在改变。而在数据的这种改变面前，理论也不是没有武装的。理论正是构造得能够应付这种变化的后果的；它有用于这一目的的特殊工具（例如称为“准地租”一类的工具）。如果变化发生在非社会的数据（自然条件）中，或发生在非经济的社会数据（这里有战争的影响，商业的、社会的或经济的政策的改变）中，或发生在消费者的嗜好中，那么在这个限度内对于理论工具似乎无须作根本的检修。这些工具，只有在经济生活本身时起时落地改变它自己的数据时，才不起作用——在这里，这一论点同前一论点连接在一起了。铁路的建设可以作为一个例子。连续的变化——它们可能通过由无数的小步骤所形成的连续不断的适应，到头来使一家大百货公司从一家小零售商店成长起来——属于“静态的”分析。但是，“静态的”分析不仅不能预测传统的行事方式中的非连续性变化的后果；它还既不能说明这种生产性革命的出现，又不能说明伴随它们的现象。它只能在变化发生以后去研究新的均衡位置。而恰恰就是这种“革命性”变化的发生，才是我们要涉及的问题，也就是在一种非常狭窄和正式的意义上的经济发展的问题。我们为什么要这样来陈述问题并离开传统理论，与其说是由于经济变化（特别是，如果不完全是，在资本主义时代）是实际上这样发生的，而不是由于连续不断的适应，倒不如说是由于这种变化的富有成效。①

① 资本、信用、企业家利润、资本利息和危机（或经济周期）这些问题，就是其中这种富有成效并将在这里表现出来的问题。不过，并非就此而概括无遗。对专门的理论家，我可以指出，比如环绕收益递增问题、供给曲线与需求曲线相交的多点问题，以及时间要素问题等等的困难，即使是马歇尔的分析也还没有将其克服。

因此，我们所指的“发展”只是经济生活中并非从外部强加于它的，而是从内部自行发生的变化。如果情况是，在经济领域本身中没有这样的变化发生，而我们所称的经济发展现象在实际上只不过是建立在这一事实之上，即数据在变化而经济则继续不断地使自己适应于这种数据，那么我们应当说，并没有经济发展。我们这样说的意思应当是：经济发展不是可以从经济方面来加以解释的现象；而经济——在其本身中没有发展——是被周围世界中的变化在拖着走；为此，发展的原因，从而它的解释，必须在经济理论所描述的一类事实之外去寻找。

仅仅是经济的增长，如人口和财富的增长所表明的，在这里也不能称作是发展过程。因为它没有产生在质上是新的现象，而只有同一种适应过程，像在自然数据中的变化一样。因为我们想要使我们的注意力转向别的现象，我们将把这种增长看作是数据的变化。[①]

每一个具体的发展过程，最后都依存于以前的发展。但是为了看清事物的本质，我们将把这一点抽象掉，而是让发展从一种没有发展的地位上产生。每一个发展过程为下一个发展过程创造先决条件。从而后者的形式被改变了，事情将变得与在每一具体发展阶段不得不首先创造它自己的条件时可能发生的事情不同。可是，如果我们想要找到事情的根源，我们可以不把所要解释的要素包括在我们的解释的数据之中。但是，如果我们不这样做，我们将

---

①　我们这样做，是因为这些变化每年都很小，因而不妨碍“静态”方法的应用。可是，它们的出现，常常是我们所谓的发展的一个条件。但即使它们常常使得我们所谓的发展成为可能，可是它们并不从自己身上来创造这种发展。

会在事实与理论之间造成一个明显的脱节，这可能给读者造成重大的困难。

如果我比在第一版中能够更加成功地集中注意于本质性的东西的说明并防止误解，那么进一步特别解释“静态”和“动态”二词连同它们的数不清的含义，就是不必要的了。我们所意指的发展是一种特殊的现象，同我们在循环流转中或走向均衡的趋势中可能观察到的完全不同。它是流转渠道中的自发的和间断的变化，是对均衡的干扰，它永远在改变和代替以前存在的均衡状态。我们的发展理论，只不过是对这种现象和伴随它的过程的论述。①

II

循环流转渠道的这些自发的和间断的变化，均衡中心的这些干扰，是在工业和商业生活领域中发生的，而不是在消费者对最终产品的需要的领域中发生的。凡是在消费者嗜好中出现自发的和间断的变化的地方，那是工商业家必须应付的数据突然发生变化

① 在本书第一版中，我称之为“动态学”。但在这里最好是避免使用这个名词，因为伴随它的各种不同含义而来的联想，很容易使我们产生误会。所以，最好还是只把我们的意思说出来：经济生活在变化；它的变化部分地是由于数据在变化，经济生活是倾向于使自己去适应这种变化了的数据的。但这并不是唯一的经济变化；还有另一种经济变化，它是不能用从外部加于数据的影响来说明的，它是从体系内部发生的。这种变化是那么多的重要经济现象的原因，所以，为它建立一种理论似乎是值得的；而为了要这样做，就得把它同其他的变化因素分隔开来。作者请求提出另一个更准确的定义，这是作者惯于使用的：我们将要研究的，是从体系内部产生的这样的一种变化，那就是，它这样来代替这种体系的均衡点，从而新的均衡点不能从旧的均衡点以许多无限小的步骤去达到。你不管把多大数量的驿路马车或邮车连续相加，也绝不能从而获得一条铁路。

的问题，因而可能是他的行为的逐渐适应以外的动机和机会的问题，但不是这种其他行为本身的问题。所以，这种情况并没有提出除自然数据的变化以外的任何其他问题，也不要求任何新的处理方法；为此，我们将不考虑可能实际存在的消费者需要中的任何自发性，并假定嗜好是"给定的"。由于需要的自发性一般很小，这就使得我们易于这样去做。诚然，我们必须永远从需要的满足出发，因为需要是一切生产的终点，而且任何时候的一定经济形势都必须从这一方面去理解。不过经济体系中的创新一般并不是按下面这种方式发生的，那就是，首先新的需要在消费者方面自发地产生，然后生产工具通过它们的压力转动起来。我们并不否认存在这种联系方式。可是，一般是生产者发动经济的变化，而消费者只是在必要时受到生产者的启发；消费者好像是被教导去需要新的东西，或者在某些方面不同于，或甚至完全不是他所习惯使用的东西。因此，尽管可以容许甚至有必要把消费者的需要看作是循环流转理论中的一种独立的和确实是基本的力量，但是一当我们分析变化时，我们就必须立即采取不同的态度。

生产意味着把我们所能支配的原材料和力量组合起来(参阅前面第一章)。生产其他的东西，或者用不同的方法生产相同的东西，意味着以不同的方式把这些原材料和力量组合起来。只要是当"新组合"最终可能通过小步骤的不断调整从旧组合中产生的时候，那就肯定有变化，可能也有增长，但是却既不产生新现象，也不产生我们所意味的发展。当情况不是如此，而新组合是间断地出现的时候，那么具有发展特点的现象就出现了。以后，为了便于说明，当我们谈到生产手段的新组合时，我们指的只是后一种情况。

因此，我们所说的发展，可以定义为执行新的组合。

这个概念包括下列五种情况：(1)采用一种新的产品——也就是消费者还不熟悉的产品——或一种产品的一种新的特性。(2)采用一种新的生产方法，也就是在有关的制造部门中尚未通过经验检定的方法，这种新的方法绝不需要建立在科学上新的发现的基础之上；并且，也可以存在于商业上处理一种产品的新的方式之中。(3)开辟一个新的市场，也就是有关国家的某一制造部门以前不曾进入的市场，不管这个市场以前是否存在过。(4)掠取或控制原材料或半制成品的一种新的供应来源，也不问这种来源是已经存在的，还是第一次创造出来的。(5)实现任何一种工业的新的组织，比如造成一种垄断地位(例如通过“托拉斯化”)，或打破一种垄断地位。

现在有两件事情，对于伴随实现这种新组合而来的现象，以及对于理解它所涉及的问题，是至关重要的。第一，新组合并不一定要由控制被新过程所代替的生产或商业过程的同一批人去执行，虽然这样的情况也可能发生。相反，新组合通常可以说是体现在新的商号中，它们不是从旧商号里产生的，而是在旧商号旁边和它一起开始进行生产的。这里，还是用我们已经选用过的例子来说明，那就是，一般说来，并不是驿路马车的所有主去建造铁路。这个事实，不仅使我们想要描述的过程所具有的特点即间断性得到特别的说明，而且可以说是在上面提到的那种间断性之外，创造了另一种间断性，但它也说明了事态进程的重要特点。特别是在竞争性的经济里，新组合意味着对旧组合通过竞争而加以消灭，它一方面说明了个人和家庭在经济上和社会上上升和下降的过程(这是这种组织形式所特有的)，同时也说明了一整个系列有关经济周期、私人财产形成的机制等等其他的现象。在非交换经济中，例如在社会主义经济中，新组合也常常在旧组合的旁边出现。但是这一事实的经济后果将会在某种程度上消失，而其社会后果则将会完全消失。如果竞争性的经济被巨大的联合组织的增长所打破，像今天在所有国家日益增多的情况那样，那么这在现实生活中必然会变得越来越真实，而新组合的实现必然会在越来越大的程度上变成同一经济实体的内部事情。这样造成的差别，已经大到足以成为资本主义的社会历史中两个时代的分水岭。

第二，我们必须注意的，而又只同这一要素有部分关系的是，每当我们牵涉到根本原则时，我们绝不应假定，新组合的实现是通过使用闲置的生产手段来进行的。在实际生活中，情况常常是这样。社会上总是存在有失业的工人，没有售出的原料，没有利用的生产能力，如此等等。这对于新组合的出现，肯定是一个有所帮助的环境，一个有利的条件，甚至是一种刺激；但是大量的失业却只是非经济事件——例如世界大战——的后果，或者恰好是我们正在研究的发展的后果。无论在这两种场合的哪一种场合里，它的存在都不能在我们的解释中发挥根本的作用，并且它在我们由以开始的极度平衡的循环流转中是不可能发生的。正常的年度增加也不能应付这种情况，首先因为这种增加会很小，其次还因为它通常会被循环流转内部相应的生产扩大所吸收；如果我们承认这种增加，我们就必须把生产的相应扩大设想为已经调整到了这种增长速度的。① 一般

① 整个讲来，说人口缓慢地增长，直到任何经济环境所许可的范围，比起说人口有任何超过这种可能性的趋势并从而变成为变化的一个独立原因来，要正确得多。

说来，新组合必须从某些旧组合获得必要的生产手段——由于我们已经提到的理由，我们将假定，新组合总是这样做的，以便使我们所认为的主要轮廓线更加形象突出。因此，新组合的实现只是意味着对经济体系中现有生产手段的供应作不同的使用——这可能为我们所说的发展提供第二个定义。资本形成的传统理论中所包含的关于发展的纯粹经济理论的初步要点，总是只提到储蓄以及由于储蓄而产生的投资的小量年度增加额。在这一点上它所主张的没有什么错误，但是它完全忽视了更为主要的东西。全国关于生产资料和储蓄的缓慢的和在时间上不断增长的供应，对于解释多少世纪以来的经济史的进程显然是一个重要的因素；但是它的重要性完全为这一事实所遮掩而显得逊色，那就是，发展主要在于用不同的方式去使用现有的资源，利用这些资源去做新的事情，而不问这些资源的增加与否。而且，在研究较短时期的问题时，这甚至从一种更加看得见的效果来讲也是真实的。不同的使用方法，而不是储蓄和可用劳动数量的增加，在过去50年中已经改变了经济世界的面貌。特别是人口的增加，还有储蓄由以产生的来源的增加，这首先是通过对当时存在的生产手段的不同使用，才得以大部分成为可能的。

我们论证中的第二步也是不言而喻的；支配生产手段对于执行新组合是必要的。对于在循环流转中进行活动的已经建立起来的厂商，购入生产手段是一个独特的问题。因为它们已经购入了这种生产资料，或者能用以前生产的收入去经常购入它们，像我们在第一章所说明的。这里在进款与支付之间没有根本的缺口，恰恰相反，二者必然彼此适应，就像两者与提供的生产手段以及与需求的产品相适应一样。这种机制一旦开动起来，它就会自动地运转。更有甚者，这个问题并不存在于非交换经济中，尽管在这种经济中也执行了新的组合；因为领导机关，例如一个社会主义的经济部，有权将社会的生产资源引向新的用途，完全像它能将这些资源引向以前的用途那样。在某种情况下，新用途可能使社会成员要担负暂时的牺牲，感到匮乏，或要作出更多的努力；它可能要求以解决某些困难问题为先决条件，例如解决从哪一个旧的组合能将必要的生产手段抽出来的问题；但是却不会发生购入那种并非已经在经济部掌握之下的生产手段的问题。最后，就实现新的组合而言，这个问题也不存在于竞争性经济中，如果实现的人有着必要的生产手段，或者能通过利用已有的其他生产手段，或他们可能拥有的其他财产，去交换他们现在需要的这种必要的生产手段的话。这并不是拥有财产本身的特权，而只是拥有可支配的财产的特权，那就是可以直接用来实现新组合的财产，或者可以用来交换必要的货物和服务的财产。[①] 在相反的场合——而这是一般的常规，因为根本上它是令人感兴趣的场合——财富的所有主，即使它是最大的组合，也必须求助于信用，如果他想要实现一个新组合的话，而这个新组合不像已经建立起来的企业，能够用以前生产所得的收益去提供资金。提供这种信用显然是我们称为“资本家”的那一类人的职能。很显然，这是资本主义型的社会用来迫使经济体系进入新渠道，使它的生产手段去为新目的服务的独特的方

① 这种特权个人也可以通过储蓄来获得。在一个手工业型的经济中，这一要素或许需要给予更多的强调。工厂主的“准备基金”可说是一种现有的发展。

法——重要得足以成为这种社会的特色——这同非交换经济的那种只由领导机构行使权力去发布命令的方法是截然不同的。

从我看来，对于上面的说法无论如何是不能提出怀疑的。强调信用的重要性，在每一本教科书中都可以找到。即使最保守的正统理论家，也不大能够否认：没有信用，现代工业的结构就不可能创立；信用使得个人能够在某种程度上不依靠继承的财产而独立行事；经济生活中的才智之士能够"跨上负债而取得成功"。同时也无法指责：这里在信用和实现创新之间建立了联系；对这种联系以后我们将详加阐述。因为，不论是从推理来说，还是从历史事实的证明来说，这一点都是清楚的，那就是，信用对于新的组合是首要的，同时它正是从新的组合夺路进入循环流转的，一方面因为信用对于现在所谓的旧厂商的最初建立是必要的，另一方面因为信用机制一旦建立之后也就会由于明显的理由①而占领旧的组合。第一，从推理上讲：我们在第一章看到，在通常的循环流转中，在习惯的渠道内，借入并不是生产上的一个必要的要素，不是一个没有它我们就不能理解循环流转的主要现象的要素。从另一方面看，在实现新组合时，"供应资金"作为一种特别的行为是根本上必要的，这在实践上也和在理论上一样，都是如此。第二，从历史上讲：为工业的目的而贷出或借入的人，并没有很早在历史上出现。前资本主义的贷款人，只是为工商业以外的用途提供货币。我们全都记得这种类型的工业家：他们感到借钱就会失去社会上的地

① 其中最重要的是生产利息的出现，像我们在第五章将要看到的。利息在经济体系中的某个地方一经出现，就会立即扩大到整个体系之中。

位，因此他们回避银行和汇票。资本主义信用制度在所有各国都是从为新的组合提供资金而产生并从而繁荣起来的，尽管在每一个国家都采用不同的方式（德国的合股银行业尤其具有这种特色）。最后，第三，当我们谈到以"货币或货币代用品"的形式接受信用时，也不可能会遇到什么绊脚石。我们肯定不会说，人们能用辅币、钞票或银行存款来生产，并且从不否认人们需要的东西是劳动的服务、原材料和工具。我们现在谈的只是获得这些东西的一种方法。

然而在这里有一点，正像我们已经暗示过的，我们的理论同传统的观点发生了分歧。传统的理论在生产手段的存在上看到一个问题，那就是，这种生产手段对于新的或任何的生产过程都是必要的，因此，这种积累就变成了一种特殊的职能或服务。我们则根本上不承认有这个问题；从我们看来，它只是由于错误的分析而产生出来的。它在循环流转中不存在，因为后者的流动是以一定数量的生产手段为前提的。但是它对于实现新的组合来说，也不存在，①因为后者需要的生产手段是从循环流转中抽出的，不论它们是已经在那里以所需要的形式存在着，还是首先必须利用在那里存在的其他生产手段去生产出来。对我们来说，存在的倒不是这个问题，而是另一个问题：把生产手段（已在一些地方被使用着）从

① 自然，生产手段并不是从天下掉下来的。只要它们不是由自然给予或非经济地得来的，那么它们过去是，现在还是，在某个时候由我们所说的发展的各个波浪创造出来的，从而是体现在循环流转中的。但是，每一个发展波浪和每一个新组合本身又是从现有循环流转的生产手段的供应中产生出来的——这是一个母鸡和鸡蛋的案例（即鸡生蛋或蛋生鸡的问题。——校者）。

循环流转中抽出来，并将其分配给新的组合的问题。这是通过信用来完成的；利用这个方法，想要实现新组合的人们可以在市场上对所需要的生产手段，比在循环流转中的生产者出更高的价钱。虽然这一过程的意义和目的是在于货物从旧的用途转向新的用途，但是如果我们完全用货物去描写它，那就不免要忽视某种主要的东西，而这些东西则发生在货币和信用领域，依靠它们才能说明资本主义经济组织形式——与其他类型相对照——中的重要现象。

最后，也是沿着这个方向第三步：需要用来购买新组合所必要的生产手段的钱从哪里来，如果有关的人恰好手中没有的话？传统的回答很简单：从按年增长的社会储蓄再加上可能按年变为能够自由处置的那部分资源。第一种数量在大战以前确实是足够重要的（在欧洲和北美的私人收入总额中或许可以估计为五分之一），连同后一数量（它的数字很难从统计上得到），并不能立即从数量上拆穿这一回答的虚伪性。同时，有关实现新组合的全部工商业务范围的代表数字现在也不能得到。但是，我们甚至可以不从总的“储蓄”开始。因为它的数量大小只能用以前发展的结果来说明。其中的大部分并不是来自严格说的节省，也就是，不是来自节制着个人经常收入用于消费的部分，而是由这样的基金所组成的，那就是，它本身是成功的创新的结果，在那里我们以后将看到企业家的利润。在循环流转中，一方面没有这种可以从而进行储蓄的丰富的泉源，另一方面主要是缺少对储蓄的刺激。它所有的唯一巨大的收入，是垄断收益和大地主的地租；而为灾祸和老年作准备，或许还有一些不合理的动机，那恐怕就是唯一的刺激了。最重要的刺激，即参与发展的盈利机会，是不会存在的。因此，在这样一种经济体系中，不可能有自由购买力的巨大蓄水池，想要形成新组合的人可以从中取用——而他自己的储蓄则只能在特殊的场合才足以敷用。所有的货币都将会流通，都将会固定在确定的已经建立起来的渠道之中。

尽管对我们的问题的传统回答不是明显悖理的，但还有另一种为此目的而获得货币的方法值得我们注意。因为它不像我们已经提到的那一种，它并不以存在先前发展的积累结果为前提条件，为此可以看作是从严格的逻辑意义上能够应用的唯一方法。这种获得货币的方法，是利用银行来创造购买力。它采取的形式是无关重要的。发行银行券而不完全用从流通中抽出的硬币来保证就是一个明显的例子，但是存款银行业的方法提供了同样的服务，这种方法增加了可能支出的总额。或者我们可以想起银行承兑，因为这种承兑起着货币的作用，在批发贸易中作为支付手段。这个问题，不是一个把已经存在于某人手中的购买力加以转移的问题，而总是从无有之乡创造出新的购买力的问题——即使创造新的购买力的信用合同是以有价证券（它们本身不是流通工具）来支持的——它是添加到现有流通中来的。这就是新的组合常常得到资金供应的源泉，而新的组合总是会要从它得到资金供应，如果以前发展的结果并不曾在任何时刻实际存在的话。

这种信用支付手段，也就是为着支付的目的并通过给予信用的这种行为而创造出来的支付手段，在贸易中起着与现款完全相同的作用，部分地是直接起着这种作用，部分地是因为它可以立即转换为现款，作为小额支付，或作为对非银行业阶级——特别是对工资劳动者的支付。借信用支付手段之助，实现新组合的人们可以获得生产手段的现有存量，或者根据具体情况，使得那些他们从其手中购入生产性服务的人们，可以直接进入市场而获得消费品。在这种关系中，绝没有这种意义的信用的给予，那就是有些人必须等待以货物表示的他的服务的等价物，而自己只得到一个请求权，从而完成一种特殊的职能；甚至也没有这种意义的信用的给予，那就是有些人必须为劳工或土地所有者积累生活资料，或者积累生产出来的生产手段，所有这些都只能从生产的最后结果中得到偿付。从经济上讲，在这种支付手段(如果它是为新目的而创造的)与循环流转的货币或其他支付手段之间，的确有一种本质上的区别。后者可以设想为：一方面是已经完成的生产以及通过生产所实现的社会产品增加额的一种证明单，另一方面是对这种社会产品的一部分的一种命令书或请求权。前者则没有这两种特征中的第一种特征。它们也是命令书，人们可以用来立即购得消费品，但不是对以前生产的证明书。要接近或达到国民总所得，通常只能是以从前提供过的某种生产性服务，或从前出售过的某种产品为条件。在这一情况下，这个条件尚未得到满足。只有在成功地完成了新的组合之后，它才能得到满足。于是这种信用将会同时影响物价水平。

因此，一个银行家与其说主要是商品“购买力”的中介人，倒不如说是这种商品的**生产者**。可是，因为今天所有的准备基金和储蓄通常都流向于他，对自由购买力——不论是已经存在的还是将要创造出来的——的总需求都集中于他，他已经代替了私人资本家，或者是变成了他们的代理人；他自己已经变成了典型的资本家。他立于想要实现新组合的人们和拥有生产手段的人们的中间。他在本质上是属于一种发展的现象，虽然只是在没有中央权力机关领导整个社会过程的时候。他使新组合的实现成为可能，他好像是以社会的名义授权人们去组成这种新的组合。他是交换经济的主宰。

III

我们现在讲到了我们的分析借以进行的第三个因素，即"生产手段的新组合"和信用。虽然所有三种因素形成一个总体，但第三种却可以形容为经济发展的根本现象。我们把新组合的实现称为"企业"；把职能是实现新组合的人们称为"企业家"。这些概念比通常的广一些，同时又比通常的狭一些。广一些，是因为首要地，我们所叫做的企业家，不仅包括在交换经济中通常所称的"独立的"生意人，而且也包括所有的实际上完成我们用来给这个概念下定义的那种职能的人，尽管他们是——现在逐渐变成通例——一家公司的"依附的"雇用人员，例如经理、董事会成员等等；或者尽管他们完成企业家职能的实际权力具有任何其他的基础，例如控制大部分的股权。由于是实现新组合才构成一个企业家，所以他不一定要同某个别厂商有永久的联系；许多的"金融家"、"发起人"等等就不是同某些具体厂商有永久的联系，但他们仍然可以是我们所说的企业家。另一方面，我们的概念比传统的概念要狭一些，它并不包括各个厂商的所有的头目们或经理们或工业家们，他们只是经营已经建立起来的企业，而只是包括实际履行那种职能的人们。可是我认为，上述定义只不过是更准确地表达了传统理论真正所意指的东西。首先，我们的定义同普遍的定义在区分"企业家"和"资本家"的根本之点上是一致的，不论所谓"资本家"被认为是货币所有人、货币请求权的所有人，还是物质财富的所有人。这个区别是今天的共同特点，并且已经在很长的时间内成为共同的特点了。其次，它也解决了这样一个问题，即普通的股东是不是一个企业家；它也抛弃了把企业家看作是风险承担人的这一概念。[①]还有，普通对企业家型的描述所用的一些辞藻，诸如"首创性"、"权威"或"远见"，是同我们的方向完全一致的。因为在循环流转的例行事务中是没有这种品质存在的余地的，而如果这一点已同这种例行事务本身中变化的出现严格分开，那么在企业家职能的定义中，重点会自动地转移到后者。最后，有些定义我们能够径直接受。特别是有一个为大家所熟知的可以追溯到 J. B. 萨伊的定义：企业家的职能是把生产要素组合起来，把它们带到一起。因为只有在要素是第一次组合时，这才是一种特殊的行动——而如果是在经营一个企业的进程中去做时，就只是例行的工作——所以这个定义和我们的定义是相一致的。当马塔雅在《企业家利润》中把

① 风险显然总是落在生产手段所有人或为偿付生产手段而给予的货币资本所有人的头上，因此，绝不会落在企业家这种人的头上（参阅第四章）。一个股票持有人可能是一个企业家。甚至他作为一个企业家而行动的权力，就是由于他拥有控制的股权。可是，股票持有人，单凭持有股票，绝不是企业家，而只是资本家，考虑到他也要承受某种风险，所以他分享利润。我们没有理由把他看作是别的什么人，而只是资本家，这可以由下述事实来表明：第一，普通的股票持有人通常没有影响他的公司的经营管理的权力；第二，分享利润在每一个人承认有债务合同存在的场合是常见的。例如，试比较希腊—罗马的海运利益。肯定说这种解释比另一种解释更接近于真实生活，后者追随一个错误的法律结构——这只能从历史上去解释——把职能归之于普通股票持有人，而他却从来没有想到要去执行这种职能。

企业家定义为接受利润的人时，我们只需加上本书第一章的结论，即在循环流转中没有利润，以免把这个表述追溯到离我们的表述太远的地方。[①] 而这个观点也并不是与传统理论完全违背的，这可以由“企业家既不获利，也不受损”一语来表明，这是由瓦尔拉严密得出的，但也是许多其他作家的成果。在循环流转中的趋势是，企业家既不获取利润，也不遭受损失，也就是说，他在那里没有特殊的职能，他简直就是不存在；但是代替他的是，有一种不同类型的厂商头目或企业经理，我们最好不用企业家这个名称去称呼他们。

相信一种制度或一种类型的人的有关历史起源的知识能够直接向我们表明它的社会学上的或经济上的性质，那是一种偏见。这种知识常常引导我们去理解它，但却不能直接得出一种关于它的理论。更加虚伪的是这样一种信念，认为一种类型的“原始”形式事实上也是“比较简单的”或“比较原始的”形式，也就是说，原始形式比起后来的形式来，能更加纯粹地表明本身的性质，并且具有较少的复杂性。可是情况常常与此相反，除了其他的原因之外，还因为日益增长的专门化可能使职能和性质鲜明地表现出来，而在比较原始的状况中，由于和其他的职能及性质混合一起，则是比较难于认清的。这种情况在我们的例子里也是如此。在一个原始游牧民族的首领的一般地位中，很难把企业要素同其他要素分开。由于同样的理由，小穆勒时代以前的大多数经济学家未能把资本

① 用企业家利润，而不用为产生企业家利润而必须完成的职能，去给企业家下定义，显然是并不高明的。但是，我们对它还有另一种反对的理由：我们将要看到，企业家利润不像劳动的边际产品必然要归于工人那样，它并不是“必然”要归于资本家的。

家和企业家分开，因为一百年以前的制造商是一身而二任的；在那以后，事态的进程肯定促进了两者的区分，就像英国的土地占有制促进了农民与地主的区分，而在欧洲大陆则这种区分偶尔仍被忽视，特别是在农民耕种自有田地的场合。[①] 但在我们上述的场合，仍然有很多这样的困难。早期的企业家，不仅照例也是资本家，他还常常是——在小企业，他今天仍然是——他自己的技术专家，只要是即使在特殊的场合也并不邀请职业性的专家的话。同样，他过去和现在都常常是他自己的买卖代理人，他的办公室的头目，他自己的人事经理；有时甚至在日常事务中是他自己的法律顾问，尽管他自然照例要雇用律师。正是履行一些或所有这样的职能，经常占用了他每天的时间。实现新组合之作为一种职业，只不外是作出并执行战略上的决定，虽然正是这一职能，而不是他的例行工作，形成了一个军事领袖的特点。因此，企业家的主要职能必然表现为总是同其他种类的活动混在一起，后者一般必然要比主要的职能居于显著地位。故此马歇尔的企业家定义，那就是，只是把企业家职能看作是从最广义说的“管理”，自然会使我们中的大多数人都表示赞同。我们不接受这个定义，就是因为它没有把我们认为的主要之点表达出来，而这是使企业家活动与其他活动具体分开的唯一要点。

可是有些类型——事态的发展已经逐渐使这些类型产生——

---

① 只有用这种疏忽，才能解释许多社会主义理论家对待农民财产的态度。因为个人财产的微小，只是从小资产阶级看来才有差别，而从社会主义者看来则没有差别。雇用除土地所有者及其家属以外的人的劳动的这个标准，只是从一种剥削理论的观点来看才是在经济上有关的，而这种理论今后再也难于站住脚了。

特别纯粹地表现了企业家的职能。“发起人”的确属于这种人，不过有些限制条件。因为，暂且不管归于这一类型的人的社会和道德地位方面的联系，发起人常常只是接受佣金而参与工作的代理人，在筹资开办新企业和资金通融方面从事财务技术的工作。在这种情况下，他不是新企业的创立者，也不是这一过程的推动力量。然而，他也可能是后者，于是他就像一个“职业的企业家”。但是现代型的“实业领袖”[①]更密切地和这里所意指的相适应，特别是当人们在这两方面看出了他的存在：一方面，譬如说，有20世纪威尼斯的商业企业家，或者在后来的类型中有约翰·劳；另一方面有乡村的当权者，他把诸如一家农村酿酒厂、一家旅馆和一个商店与他的农业及他的牲畜贸易结合起来。但是，不管是哪一种类型，每一个人只有当他实际上“实现新组合”时才是一个企业家；一旦当他建立起他的企业以后，也就是当他安定下来经营这个企业，就像其他的人经营他们的企业一样的时候，他就失去了这种资格。这自然是一条规则，因此，任何一个人在他的几十年的活动生涯中很少能总是一个企业家，就像一个工商业者很少能从来没有一个时刻是一个企业家一样，不管其程度是多么微小。

由于充当一个企业家并不是一种职业，一般说也不是一种持久的状况，所以企业家并不形成一个从专门意义上讲的社会阶级，如同——例如——地主或资本家或工人那样。自然，企业家的职能对成功的企业家及其家人将会导致某种阶级地位。这种职能也

① 参阅，例如，威登菲尔德的出色的描述《现代企业人物》。虽然它登载在施穆勒1910年的《年鉴》中，但在本书第一版发行以前，我却没有看到这篇文章。

可以给一个社会历史的时代打上它的烙印，可以形成一种生活方式，或一种道德的和美术的价值制度；但在它本身，它并不表示一种阶级地位，也不以一种阶级地位为前提。而且由此可以获得的阶级地位也并不就是一种企业家的地位，而是根据企业的资金如何使用，以土地拥有或资本家为特征的。于是，金钱财产或个人品质二者的继承，均可以使这种地位保持在一代人以上，使子孙后代进一步从事企业开发比较容易一些；但是企业家的职能本身却是不能继承的，制造业家族的历史已经充分表明了这一点。[①]

但是，现在决定性的问题产生了：为什么实现新的组合是一个特别的过程和一个特种“职能”的目标呢？每一个人都是在尽可能好地进行他的经济事务。诚然，他自己的意愿是从来不会尽善尽美地实现的，但是最后他的行为是由他的活动的结果对于他的影响所定型的，以便适应通常不会突然变化的环境。尽管一个企业从任何意义上说从来不可能是绝对完善的，可是到时候它会接近于相对的完善，就周围的世界、社会的条件、时代的知识以及每一个人或每一个集团的视野相对而言。新的可能性继续不断地由周围的世界提供，特别是新的发现被继续不断地增加到现有的知识宝库中。为什么个人不能尽量利用新的可能性，就像他利用旧的可能性那样，并且根据他所理解的市场情况，去养猪而不养牛，或者甚至选择一种新的作物轮种，如果这样能被看作是更加有利的呢？有何种特别的新的现象或问题，不能在已经建立的循环流转

① 关于企业家职能的性质，还可参阅我在“企业家”一文中的阐述，载《社会科学简明辞典》。

中找到，而却能在那里产生呢？

虽然在习惯了的循环流转中，每一个人能迅速地合理地行动，因为他对于他的行为根据确有把握，并受到所有其他人的与这一循环流转相适应的行为的支持，这些人转过来又期望他从事合乎习惯的活动，但是，一旦当他面临一种新的任务时，他就不能单纯只是这样去做。虽然在习惯了的渠道中他自己的能力和经验对于正常的个人来说是够用的，但当他面临着创新时，他就需要指导。虽然他在自己熟悉的循环流转中是顺着潮流游泳，如果他想要改变这种循环流转的渠道，他就是在逆着潮流游泳。从前的助力现在变成了阻力。过去熟知的数据，现在变成了未知数。超出了例行事务的范围以后，许多人就不能再前进一步，而其余的人也只能用高度变动无常的方式去进行。那种说行为是迅速的和合理的一类假设，在所有的场合都是一种虚构。但是它会变得足够接近于现实，如果人们能有时间去被迫懂得客观事物的逻辑的话。在这种事情发生的地方，以及在它发生的限度以内，人们可以满足于这种虚构，并在它上面建立理论。于是那种认为习惯或惯例或非经济的思维方式会在不同阶级、不同时代或不同文化的个人之间造成无可补救的差别，以及认为例如“股票交易所经济学”对于今天的农民或中世纪的手工匠都是不适用的等等，就都不是实在的了。反之，相同的理论的图景[①]在其最广阔的轮廓上是与属于完全不同文化的个人相适合的，不问其智慧和经济理性的程度如何；我们可以确有把握地说，农民出售他的小牛就像股票交易所的经纪人

① 相同的理论的图景，显然不是相同的社会学的、文化的等等的图景。

出售他的股票一样的精明和一样的照顾自己的利益。但是，这一看法，只有在无数的先例在几十年中，并且在根本之点上在千百年中形成了行动，并且消除了不适应的行为时，才是真实的。在这个范围以外，我们的虚构就失去了它的对现实的接近性。[①] 在那里还紧紧抓住它不放，就像传统的理论那样做的，就是掩盖一种主要的东西，并忽视这样一个事实，那就是，这个事实比起我们的假设同现实的其他一些偏离来，很不相同，它在理论上是最重要的，它是对没有它就不会存在的一些现象作出解释的源泉。

因此，在描述循环流转时，人们必须把生产手段的组合（生产函数）当作数据，就像自然的可能性那样，只容许在边际上作小小的[②]变动，正如同每一个人通过使自己适应于所处的经济环境的变化所能完成的，而不大大地偏离熟悉的路线。因此，同样，实现

① 究竟这种情况具有多大的真实性，今天可以从这样的国家的经济生活中，而在我们的文化范围之内则可以从这样的个人的经济学中，看得最清楚，那就是，过去一个世纪的发展，还没有把这样的一些国家或个人完全纳入它的洪流中，例如在中部欧洲农民的经济生活中。这种农民"盘算着"；他并不缺乏"经济的思维方式"。但是他不能越出常轨一步；他的经济多少世纪以来根本就没有发生过变化，除非或许是通过外部的力量和影响的推动。为什么？因为新方法的选择不仅是理性经济行动这一概念中的一个要素，也不是一种理所当然的事情，而是一个独特的过程，它需要有特别的解释。

② 小小的干扰，的确可能像早先已经提到的那样，到时候会相加起来等于巨大的数额。关键之处在于，这位工商业者，如果他作出这些干扰，也绝不会改变他的例行做法。通常的情况是小干扰，例外的情况是大干扰。只是从这种意义上说，在这里对"小"才加以强调。提出反对，说什么小干扰与大干扰之间在原则上不可能有什么区别，那是没有说服力的。因为它本身就是错误的，它是以忽视无限小方法的原则为基础的，这一原则的实质在于：在某种情况下，人们对于自己不能断言为"大量"的东西，可以断言为"小量"的。但是，对于大和小的矛盾感到不耐烦的读者，可以——如果他愿意的话——用适应的和自发的矛盾去代替它。我个人却不愿这样做，因为后面这种表达方法比前面那一种更容易引起误会，实际上会要求作出更长的解释。

新组合也是一个特殊的职能，是这一类型的人的特权，而他们的人数比所有具有实现新组合的“客观”可能性的人数要少得多。所以，最后，我们认为企业家是一种特殊的类型，[①]他们的行为是一

① 首先一个方面，这是一个行为的类型和人的类型的问题，由于这种行为只在非常不平等的数量上并且只对比较少的人来说才是可能的，所以这种行为构成了这些人的显著特征。由于本书第一版的说明被谴责为夸大和误解了这种行为的特点，并忽视了这种行为是每一个工商业者或多或少都可以去做的这一事实；还由于后来一篇文章“经济生活的波浪式运动”(载《社会科学档案》)的说明，被指责为引进了一个中间的类型(“半静态的”工商业者)，所以要提出下面的解释。这里所说的行为之所以特殊，是在两个方面：第一，因为它与其他行为比较，是指向某种不同的东西，并且意味着做某种不同的事情。在这一点上，人们的确可以把它同其他的行为一道包括在一个较高的统一体中，但是，这样做并不能改变这一事实，那就是有一个在理论上有关的差异存在于两者之间，而其中只有一个曾由传统的理论予以充分的论述。第二，我们所说的这一类行为，不仅与其他行为在目的上不相同，以“创新”作为它特有的目的；而且还有一个不同之点，那就是它以具有这样的才能为先决条件，而这种才能比起仅仅从事理性的经济行为的才能来，不仅在程度上不相同，而且在种类上也是不相同的。

现在，这种才能假定是同其他的才能完全一样地在一个伦理上同质的人口中分配的，也就是说，它的分配曲线具有最大的纵坐标，两边的偏离越大，这样的情况就变得越为稀少。同样我们可以假定，每个健康的人都能唱歌，如果他想唱的话。在一个伦理上同质的集团中，或许半数人的唱歌能力可以达到平均的程度，四分之一的人的能力逐渐降低，而让我们假定，另外四分之一的人的能力则超过平均水平；在这后面四分之一当中，通过一系列继续不断地增加的唱歌能力和继续不断地减少的具有这种才能者的人数，我们最后才遇到了恩里科·卡鲁索这样的一些人(1873—1921年，意大利歌剧中的男高音歌手——译者)。只是在这四分之一的人中，我们一般才为歌唱的才能所打动，只有在这种极高的例子中，这种才能才变成这个人的特点。虽然实际上所有的人都能歌唱，歌唱的才能仍然是一个显著的特点，而且是少数人的特色，但准确地说确实不构成一个类型，因为这个特点——不像我们的——对总的人数的影响是相对地少的。

让我们来应用这一点：又是，四分之一的人口关于经济首创精神这种品质，让我们在这里暂时假定，是如此贫乏，以致这种匮乏通过他们的道德人格的贫乏而被感觉到，他们在要求具有这种要素的私人生活和职业生活的最小事务中只起着可怜的作用。我们看到了这种类型的人，知道有许多最好的办事员，以忠于职守著称，有专业知识，一丝不苟，就属于这一类型。然后有那“一半人”，“正常的人”。这些人证明自己在这样的事情上做得比较好些，可是这些事情即使在已经建立的渠道中也不能只是“交办”，

个特殊的问题，是大量重要现象的动力。因此，我们的立场可以用三对相应的矛盾作为特征来描绘。第一，用两个真实过程的对立：一方面有循环流转或走向均衡的趋势，另一方面有例行经济事务渠道中的变化，或从制度内部产生的经济数据中的自发的变化。第二，用两个理论工具的对立：静态的和动态的。[①] 第三，用两类行动的对立，根据现实，我们可以将其描绘为两种类型的人物：单纯的经理和企业家。因此，从理论意义上讲的生产的"最好方法"，可以设想为"在已由经验检验的并且已经变得熟悉的各种方法中的最有利的方法"。但这并不是在当时"可能的"方法中的"最好的"方法。如果人们不作这种区分，这种概念就会变得没有意义，而正是这些没有解决的问题，我们的解释意在为之作出贡献。

而是还必须作出"决定"和"实现"。实际上所有的工商业人士都属于这一类，否则他们绝不能达到他们的地位；大多数人代表着一种选择——在个人方面或在遗传方面经过了考验。当一个纺织制造商去到一个羊毛拍卖场时，他并不是在走"新"路。但是那里的情势绝不是完全一样的，而营业的成功则完全依存于购买羊毛的技巧和主动性，所以，纺织工业至今没有呈现出堪与重工业相比的那种托拉斯化，这一点毫无疑问可以部分地用比较聪明的制造商不愿意放弃他们自己在购买羊毛的技巧方面的有利条件来说明。从这里，在尺度上越走越高，我们最后进入了最高的四分之一，走到了具有超乎正常的才智和意志的那种类型的人中间。在这一类型的人物中，不仅有许多各种各样的人（商人、制造家、金融家，等等），而且在"首创精神"方面还有强烈程度不一的连续的变化。在我们的论证中，每一种强度的类型都会出现。有不少人能在没有人曾经到过的地方，沿着航道安全前进；也有其他一些人沿着别人已经走过的道路前进；还有其他一些人则只是置身于群众之中跟随前进，但他们是在第一批群众之中。每一种类和每一时代的巨大政治领袖也是一种类型，然而不是独一无二的东西，而只是一个金字塔的顶端，从这个顶端往下走，有着继续不断的差异，一直降到平均数，从平均数又降到正常以下的数值。然而不仅"领导"是一种特殊的职能，领导者也是一种特殊的可以区别开来的人物——因此在我们的例子中就没有理由来问："那么这一类型是从哪里开始的？"然后又宣布："这根本不是一种类型！"

① 对本书第一版有人提出反对，说它有时把"静态"说成是一种理论结构，有时又把它说成是经济生活现实状况的图景。我相信，现在的说明将不会给这种意见提供依

现在,让我们把所讨论的关于行为和类型的特征,作一精确的表述。日常的哪怕是最小行动,也体现着巨大的心智上的努力。如果每一个小学生必须通过自己个人的努力,去创造他所知道的东西和他所使用的东西,那他就必须是一个心智上的巨人。如果每一个人在每一种场合都必须重新创造那些指导他的日常行为的一切规则,那他就必须是一个智慧和意志的巨人。这不仅对于个人和社会生活中以历经成千上万年所产生的原则为依据的那些决定和行动来说是如此,而且对于较短时期的和具有比较特殊性质的产品来说也是如此,这些产品构成了完成职业任务的特殊工具。

据。"静态"理论并不假定有一种静止的经济;它也讨论数据变化的影响。因此,就它本身来说,在静态理论和静止的现实之间并无必然的联系。只有当人们能够在一个不变的经济中以最简单的笔触勾画出事态的经济进程的根本形式时,这一假设才能进入理论中。静止的经济在不可数计的多少千年中,还有在历史的时代在许多地方的多少世纪中,都是一个无可争辩的事实;更有甚者,且不说桑巴特所强调的在每一个萧条时期有着走向静止状态的趋势这一事实。因此我们就容易懂得,这一历史事实和那一理论结构如何牵连到一起而造成了某种混乱。作者现在不把"静态"、"动态"二词按照它们的上述含义去使用,在上面它们只不过是"循环流转理论"和"发展理论"二语的简称。还有一点:在理论中使用两种解释方法,这也许会造成困难。如果要表明经济体系的所有要素在均衡中是怎样互相决定的,那么这个均衡体系就会被看作是还不存在,而是在我们的眼前从头建立的。但这并不意味着,它的产生就从而在发生的渊源方面得到了解释。这只是通过心灵上的解剖,使它的存在和发生作用在逻辑上变得清楚起来。至于个人的经验和习惯则是假定为已经存在的。然而,为什么只是这些生产组合产生了,却并没有从而得到解释。更者,如果要研究两个相连接的均衡位置,那么有时候(并不总是如此),如同在皮古的《福利经济学》中,就把第一个的"最佳"生产组合拿来同第二个的"最佳"生产组合相比较。而这又不一定(但是可能)意味着,这里所说的两种组合的不同,不仅在于细微的数量差异,而且也在于整个技术的和商业的结构上的差异。在这里,对第二种组合是如何产生的以及与之相关的各种问题,也都没有进行研究;而只是研究了已经存在的组合的运行及其结果。尽管这样做是有正当理由的,但是,这种处理方法却忽略了我们的问题。如果这种论断所包含的意思是指这也由它解决了,那是不真实的。

但恰恰是这些事情，它的完成根据这一点应当包含至高至上的努力，一般却根本不要求个人作特别的努力；这些应当是特别困难的事情，实际上却特别容易；这些应当要求有超人的能力才能做的事情，却是最没有才能的人也能做到的，只要心理健康的话。特别是，在日常的例行工作中，无须有领导。自然，仍旧必须为人们规定任务、维持纪律，等等；但这是很容易的，这个职能是任何正常人都能学会去完成的。在大家所熟知的界限以内，甚至领导别人的职能——虽然仍然是必要的——也只是一种像任何其他的工作一样的“工作”，可以同看管机器的服务相比拟。所有的人都依照习惯的方式去了解，从而能够去进行他们的日常任务，通常都由他们自己来完成它们；“领导人”有他的例行工作，就像他们有他们的例行工作一样；而他的领导职能只是去纠正那些个别脱离常轨的行为。

其所以如此，是因为一切知识和习惯一旦获得以后，就牢固地植根于我们之中，就像一条铁路的路堤植根于地面上一样。它不要求被继续不断地更新和自觉地再度生产，而是深深沉落在下意识的底层中。它通常通过遗传、教育、培养和环境压力，几乎是没有摩擦地传递下去。我们所想的、所感觉的或所做的每一件事情，常常完全变成了自动的，而我们的有意识的生活并不感到它的累赘。可是，这里牵涉到的在种族和个人中的力量的巨大节约，并没有大到足以使日常生活成为轻微的负担，并足以阻止它要求照样耗尽平均的能力。但它是大得足以能够满足普通的要求。这对经济的日常生活是同样适用的。从这一点我们也可以就经济生活来这样说，在例行事务的边界以外，每行一步都有困难，都包含一个新的要素。正是这个要素，构成了领导这一现象。

这些困难的性质可以集中于以下三点：第一，在这些习惯的渠道之外，个人没有在渠道以内他常常知道得非常准确的那些供他作决策之用的数据和那些行动规则。自然，他仍旧必须根据他的经验来进行预测和估计。但是，许多事情必然是不能肯定的，还有一些事情只能在广大的限度内才能确定，再有一些事情也许就只能"猜测"。尤其是，个人力图要去改变的那些数据，以及他想要创造的那些数据，都是如此。现在，他必须真正在某种程度上做那些在日常生活中传统为他所做的事情，也就是在每个细节上自觉地计划他的行为。在这样做时，比在习惯的行动中，将有更多的自觉的合理性，而习惯的行动是根本不需要反映这种自觉合理性的；但这种计划必然不仅易于犯程度上更大的错误，而且易于犯习惯行动中所发生的以外的他种错误。凡是已经做过的事情，总有着我们曾经看到的和经历过的一切事情的鲜明的现实性；而新的事情就只是我们想象中的虚构。实现一个新计划，和根据一个习惯的计划去行动，是两件不同的事情，就像建造一条公路和沿着公路行走是两件不同的事情一样。

如果我们记住了不可能去彻底调查计划中的企业的一切影响和反影响，那么，这是一件多么不同的事情就会变得更加明白。即使如果人们有着无限多的时间和资金，以致那些影响和反影响可以在理论上加以确定，也必然在实际上处于不可知的状态中。就像军事行动，即使可以得到的全部数据并不在手边，也必须从一定的战略位置去采取一样，在经济生活中，即使在没有得出要做的事情的全部细节时，也必须采取行动。在这里，每一件事情的成功依靠直觉,也就是以一种尽管在当时不能肯定而以后则证明为正确的方式去观察事情的能力,以及尽管不能说明这样做所根据的原则,而却能掌握主要的事实、抛弃非主要的事实的能力。彻底的准备工作,以及专门的知识、理解的广度和逻辑分析的才智,在某种情况下却可能成为失败的根源。可是,我们愈益准确地学会怎样去理解自然的和社会的世界,我们对事实的控制就愈益完全;事物能进行简单计算,并且的确是迅速的和可靠的计算的范围(具有时间和逐渐增加的合理化)越大,这个职能的意义就越是减少。因此,企业家类型的人物的重要性必然要减少,就像军事指挥员的重要性已经减少了一样。不过,每一类型的人物的根本实质的一部分,则是和这一职能分不开的。

上面说的第一点属于任务方面,而第二点则属于工商业者本人的心灵方面。做一种新的事情,不仅在客观上比做已经熟悉的和已经由经验检定的事情更加困难,而且个人会感到不愿意去做它,即使客观上的困难并不存在,也还是感到不愿意。这在所有的领域,都是如此。科学史对于下面这一事实是一个巨大的证明,那就是,我们感到极其难于接受一个新的科学观点或方法。思想一而再、再而三地回到习惯的轨道,尽管它已经变得不适合,而更适合的创新本身也并没有呈现什么特殊的困难。固定的思维习惯的性质本身,以及这些习惯的节约能力的作用,是建立在下面这个事实之上的,那就是,这些习惯已经变成了下意识的,它们自动地提供它们的结果,是不怕或不受批评的,甚至是不怕或不在乎个别事实与之发生的矛盾的。但是恰恰因为这一点,当它已经丧失了自己的用处时,它就变成了一种障碍物。在经济世界也是如此。在想要做某种新事情的人的心中，习惯的力量升腾起来，反对处于萌芽状态的规划或设想。因此，需要有新的和另一种意志上的努力，以便在日常领域、范围和时间内的工作和牵挂中，去为设想和拟订出新的组合而搏斗，并设法使自己把它看作是一种真正的可能性，而不只是一场白日梦。这种心灵上的自由是以超出每天需求的巨大剩余力量为前提条件的，是一种特殊的并在性质上稀少的东西。

第三点在于社会环境对于想要做一些新事情的人的反响或反作用。这个反作用可能首先通过在法律上或政治上存在的障碍而表现出来。但抛开这一点不谈，一个社会集团的成员的任何偏离常轨的行为都是受到谴责的，尽管在程度上有很大的不同，依社会集团是否习惯于这种行为而定。即使在衣着和礼貌这些事情上偏离社会习惯的行为，也会引起反对；何况在更严重的事情上，自然更是如此。这种反对在文化的原始阶段比其他阶段更为强烈，但它绝不会完全消失。甚至只是对偏离的行为感到震惊，甚至只是注意到它，也会对个人施加一种压力。谴责的表现可以立即带来引人注目的后果。它甚至可能造成社会的排斥，最后造成人身上的阻止和直接攻击。无论是逐渐的分化会削弱这种反对的这一事实——特别是由于这种削弱的最重要的原因就是我们想要解释的发展本身，还是社会的反对是在一定的情况下起作用，并对于许多个别人造成一种刺激的这一事实，都不会对于反对的意义在原则上有所改变。超越或克服这种反对，经常是一种不存在于常规生活进程中的特殊任务，这种任务也要求一种特殊行为。在经济事务中，这种抵制首先是在受到创新威胁的各个集团中表现出来，其次是在难于找到必要的合作上表现出来，最后是在难于赢得消费者上表现出来。即使不管一个难以抑制的发展时期已使我们习惯于创新的出现和实行，上述的这种反对要素在今天仍然在起作用，可是这些要素仍以放在资本主义初期去进行研究为最好。然而它们在那里是如此明显，以致如果去叙述它们，那按我们的目的来说就是浪费时间。

只是由于这些原因才有领导——领导是一种特殊的职能，与只是等级上的差别有所不同，它将会存在于每一种社会实体中，不论是最小的或是最大的，它的出现一般是同社会实体结合在一起的。上面提到的事实构成了一种限界，在它以外的大多数人本身并不能迅速起作用，而要求有少数人的帮助。如果社会生活在一切方面均有如天文世界的相对不变性，或者说如果可变的话，这种可变性还不能受到人类行为的影响，或者最后，如果能受到这种影响的话，这类行为还不是每一个人都能同样从事的，那么，世界上就将不会有同例行工作相区别的领导这种特殊职能。

只有在新的可能性表现出来时，领导的特殊问题方才产生，领袖类型的人物方才出现。这就是为什么，在诺曼人的征服时代领导的才能表现得如此突出；而在斯拉夫人在普里皮亚特河流域沼泽地区多少世纪的不变的和相对受到保护的生活中，领导的才能又表现得那么微弱。我们的三点，说明了构成领袖类型的职能和举止或行为的性质。他的职能并不包含去“寻找”或“创造”新的可能性。这种可能性总是在那里，由所有各种各样的人们丰富地积累起来。它们常常也是大家都知道的，是由科学作家或文学作家加以讨论的。在其他场合，关于这种可能性并没有新的什么要发现的东西，因为它们已经是十分明显的。再从政治生活中举一个例子，我们根本不难看出，在路易十六时代的法兰西，社会和政治状况本来是如何能够加以改善，从而可以避免旧统治的一场崩溃的。事实上许许多多的人都看到了这一点。但是没有人处于这样去做的地位。而领袖的职能就在于"做这件事"，如果不去做，那么可能性就消失了。这对于所有各种的领导来说都是适用的，不管是短暂的，还是比较持久的领导。前者即短暂的可以用来作为一个例子。在一个偶然的紧急事件中应当做什么，一般是十分简单的。对这一事件，大多数的人或所有的人可能都看到了，但是在他们当中需要有某一个人先讲出来，来加以领导，来进行组织。甚至只用榜样来发生影响的领导，如艺术领导或科学领导，也不仅在于找到或创造新的事物，而在于用它去使社会集团留下深刻的印象，从而带动社会集团跟在它后面走。因此，领袖们完成他们的职能，更多地是用意志而不是用才智，更多地是用"权威"、"个人的声望"等等，而不是用创始的思想。

正由于这样，特别是经济方面的领导，必须同"发明"区别开来。只要发明还没有得到实际上的应用，那么在经济上就是不起作用的。而实行任何改善并使之有效，这同它的发明是一个完全不同的任务，而且这个任务要求具有完全不同的才能。尽管企业家自然可能是发明家，就像他们可能是资本家一样，但他们之所以是发明家并不是由于他们的职能的性质，而只是由于一种偶然的巧合，反之亦然。此外，作为企业家的职能而要付诸实现的创新，也根本不一定必然是任何一种的发明。因此，像许多作家那样的强调发明这一要素，那是不适当的，并且还可能引起莫大的误解。

企业家式的领导，与其他各种经济上的领导（如同在原始部落里或共产主义社会里我们期望可能看到的)不同,自然要带上它所特有的条件的色彩。它丝毫没有作为其他各种领导特色的那种魅力。它在于完成一种非常特殊的任务,这种任务只在稀少的场合才会引起公众的想象力。为了它的成功,更主要的与其说是敏锐和精力充沛,不如说是某种精细,它能抓住眼前的机会,再没有别的。“个人的声望”诚然不是不重要。不过资本主义企业家这个人物,并不需要,一般也不会,同我们大多数人心目中关于“领袖”像个什么样子的看法相符合,以致要认识到他竟然是属于社会学中所说的领袖这一类人物,那是有一些困难的。他“领导”生产手段进入新的渠道。但他这样做时,不是用政治领袖的那种方式,通过说服人们去相信执行他的计划的可取性,或通过创造对于他的领导能力的信任——他唯一要说服的或使之印象深刻的人,就是将要为他提供资金的银行家——而是通过购买生产手段或它们的服务,然后按照他认为合适的方式去利用它们。他还从下面这种意义来说实行领导,那就是吸引其他的生产者跟随他进入他的生产部门。但是,由于他们是他的竞争者,他们首先是减少,然后是消灭他的利润,所以这好像是一种违背他自己的意志的领导。最后,他提供一种服务,但要充分欣赏这种服务,就需要对这件事情具有专家的知识。那同一位政治家的成功的演说或一位将军在战场上的胜利不一样,不是一般公众所容易理解的,还不坚持谈到他似乎是单为他个人的利益而行动(有时是严厉的行动)这样的事。因此,我们将理解,在这种领导中,我们不会看到成为其他各种社会领导的光荣的全部感情方面的价值的出现。此外,再加上各个企业家和企业家集团的经济地位的不稳定性,还有当他的成功提高了他的社会地位时他也没有文化传统或态度可以依靠，而是在社会上作为一个暴发户在动来动去，他的举止很容易受到嘲笑，所以我们就将懂得，为什么这种类型的人从来不受欢迎，为什么即使是科学的批评家也常常只对他们一带而过。[①]

最后，我们要试图用相同的方式来完成我们对企业家的描绘，这种方式就是我们经常在科学中和同样在实际生活中所采用的，以试图理解人们的行为，也就是通过分析他们的行为的特别动机。任何这样做的企图，自然必定要遭受到对经济学家侵入“心理学”领域的一切反对，这种反对已经由一长列的作家而变得人所共知了。我们不能在这里讨论心理学与经济学的关系这一根本问题。而只要指出这一点就够了：那些在原则上反对在一个经济的论证中作任何心理学上的考虑的人，可以略去我们将要说的话，而不致因此失去同下面各章的联系。因为我们的分析想要导致的结果，没有一个会因为我们的“企业家心理学”而有所得失，或由于其中的任何错误而受到损害。读者将会很容易看出，没有什么地方有任何需要使我们越出可观察到的行为的范围。那些不反对所有的心理学而只反对我们从传统教科书中所知道的那种心理学的人将要看到，我们并不采用关于“经济人”动机的历史悠久的图景的任何部分。

① 因此，指出这一点可能不是多余的：我们分析企业家的作用，并不包含对这一类型的人的任何“美化”，像本书第一版的有些读者所想象的。我们确实认为，企业家具有一种经济职能，这使得他和——譬如说——强盗不同。但是我们既不把每一个企业家说成是天才或救世主，也不想对他在其中起作用的社会组织方面的比较优点，或对他的所作所为能否用其他方式更为有效地或便宜地去完成的问题，表示任何意见。

在循环流转的理论中，考察动机的重要性由于这一事实而大为减少，那就是均衡制度中的方程式可以解释为根本不包含任何心理的数值，正如帕累托和巴龙的分析所表明的。这就是为什么即使是非常有缺陷的心理学，它对于结果的干预也比人们所预期的要少得多的原因。即使不存在合理的动机，也可能有合理的行为。但是一旦当我们真正想要深入探究动机时，问题就显得一点也不简单了。在一定的社会环境和习惯中，大多数人每天的所作所为，从他们看来，主要是从职责的观点去做的，是执行一种社会的或神的指令的。很少有从自觉的理性去行事，更少有从享乐主义和个人的利己主义去行事，就算是可以确有把握地说是存在的那一点点，也是比较晚近才发展起来的。可是，只要我们把自己限制在经常的一再重复的经济行动的巨大轮廓以内，我们就可以把它和需要以及满足需要的欲望联系起来，其条件就是：我们要小心承认，这样定义的动机在强度上是随着时间的推移而有很大变动的；正是社会形成了我们所观察的特殊欲望；考虑需要，必须联系到那种当个人在决定他的行动方针时所想到的集团——家庭或任何其他比家庭小一些或大一些的集团；行动并不能迅速地跟随欲望，而只是或多或少不完全地同它相适应；个人选择的领域总是（虽然以非常不同的方式和非常不同的程度）由社会习惯或习俗等等从中加以限制的。然而这仍然大体上是真实的：在循环流转的范围内，每一个人使他自己适应于他的环境，以便尽其所能地最好地满足给定的需要——他自己的或别人的需要。在一切的场合，经济行动的意义就在于满足需要，意指如果没有需要，也就不会有经济行动。就循环流转而言，我们也可以把需要的满足看成是正常的动机。

后者这样的人物，并不是我们所说的类型。从一种意义说，他可以称得上是最理智的和最以自我为中心的人。因为，像我们已经看到的，实现新计划，比只是经营一个已经建立起来的企业，需要更多的自觉理性，因为新计划本身在执行以前尚有待于详加思考，予以制订，而经营旧企业则大部分只是例行事务。典型的企业家，比起其他类型的人来，是更加以自我为中心的，因为他比起其他类型的人来，不那么依靠传统和社会关系；因为他的独特任务——从理论上讲以及从历史上讲——恰恰在于打破旧传统、创造新传统。虽然这一点主要是适用于他的经济行动上，但也可以推广应用于他的经济行动的道德上的、文化上的和社会上的后果。在企业家类型的人物兴起的时期也产生了功利主义，这自然不只是一种偶合。

但企业家的行为和他的动机是"理智的"，除以上所述之外并无其他含义。他的特有的动机也毫无享乐主义一类的意味。如果我们把行为的享乐主义动机定义为满足一个人的需要的愿望，我们的确可以让"需要"包括任何种类的冲动，就像我们可以把自我主义或利己主义定义为也包括一切利他主义的价值观念一样。这是根据这样一个事实，那就是后者也意味着自我满足方面的某种东西。但这会使我们的定义变成同义反复。如果我们想要使它具有意义，我们就必须把它限制在能用货物的消费去满足的那种需要上，限制在我们期望能从它得到的那种满足上。于是如果说我们的类型的人是基于满足他的需要的一种愿望而行动，那就不再是真实的了。

因为,除非我们假定我们的类型的个人是为对享乐主义满足的难于餍足的渴望所驱使,戈森规律的作用在工商业领袖方面就会立即使进一步的努力停止下来。但是经验告诉我们,典型的企业家只是当(并且因为)他们的精力已经耗尽、从而感到再也不能胜任时,才退出舞台的。这似乎并不符合一个经济人的画像,他把可能得到的结果同努力的反效用加以对比衡量,在适当时抵达一个均衡点,超过这一点他就不愿意再前进了。在我们的例子中,努力似乎根本没有什么分量,能够被感到是停止前进的理由。企业家类型的人的活动,显然是享乐主义地享受常常是用超过一定数量的收入去购买的那些商品的障碍,因为这些商品的"消费"是以闲暇为前提条件的。因此,从享乐主义来看,我们常常观察到的我们类型的个人行为就是不理智的。

这自然不能证明并不存在享乐主义的动机。然而它指出了另一种非享乐主义性质的心理学,特别是当我们考虑到对享乐主义的享受无动于衷时,这种淡漠在这一类型的人的突出代表者身上常常是很显著的,而这也是不难理解的。

首先,存在有一种梦想和意志,要去找到一个私人王国,常常也是(虽然不一定是)一个王朝。现代世界实际上并不知道有任何这样的地位,但是工业上或商业上的成功可以达到的地位仍然是现代人可以企及的最接近于中世纪的封建贵族领主的地位。对于没有其他机会获得社会名望的人来说,它的引诱力是特别强烈的。权力和独立的感觉,并不由于这两者主要是一种幻想而有丝毫的损失。更仔细的分析将会引导到发现在这一类动机中有无穷的变种,从精神上的野心到只是趋炎附势。但是这些并不需要我们去细谈。我们只要指出这一点就够了，那就是这样一种动机，虽然与消费者的满足最为接近，却没有和它符合一致。

其次，存在有征服的意志：战斗的冲动，证明自己比别人优越的冲动，求得成功不是为了成功的果实，而是为了成功本身。从这方面看，经济行动变得和体育运动很相似——有着金钱上的竞赛，或拳击比赛。金钱上的输赢是次要的考虑，或者无论如何，只是作为成功的指标和胜利的象征才受到重视，它的炫耀常常更重要的是作为大笔开支的动机，而不是作为对消费者货物本身的想望。我们又可以找到无数细微的差别，其中有一些，如社会野心，会渐渐变成第一类的动机。我们重又面临一种动机，它同上面所描写的"需要的满足"有本质的不同，换句话说，即同"享乐主义的适应"有本质的不同。

最后，存在有创造的欢乐，把事情办成的欢乐，或者只是施展个人的能力和智谋的欢乐。这类似一个无处不在的动机，但它作为一种独立的行为因素，在我们的情况中比在任何别处都更为清楚地自己强行表现出来。我们类型的人寻找困难，为改变而改变，以冒险为乐事。这一类动机，在三类之中，是最明白不过地反享乐主义的。

只在第一类动机中，作为企业家活动的结果的私有财产，才是使得这种活动起作用的必要因素。而在其他两类中则不是。金钱上的收益的确是成功的一个非常精确的表现，特别是就相对的成功而言；而从为之奋斗的人看来，它还有一个额外的好处，那就是它是一个客观的事实，大都不受他人意见的影响。这些以及其他伴随"渴望得到财富的"社会的机制的特点，使得难于取代它作为工业发展的动力的地位,即使我们摒弃它在创造一笔随时可以用于投资的基金中的重要性。尽管如此,可是第二类和第三类的企业家动机的确在原则上可以由其他社会安排去照顾,而不包含来自经济创新的私人利得。至于还可以提供什么其他的刺激,怎样能使它们工作得像"资本主义的"刺激一样好,这些都是超出本书范围以外的问题。这些问题被社会改革家过于轻视了,也被财政上的激进主义完全忽视了。然而它们并不是不能解决的,至少就一定的时间和地点来说,是可以通过仔细地观察企业家活动的心理学去解答的。

第三章　信贷与资本

信贷的性质及其作用①

所谓经济发展，就其本质而言，在于对现存劳力及土地的服务以不同的方式加以利用；这一基本概念使我们得以声称：实现新的组合，是靠从原先的利用方式中把劳力及土地的服务抽调出来才得以成功的。对于任何一种经济形态，在那里领导人没有处置劳力及土地的服务的直接权力。从上述基本概念我们又可以提出两点与众不同的异议。其一，货币起着一种基本作用，从而其二，其他支付手段也起着这种基本作用，于是以支付手段为表现形式的过程，并非只是以货物为表现形式的过程的反映。但是，为数众多的理论

① 下面基本上未予改动而加以阐述的思想脉络，曾从汉所著《银行信贷的国民经济理论》一书（1920 年第一版，1926 年第二版）获得可贵的充实及改进的效益。我特别提请读者参阅他的这本具有创见的值得称赞的佳作，它曾从根本上推进了我们对这个问题的认识。兰沃斯·泰勒的《信贷制度》一书，也在许多方面同样有益。也许战后现象以及对于在繁荣及萧条中银行信贷的作用的讨论，已经消除了我们要说的那些扑朔迷离的表象。今天，论述经济周期的理论，无不考察繁荣期"补充信贷"的事实，并思考由凯恩斯提出的这个问题，即是否可通过货币方向的影响使周期问题得以缓解。不过这并不意味着我的观点已被接受。但是它一定会导向我的观点。请参见我所著《信贷控制》一文，载德文《社会科学与社会政策文献》（1925 年）。最近罗伯逊在其《银行政策与价格水平》一书中，也得出同样的结论〔参阅 1926 年 6 月《经济学杂志》载的皮古的文章〕。

家，却以尽可能的紧张，带着少有的一致性，甚至以不耐烦的态度以及基于道德和理智的愤懑，要我们确信那种与此相反的论述。

经济学，几乎从它成为一门科学的时候起，就一直在抗拒那些抓住货币现象不放的人们的错误，这是做得很对的。这乃是经济学所作出的基本贡献之一。可无论是谁，只要他把我们在此以前的论述加以深思，就不难相信，在我们的论述中，并没有沿袭这种错误。当然，如果有人说货币只不过是一种便利商品流通的手段，没有什么重要现象与它相关联，那是不正确的。如果有人凭借这种说法制造出一种意见来反对我们的论点，那么这种反对意见马上就会被我们的这一论证所驳倒，那就是，我们所谈的对一定经济体系内生产力的不同利用方式，只有通过改变人们的相对购买力，才能够实现。我们已经注意到，在原则上，要让工人们把他们的劳务，地主们把他们的土地，借给别人使用，那是办不到的。企业家也不能借到业已生产出来的生产手段。因为在循环流转中，不会有闲置不用的存货供企业家之需。如果在什么地方碰巧有企业家所需的这种已经生产出来的生产手段存在，那他当然可以购买，不过，为了这样，他也需要有购买力。但是他可不能随便把它们借来，因为它们之被生产出来，正是因为有人需要它们；而这些生产手段的所有者，既不能也不愿等候到企业家归还时——企业家是的确能够归还的，但要到晚些时候——同时，既不能也不愿承担风险。尽管如此，如果有人要这么干，那就会出现两笔交易，一笔是购买，一笔是扩大信贷。这两者不仅是同一经济过程的两个在法律意义上不同的部分，同时像下面将要谈到的，也是两种很不相同的经济过程，各有极不一样的经济现象与之相粘连。最后还有一点，企业家也不能把消费品“预付"[①]给工人和地主,因为他根本没有消费品。如果他购买消费品,那么,为着这个目的他也需要购买力。我们不能忘记,这始终是一个把商品从循环流转中抽调出来的问题。关于消费品的借贷是这样,关于业已生产出来的生产手段的借贷也是这样。为此,我们在这里所陈述的事情,既不神秘,也不稀奇。

显而易见,反对没有哪一样极关重要的事物"能够"取决于货币的观点,是没有道理的。事实上,购买力是一个极其重要的过程的手段,这是无可置疑的。而且,这种反对意见事实上根本站不住,因为人人都承认,诸如货币数量或货币分配的变化这一类现象可能具有很深远的影响。但是迄今为止,这样的考察还没有抓住要害。不过,比较一下仍然是很有启发的。在这里不一定要有商品领域的变化,亦即上述商品方面的一个原因,它可以作为解说的依据。无论如何,商品的运动是处于十分被动的状态。尽管如此,然而商品的种类及数量在很大程度上要受到这些变化的影响,则是人所共知的。

我们的第二异端论点,也远远不是那样看起来好像很危险似的。归根结底,它是以事实为基础的,这种事实不仅是可论证的,甚至是明显的,而且是被人们普遍承认了的。的确,从外表上看,产生于经济体系内的支付手段只表现为对货币的要求权,但这种对货币的要求权,与对其他商品的要求权,在本质上的不同之处在于它起着与货币同等的作用——至少暂时如此——因而在一定情

① 自从魁奈时代以来这一不真实的概念所强加的理论结构就不攻自破了。这种理论是如此重要,以致人们可以称之为"预付经济学"(advances-economics,德文Vorschussökonomie)。

况下可以取代货币。① 这一点不仅在有关货币银行的文献中，而且在从狭义上来理解的理论中都已被人们认识到了。这一点，在任何教科书中都可以看到。我们对这种看法无可补充，只是想增添一点分析。在讨论的问题中，与对事实之确认最有密切关系的，乃是货币的概念与价值问题。当数量论(指货币数量论——校者)为货币的价值制定其公式时，批评家们首先就抓住其他支付手段的事实不放。人所共知，是否这些支付手段(特别是银行信贷)就是货币这样一个老问题，已由许多第一流的著作家作了肯定的答复。有关这方面的议论已经进行得够多了。无论如何，目前我们论及的事实，据我了解，是毫无例外地一致公认了的，甚至那些对这个问题持否定态度的人也承认了这个事实。人们也曾详略不等地从技术性的角度，阐述了支付手段可能是怎样的，并通过何种形式，去影响货币的价值。

这意味着承认这样产生的流通手段不仅代表等量的金属货币，而且它们实际存在的数量之大，使立即全部兑换成为不可能的。并且，它们不仅由于方便之故取代原先流通着的一笔笔货币量，而且表现为新创设的流通手段与原有的那些是并存的。同样，我们也认为支付手段的创造集中于银行并构成银行的基本职能。这一点，对我们来说，并不很重要，但与我们的表述很有关系，而且是与现在通行的概念相符合的。货币由银行创造出来，从而使银

① 尽管一般不可能将对商品的要求权与商品本身加起来——正如谷穗与谷粒不能相加一样——但是这里事情显然还是多少有些不同的。我诚然不能骑在对于一匹马的要求权上，但在一定条件下，我却可以处理我对货币的要求权如同处理货币本身一样，那就是都用以购买。

行承担了义务。这一论断，曾经由亚当·斯密以及甚至更早的作家们以与众不同的正确方式来说明了，到今天已经成为常识。在这里我急于要补充的是，无论人们认为“创造货币”一语在理论上是否正确，但与我们的论述目标并无什么关系。我们的推论，是同任何货币理论的内容细节，完全不相干的。

最后，无可置疑的是，这些流通手段产生于给予信贷的过程，甚至——如果我们把纯粹为了避免运输金属货币之故而创造此种手段的情况略而不计的话——就是为了给予信贷的目的而产生的。根据费特所说(《经济学原理》，第 462 页)，银行“主要是靠出借支付许诺来获取收入的企业”。以上我之所述，不会是有争议性的，我甚至也看不出有什么意见分歧的可能性。人们不能责备我，说我违反了有如李嘉图说过的“银行的业务”不能使一个国家的财富增殖的话，也不能说我犯了罪，比如说，按照银行家劳的意思，所谓“滥发钞票空头投机”的罪过。[①] 更有甚者，谁也不会否认这样的事实，那就是，在某些国家，也许四分之三的银行存款只不过是信贷；[②]工商业者大都是为了成为银行的债权人，才先变成它的债务人；他们所

① 参见 J. S. 穆勒的著作。更有甚者，任何经济学家，即使在这个问题上是很保守的，也会认为，李嘉图的说法并不是十分正确的。例如，可参阅劳弗林的著作，他在《货币原理》一书中说：“信贷并不能使资本(指生产手段)增长，但是把资本调动起来，使之更有效率，从而导致产品的增长。”我们的见解与之大致相同。

② 只有少数银行在其定期报告中指出，它们的存款中有多少是属于真正的存款。上述这一估计是基于英国的报告作出的，这些报告至少间接显示了这种情况，而且很可能已达到了公认的程度。但在德国，情况则不是这样，例如，在德国，银行实务通常并不把贷款额记入客户的贷方。不过理论的实质并不因此而有所不同。而且，严格说来，正如汉所正确地强调指出的那样，所有银行存款都以单纯的信贷为基础——只有以“银行收进的金额”为基础的信贷，才是以一种特殊方式保付的，也才不增加存户的购买力。

首先"借"的也就是事实上他们所"存"的。更不要说,在所有的交易额中,只有微不足道的一部分才是在严格意义上利用,并且能够利用货币来完成的了。因此,对这些事情我将不再作进一步的探讨。的确,在这里作一些对某些人来说虽然有些新鲜,但却是在任何基本读物中都可以找到的阐述,那是无意义的。说一切形式的信贷,从银行券到账面信贷,在本质上都是同样的事物,而且无论采取何种形式,信贷都增加了支付手段的数量,那也是无可争议的。①

论述至此,只有一点可能是有争议的。绝大多数的流通手段,如果不具备由法币或商品所构成的依据,那显然是不能凭空产生的。我相信,当我对工商业者或理论家说,生产者的汇票表现为这种流通手段的典型例子的时候,我并没有说错。生产者在完成了他的生产并销售了他的产品之后,通常就向他的顾主开出汇票,要求立即支付"货币",这时,那些商品就起了"依据"的作用——具体说来就是提货单——即令这个汇票没有现存的货币为其后盾,它却有现在商品为其依据,在一定的意义上说,仍是以现存的"购买力"为依据的。以上所提到的存款,显然在很大的程度上,也产生于对这种商业票据的贴现。似乎满可以把这种情况看成是提供信贷或把信贷工具投入商业渠道的正常情况,而把其他情况看成是

① 自然,也有一些理论家,采取世俗人观点,他们看到"银行里的巨额资金",感到惊愕不止。更令人惊异的是,有些金融问题的著作家有时也持类似的观点。例如,克莱尔所著《货币市场入门》一书(此书在其他方面倒是很有益的)的确没有直截了当地接受这种观点,但却把提供信贷的金额定义为"别人的钱",这种说法当然只是局部地正确,而且只能作为一种比喻的表述。

非正常的。[①] 但即令在正常的商品交易的结算不存在问题的场合，人们往往也要求有附属担保品。因此，我们所说的信贷“创造”无非是一个把现有资产灵活运用起来的问题。因此，在这一点上，我们应该重新回到传统的概念上来。事实上，传统的观念似乎是占了上风，因为在那种情况下，不但是流通手段全都有其依据，甚至连货币也可以从流通过程中抽走不要，因而如果追溯到头，一切都是以商品交换商品，换言之，纯属商品范畴的过程了。这种说法也解释了为什么一般人相信“货币的创造”只不过是一个技术性问题，对于经济生活的一般理论并无什么较深的重要意义，而只要在有关银行业务经营方式的一个章节中去论述一下就可以了。

我们不完全同意这个观点。目前需要强调说明的是，凡属实践表明为“非正常”的，却只是那种装扮成是正规商品交易的结果的那种流通手段的创造而已。除此而外，金融票据却不能简单视为“非正常的”。它们确实不是为了给新的组合提供资金的产物，但它们在很大的程度上却往往起着同样的作用。至于附属担保品（在这种场合，不可能是现存的产品而只能是别的东西），从原则上说，其重要意义不是在于构成附属担保品的资产，由于银行据以给予信贷而被“灵活运用”了起来。这件事的本质特征，主要不在这个方面。正相反，我们必须区分开两种情况。第一种情况是，企业

① 在这一点上，从一开始我就抽象了这样一种情况：在一个经济体系内，正规业务是以信用支付手段来结清的，生产者从其主顾那里得到一张票据或其他信用工具，并立即以之购买生产资料。这种情况从任何有关的意义上来说都与信贷的给予无关，它与使用金属货币来进行的现金交易没有根本区别。这种情况，我们已在第一章中论及，此处不再赘述。

家可能拥有某种可以拿到银行去作抵押的担保品。[①] 这种情况的确使得他更容易获得信贷。但这不是最纯粹形式下的事物的性质。分析和经验都告诉我们,企业家的功能在原则上与拥有财富没有关系,尽管就事实而言,企业家拥有财富会构成一种实际的便利。在没有这种便利条件的情况下,我们的观点也经得住考验。由此可见,把信贷说成似乎是“硬币财产”,并不是对事情的一种充分的表述。其次,企业家也可能把凭借借来的购买力所获得的商品作为抵押。提供信贷在先,提出附属抵押品在后,至少在原则上是这样,不管这两者之间的间隙多么短暂。在这第二种情况下,将既有资产引入流通的概念所得到的支持,甚至比在第一种情况下还要少。这倒正好完全清楚地表明,在第一种情况下,当购买力被创造出来时,并无任何新商品与之相对应。

因此,可以说,在实际生活中,信贷总量肯定要比有充分担保品才能提供的信贷量大一些。信贷结构显得不仅超过了现存的黄金依据,也超过了现存的商品依据。这样的事实也是很难否认的;只是它在理论上的重要意义倒是可以置疑的。然而,正常信贷与非正常信贷之间的划分,对我们来说,却是重要的。正常信贷创造了对社会所得的要求权;它代表着并且可以被视为对于服务已经提供和现有货物已经交付的确认。那种被传统意见指为非正常的

① 另外,如果所抵押的是土地或股票一类不流通的东西——或不是在商品市场上流通的东西——那么,此时货币的创造在商品范围内的效应,及其对于价格的影响,与无担保的货币发行并没有什么两样。这一点常常为人们所忽视。如果参阅政府以土地为“依据”而发行不兑现纸币的情况,就可发现类似的谬误。常见以某种担保品作为某种支付手段的基础,这只不过是消除了否则就会产生的不安全感,但却没有改变下述事实,那就是,没有对应于产品的新需要而出现产品的新供给。请参阅第二章。

信贷,也创造对社会产品的要求权;但由于缺少以往的生产性服务的基础,为此,只能看作是对未来服务或尚待生产的货物的证书。这样,就出现了这两个范畴在性质及效应方面的一个基本的差异。两者都从属于支付手段的目的,而且在外观上没有什么区别。但是在它们两者中,一方所包含的支付手段却有对社会产品所作的贡献与之相联系,而另一方所包含的支付手段则迄无与之相联系之物,至少,是没有对社会产品所作任何贡献与之相联系,尽管这个缺欠时常由别的事物加以弥补。

这些前导性的叙述很简短,希望不致因此而引起任何误解;接着我就要进入本章的主题了。我们首先要证明一个乍看起来颇为新奇的说法,那就是在原则上只有企业家才需要信贷;或者证明这一说法的一个远非那么新奇的推论,即信贷是为产业发展服务的。业已证实的是,企业家在原则上并且照例总是需要信贷,其意义是需要暂时转让给他以购买力,为了使他最终能够进行生产,借以实现其新组合,从而成为一个企业家。但是这种购买力不会自动流向企业家;这与在循环流转中制造商通过销售其前一时期的产品而使购买力自动流向他们是不同的。如果这个企业家恰好是一个没有购买力的人——如果他拥有购买力,那只不过是前此的发展的结果——那他就必须借入购买力。如果他借不到,那么显然他就不能成为一个企业家。这里所谈的,完全不是出于虚构,而只不过是概括尽人皆知的事实。企业家只有先当债务人,才能成为企业家。企业家由于发展进程的逻辑而成为债务人,或者换句话说,他之成为债务人是由于事理之必然,不是什么不正常事情,也不是什么应该用特殊情况来加以解释的偶然事件。他最先需要的是信贷。在他需要任何商品之前，他需要取得购买力。在资本主义社会里，他是典型的债务人。[①]

现在我们必须用反证法来完成我们的论点，也就是证明上述企业家举债的情况与任何其他举债的情况不同，任何别人都不是由于这种经济职能的性质而成为债务人的。当然，在现实生活中，存在着许多借与贷的其他动机。但是应予指出，在那些情况下，信贷并不构成经济过程中的本质要素。首先消费信贷就是如此。撇开消费信贷的重要性只可能是有限的这一点不谈，我们要指出它并非产业生活的基本形式及必需条件的一项要素。任何个人经济的性质也没有规定他必须负消费性债务；任何生产过程的性质也没有规定该生产过程的参与者必须为了他们自身的消费目的而去借债。因此，消费信贷现象对我们这里没有更多的意义；不管它具有多大的实际重要性，我们仍然对它不予考虑。这并不牵涉任何抽象过程，我们承认它是事实，只是我们对它没有什么特别的话要说。一个企业也许因为时运不济，遭逢困难，纯粹为了撑持局面而需要举债；对这种情况我们也不去谈它。所有这些被我归入"消费性——生产性信贷"的概念之下的情况，也不是经济过程的本质部分，也就是说，不去谈它并不影响对经济有机体的生命的理解。因此，对我们说来，此刻也同样不必对它们加以深究。

既然各种为"创新"目的而提供的信贷，根据定义，是给企业家

① 就更深一层的意义上说，企业家也是债务人，对此似应在这里加以强调。同样，在原则上，当他还没有对社会流转额作出任何贡献之前，他先要从流转额中取得一些商品。在这个意义上，可以说他对社会负了债。商品转移到了他手中，可他据此还没有获得在其他场合对国民所得的分配的要求权。参阅第二章。

提供的信贷，并且构成经济发展的一种要素，那么，我们在这里唯一留下来的需要考虑的一种信贷，就是为了在循环流转中运行企业所提供的信贷（熊彼特称之为“Betriebskredit”，可译为“经营信贷”——校者）。如果我们能够阐明：在我们所规范的意义上，这种信贷是“非根本性”的，那么，我们的证明就完成了。那么，又如何来阐明呢？

我们在第一章已经看到，经营信贷的授受并不是循环流转的本质部分，[①]当生产者已完成其产品制造之时，根据我们的概念，他立即将其出售，并利用其所得进款重新从事生产。诚然，实际情况并非总是这样。也有可能在他交货给顾主之前，他就希望开始再生产了。但关键在于我们能够把这一过程限制在循环流转的领域内，如同在那里生产通常都是以营业进款来通融的，而不致忽略任何基本事理。信贷在业已打下基础的企业的经常业务中，其所以有实际上的重要性，完全在于发展，而发展则使暂时闲置的资金可能被动用起来。因此，工商业者无不尽快利用收到的款项，同时又借进他所需要的购买力。如果没有发展，那么，为做生意所必需的资金按理就会只好由厂商或住户保存起来，而当这些资金没派用途时，它们只好被闲置起来。所以说，是发展改变了这种状况。发展把种种所谓从来不欠债的自豪感一扫而光。最终当所有新老企业都被拉进信贷现象的圈子里的时候，银行家们甚至仍然宁愿进行这种信贷，因为它的风险较小。许多银行，特别是“储蓄”型的

① 希望读者不要把循环流转中的这个“活期信贷”与同样必须提供给企业家以便保持企业“运转”（非为创立企业），特别是供支付现时工资之用的贷款，混为一谈。

银行以及几乎所有的老字号，事实上都这样干，而且或多或少专搞这种“活期”信贷。但这只不过是已经蓬勃发展的结果而已。

我们的这种说法，并不像有的人可能设想的那样，会把我们置于与流行的说法相对立的地位。[①] 相反，与通常的观点完全一致，我们认为，为了要理解循环流转的经济过程，我们可以把信贷略而不论。只是因为流行的理论采取与我们同样的观点，而且与我们一样地认为，在经常性商品交易中靠信贷来调剂资金一事，与对事物的理解没有什么本质关联，因此这种理论才能在对经济过程的主要特点加以论述时，对此略而不论。仅仅是由于这个缘故，流行的理论才能将它的视野限制在商品范围之内。在商品世界，类似信贷交易的东西自然是可以找到的，对此我们已经有所理解。无论如何，流行的理论与我们一样，并不认为创造新购买力在这一时刻有多大必要性；而在任何其他时刻，流行的理论也看不到这种必要性。这再次表明，流行的理论只是静态的。

因此，在我们的论述中，这种活期信贷可以如同消费信贷一样，理所当然地可以略而不论。由于我们认为此种信贷只是便利交换的一种技术上的权宜措施——当然，这是就循环流转而言，至于对于发展来说，由于前述的理由，那又当别论——是一种对于经济过程并没有什么深远影响的权宜措施，我们才能得到以下的结论。为了将此种活期信贷，与那种起着根本性作用，缺乏了它就无

① 而且，实际情况也直接证实了这一点。在过去若干世纪内，事实上只有消费信贷。那时，也不过存在供创立企业用的信贷。而循环流转没有它也照样运行。活期信贷只是到了现代才具有目前这样的重要性。既然现代工厂与中世纪的作坊在经济上并无什么根本区别，因而就得出结论：现代工厂在原则上并不需要信贷。

法完全理解一定经济过程的信贷，作一鲜明对比，我们假定，在循环流转中，一切交换都是用金属货币来进行的，而且这种金属货币的数量恒定不变，其流通速度也不变。显然，在一个不包含发展的经济的整个流通中，也可能包含有信用支付手段。但是，既然这种支付手段，作为现存的商品和已经提供的劳务的"证书"，起着如同金属货币一样的作用，从而这些证书与金属货币并无本质差别，那么，我们这样来解说，不过是要说明，我们所认为的信贷现象中的本质要素，在这种循环流转的领域内，不可能在活期信贷中找到。

这样，我们既证明了我们的命题，也确切地规定了其中的含义。于是我们可以说，在原则上，只有企业家需要信贷；只有就产业的发展而言，信贷才起着一种根本性的作用，而考虑这种作用，对于理解全部经济过程是极关重要的。再者，从第二章的论证已可立即看出与这一命题有关的另一论点，即在领导人对生产手段无直接支配权力的情况下，发展在原则上非有信贷莫办。

在我们所谈的意义上的信贷，其基本作用在于使企业家能够把他所需要的生产品从它们原先被派的用场中抽取出来，按需要加以利用，从而迫使经济体系进入新的渠道。现在我们的第二个命题可以表述如下：凡属不是以过去企业的成果为凭借的信贷，或者一般说，凡属不是以过去的发展所创造的购买力的蓄水池为凭借的信贷，只可能是特别创设的信贷支付手段，它的后盾既不是严格意义上的货币，也不是已经存在的产品。这种信贷确实可以用非产品的其他资产，也就是用企业家恰好可能拥有的任何一种财产来担保。但这首先是不必要，其次是并没有改变事物过程的性质，而这个过程的本质乃是，为生产品创造了一种新的需求，却并未同时为这些生产品创造出来一种新的供给。这一命题无需在这里进一步证明了，它只是第二章的论证的引申。它使我们看到借出与信用支付手段之间的联系，并把我们引向我认为是信贷现象的本质的东西。

由于在经济过程中至关紧要的这种信贷只能拿这种新创设出来的支付手段来支付(假定不存在早先的发展的成果)，同时由于，从反方面说，只有在这样的情况下，这样一种信用支付手段的创造才起到一种不仅仅是技术上的作用，因此，提供信贷就相应地意味着创造购买力，而新创造出来的购买力要能起作用，就只限于把信用给予企业家；并且也只限于以此为目的之时，新创设的购买力才是必需的。这是唯一的不能用金属货币去取代信用支付手段的情形；如果竟然可以取代，那就会损害我们的理论的真实性。由于并没有什么事物是以绝对的金属货币量为依存条件的，因此我们可以假定，在任何时候都存在着一定数量的金属货币量；但是我们却不能假定，对货币量的需求的增长是恰好出现在适当的时间和地点。因此，如果我们从贷放以及从信用工具的创造中，排除掉在那里信用交易和信用工具的创造并不起重要作用的那些情况，那么，贷放和信用工具的创造两者必然会相互一致起来，如果我们把前此发展的结果略而不计的话。

在这种意义上，于是，我们可以把信贷现象的要旨规定如下：信贷在本质上乃是为了授予企业家以购买力而进行的对购买力的创造，但并不单纯是现有的购买力的转移。在原则上，购买力的创造标志着在私有财产及劳动分工制度下实现发展的方法。凭借着信贷，企业家在对社会商品源流还不具备正式的要求权之前，就取得参与社会商品源流的活动的机会。可以说，信贷暂时以一种虚拟的要求权来替代了这种要求权本身。在这种意义上的提供信贷，有如一道命令要求经济体系去适应企业家的目的；也有如一道命令要求提供商品去满足企业家的需要：这意味着把生产要素托付给他。只有这样，才有可能从完全均衡状态的简单循环流转中出现经济的发展。这种功能构成了现代信贷结构的基石。

由于在正常的循环流转中，产品和生产手段之间不一定存在着差距，同时由于可以假定生产者购买一切生产品都是现金交易，或者，一般说，任何购买者都是先售出了同样价值的商品才去买进：因此，在这种情形下，信贷并不是至关重要的。但在实现新的组合之时，可就确实出现了一个有待弥合的缺口。弥合这个缺口是贷款者的职能，他履行这种职能的办法就是把特地创造出来的购买力交由企业家去支配。这样一来，供应生产品的人们就不需要“等待”，而企业家也就不需要预付给这些供货者以货物或现金了。缺口于是得到弥合；如果不是这样，在私有财产制的交换经济中要想实现发展，即令不是不可能的话，也将是非常困难的。谁也不否认，贷款者的职能便在于此。只是在弥合这个缺口的“桥梁”的性质方面，才有意见分歧。我相信我们的概念，较之其他的不同论点，远非更不审慎和脱离实际，我们的概念是最接近事实的，而且用不着编造一套虚构的解说。

在我们总是以之为出发点的循环流转中，年复一年地以同样方式生产出来同样的产品。对于每一项供应，在经济体系中总有一个相应的需求在等待着它；而对于每一项需求，也都有与其相应的供给。所有商品都按只有微小波动的既定价格来买卖，因此，每一单位货币可以被视为在每个时期都起着同样的作用。一定数量的购买力可用以在任何时候购买到原本生产性服务的现有数量，于是购买力转移到拥有这些生产性服务的人之手，继而又被花费到消费品上去。对这些原本生产性服务的主体来说，特别是对土地来说，不存在任何市场，从而在正常循环流转中也不存在购买这种种服务的价格。①

如果我们对货币单位的材料的价值，因其与根本问题无关，而不加以考虑，于是购买力就确实只代表现存的商品。购买力总量说明不了什么问题，但家庭及厂商在这个总量中所占的份额，却对我们很有意义。如果新的信用支付手段，也就是我们所说的新的购买力，被创造出来并归于企业家使用，那么企业家就会跻身于前此的诸位生产者之行列，其购买力也就会与早先的购买力总量并存了。显而易见，这并没有增加经济体系中现有生产性服务的数量。但是十分明确，“新的需求”却可能出现了。它造成了生产性服务的价格的上涨。接着引起了从原先的用途中“撤出商品”的现象，关于这一点前已论及。② 这

① 参阅第一章的解说，可以了解到为什么我没有提及用劳力及土地的服务去生产出来的生产手段；尽管购买力也显然用来购买它们，而不只是用来购买劳力和土地的服务。

② 在这一点上，我与斯皮托夫有分歧。他发表于《施穆勒年鉴》(1909 年)上的三篇文章：《资本市场和货币市场的外部秩序》、《资本、货币和商品世界的关系》及《资本缺乏及其对商品世界的关系》(这三篇文章曾以《资本、货币和商品世界》为书名而出版过单行本)，其主要功绩在于探索了这个问题。在若干方面，这三篇文章预见到了本章所阐发的问题。“创造新的货币替代物”的可能性，也曾被明确地强调过(例如在第二篇论文的第 85 页)。但在现实的商品供应状况下，强调这种可能性却有一个“不可逾越的经济限度，即只有当这种人为的措施能够把前此闲置的商品带入流通的限度内，它才能起作用”。如果超过了这个限度，价格就会上涨。这一点肯定是正确的——对我们来说，最值得注意之点正在这里。当然，我们也认为，银根紧不能靠创造购买力来消除——或者说，无论如何只有当银根紧只是一场短暂恐慌的情况下，才可能是这样。

一过程起到了压缩[①]现存的购买力的作用。在一种意义上说，没有任何商品，而且肯定没有任何新的商品，是与这个新创造出来的购买力相适应的。只有靠着牺牲前此存在的购买力，这种新创造出来的购买力才得以挤进去而有活动余地。

以上说明购买力的创造如何起作用。读者可以看到，其中没有任何不合逻辑或神秘的东西。[②] 信贷工具的外形是颇不相干的。的确，就无保证的银行券来看，事情是最清楚不过了。那种不能取代现存货币，而同时也不是以已经生产出来的商品作为基础的票据，如果实际上流通，也会具有同样的性质。当然，这里说的只是当票据被用来偿付货款时的情形；如果票据只是记载着企业家对他的债权人的义务，或者只能用以贴现，那就又当别论。对于一切其他信贷工具的形式，甚至只是银行账面上的简单信用，也都可以用同样的观点来考虑。正好像新的气流进入一个容器时，原先存在于容器内的气体的每一个分子所占据的空间就因挤压而减小一样，新的购买力注入经济体系时也将压缩老的购买力。当必然造成的价格变动已经完成之时，任何一定数量的商品可以按照换取购买力的老单位的同样条件，换取到购买力的新单位，只是这时的购买力单位比起原先老的购买力单位来，一律地要小一些，而且购买力在各个人当中的分配也变换了。

---

① 首先，以前的生产者在生产品市场上的购买力将会受到压缩，接着就是一些人在消费品市场上的购买力受到压缩，这些人同由于企业家的需求而带来的货币收入的增长或者毫无关系，或者得到的好处不大。这可以解释繁荣时期价格上涨的情况。如果我没有弄错的话，那是冯·米塞斯(von Mises)对此过程曾提出了一个绝妙的表述："强迫储蓄"(德文为 erzwungenes sparen)。

② 还可参阅 A.汉所著《信贷》一文，载《政治学袖珍辞典》。

这可以称之为信用膨胀。但这种膨胀在一个本质的方面，与以消费为目的的信用膨胀是不同的。在消费信用膨胀的情况下，新的购买力也与老的购买力并存，价格也上涨，结果商品被抽出，信贷获得者或从此项贷款的偿还中获得收入之人，从中受益。此时老的流通过程发生断裂，抽出的商品被消费掉了；而新创造出来的支付手段却仍在流通，信贷必须继续展期，上涨了的物价不再回跌。这时可能发生贷款是从正常的收入泉流中来清偿的情况——例如增加赋税。但这是一个新的、特殊的措施（通货紧缩）。这种措施，如众所周知，会重新恢复货币体系的健康，否则它就不可能回到原先的状态。但在我们所论述的情况中，通过流程却肯定地会向前发展。企业家不但依法一定会向银行家还债，而且在经济上他还一定会把生产出来的产品归还给商品的蓄水池——与借来的生产手段相当等价的东西。或者说，如同我们已经表述过的那样，他必然会最终履行他据以从社会流转额中正常地取得商品的条件。借贷的结果使他得以履行这个条件。企业家在完成他的经营活动之后——按我们的观点来说就是，在产品已经上市而生产品亦已耗尽这样一个生产周期结束之后——如果诸事都达到预期的要求，那他就已经以一批其总价格既大于他所取得的信贷，也大于他直接和间接用掉的商品总价的商品，来增益社会流转。因此，货币流转额与商品流转额之间的等量关系得到了恢复而有余，信用膨胀得到了消除而有余，对价格的影响得到了补偿而有余。①

① 这一点已足够解释经济萧条时期的价格跌落现象；事实上它也解释了价格水平跌落的长期趋势，如果那个时候，没有其他原因，例如黄金的发现等因素，发生抵消作用。在第六章中，我们将看到这一点。

于是，我们可以说，在这种情况下，完全不存在信用膨胀——倒毋宁说是存在着信用紧缩——只不过是购买力以及与之相适应的商品不同时出现而已，这样就暂时地造成了通货膨胀的假象。

此外，企业家现在已能偿还他欠银行的债务(贷款额加利息)，而且在正常情况下，还会保存着一个信贷余额(＝企业家利润)，而这个信贷余额是从循环流转的购买力基金中抽取出来的。只有这个利润和利息必然会留存在流通中；而最初的银行信贷则已经不见了，因此，这种紧缩效应本身——特别是，如果新的和更大一些的企业没有继续要求提供周转资金的话——甚至比刚才所说的还要严峻得多。诚然，实际上有两个缘由阻止着那个新创造出来的购买力的迅速消失：第一个缘由是，绝大多数企业并非在一个时期内就完成其生产过程，大多数要持续一些年份。事情的本质并不因此而有所改变，只是新创造的购买力要在流通中存在很久，信贷票据到规定日期的“偿还”，往往采取“延期”方式。在这种情况下，从经济上来说，根本不是信贷的偿还，而是变成了一种对企业的健全性的定期的检查方法。在经济学上，认真说来是以“申请审核”来代替了“申请付款”——无论应偿还的是银行票据，还是私人贷款。再者，如果生产周期长的企业是靠短期信贷来周转资金的话，那么，每个企业家和每一家银行都会由于明显的理由而力图把信贷的时限尽快改为长期；在个别情况下，如果这个第一阶段可以完全越过，借贷双方都将视之为一项成就。实际上，这差不多就是拿实际存在的购买力来替代那种特地创造出来的购买力。这种情况通常发生在充分活跃的发展已经积累了购买力储备之时——其原因我们的理论本身已予以阐明，这些原因并无悖于我们的理论——实际上有两个步骤。第一步发行股票或债券，并将金额记入企业的贷方。这意味着仍然是银行财力在帮助企业获得周转资金。然后，这些股票和债券被卖掉，并逐步地由认购者以实际存在的购买力，或储备基金，或储蓄，交付款项——一般不是马上交付，相反，只在往来账上的借方记上认购者的姓名。这样一来，可以说，这些股份与债券又被社会上的储蓄所吸收了。信贷工具的偿还于是就这样完成了，而信贷工具也就被现存的货币取代了。但这仍然不是企业家对所负债务的最后偿还，也就是，要用商品来偿还。可是，即使在这种情况下，用商品来实行的偿还稍迟也是要实现的。

第二，还有另一种缘由阻碍着新购买力的迅速消失。在最终取得成功的情况下，信贷工具可能消失，看来这一种趋势是自发的。但即令它们不消失，无论对于个人经济或对于社会经济都不致构成干扰——因为这时商品已经生产出来，它既可与新的购买力保持平衡，又是新的购买力的唯一真正有重要意义的“保证”。这些恰恰是在消费性信贷的情况下所不具备的。由于信贷展期，于是生产过程得以周而复始，尽管这时按照我们的定义已经不能算是“新企业”了。这时信贷工具不仅不再对价格发生影响，而且它们最初发生的影响甚至也消失了。这的确是银行信贷挤进循环流转中去的诸方式中最重要的一种方式，一直要到它在循环流转中的地位已经确定，必要的分析工作才能认清原来它的根源并不存在循环流转之中。如果情况不是这样，那么人们公认的理论就不仅是谬误的——情况确实会是这样——而且是不可宽恕的和不可理解的了。

如果说提供信贷的可能性，不为独立于创造信贷目标之外的实际流动资金的数额所限制，也不为实际存在的商品数量（闲置的数量或商品的总量）所限制，那么是什么限制着提供信贷的可能性呢？

先从实际上来说：让我们假设有一个自由金本位，也就是钞票随时可以从银行换取黄金；黄金可以按官价购买；以及黄金可以自由出口。我们又假定有一个以发行钞票的中央银行为中心的银行体系，但除此之外并无其他不利于银行业务酝酿发展的法律障碍或条例——比方说，对中央银行没有钞票发行准备金之类的规定，对其他银行没有存款准备金之类的规定。这是一种主要情况，对它的论述易于应用到其他场合。于是，在相应的商品出现之前，每一次新的购买力的创造就会导致物价上涨，这将会具有把金币内的黄金含量的价值提高到单位货币价值之上的趋势。这又将会导致流通中的黄金数量的减少，但超过一切的是银行的支付手段申请兑换黄金，首先是银行券要求兑现，然后，直接或间接地，一切其他支付手段也要求兑现，在意义、目的和缘由上都与我们前面所说的不一样。并且，如果这个银行体系此际的偿付能力并不发生危险，那么银行在这种情况下就只能这样发放信贷，那就是它所引起的膨胀确实只会是暂时的，并且其程度始终是温和的。但要使膨胀是暂时的，只有当新创造的购买力所带来的补充商品能适时提供市场；同时，如果由于经营不顺利，以致补充商品根本不能提供到市场，或者由于生产过程漫长，以致补充商品只能在相当长的年份以后才能提供，那么银行就要用从循环流转中抽取出来的购买力（比方说，用别人储存的货币）来进行干预。因此，就有必要维持一定量的储蓄,它能对中央银行以及对其他银行起着制动作用。与银行方向拥有的这种结构相对立的一种情况是:所发放的信贷最终都在日常买卖中化为小额,而为此目的,必然换为硬币或小面额政府纸币——至少在大多数国家是如此——那却不是银行可以创造发行的东西。最后,信用膨胀必然引起黄金外流,从而进一步带来无力偿付的危险。然而也有这样一种可能,即所有国家的银行几乎同时扩张信贷,有时情况确实接近这样。因此,尽管我们不可能理所当然地在我们假定的条件下,表述创造购买力的限度,如同表述某种商品生产的限度那样的确切,而且,尽管这种限度必然会随着人们的心理状态及立法等等而发生变化,然而我们还是可以指出,无论何时,仍然是存在着这样一个限度的,而且也可以说明究竟是什么条件正常地保证着这个限度继续起作用。这个限度的存在既不排除我们所说的购买力的创造,也不会改变它的重要意义。但是,这个限度使信贷量在任何时候都是一个有伸缩性的量度,尽管仍然是一个确定的量度。

以上当然只是很表面地回答了我们所提出的基本问题,就像把普遍实行自由金本位制度下确定外汇率的原因表象地解答为必然处在黄金输送点之间一样。尽管如此,但是,正如对于汇率问题,如果我们略去黄金机制而去注视作为基础的"货物输送点",就会更能看到问题的本质;因而对于我们的信贷问题,按同一原则,如果我们考虑的是一个纸币本位国家,或者干脆只用银行支付工具的国家的情形,那我们就将能得到关于购买力的创造具有确定的、尽管也是有伸缩性的限度这一事实的更为根本的解释。由于国家彼此贸易的问题并无什么特殊新颖之处,我们就把分析留待读者自己去做。在这里,我们只要说,这个限度是由下述条件产生的,那就是,为了有利于新企业而引起的信用膨胀必须只是暂时的,或者说,根本上不至于引起像物价水平永久上升那样的膨胀。并且,足以保证这个限度起作用的制动器,就是这样一种事实,那就是面对企业家们追求银行信贷的热烈冲击,任何其他行动就要对银行造成损失。如果企业家不能成功地生产出至少与贷款加利息等值的货物,这种损失就会经常发生。只有当企业家能成功地做到这一点时,银行才是有利地经营放贷。这时,而且只有这时,才没有我们前述的通货膨胀,才是没有逾越上述的限度。从这里可以推导出在各自的情况下,银行可能创造购买力的量度。

只有在另外一种情况下,那就是,如果各银行解除了以黄金偿付支付手段的义务,并且暂停了国际兑换的责任,银行才可以引发膨胀,并随意决定价格水平,这样,不但无弊,反而有利。这就是说,银行将新的信用支付手段注入循环流转之中,或者由于新的流通手段的进一步创用,而使偿债能力不景气的情况有所好转,或者使消费目的因信贷之提供而真正得到满足。一般言之,没有任何银行能单独做到这一点。因为尽管它投放的支付手段不会显著地影响价格水平,可是偿债能力不景气的情况仍然不会好转,而消费信贷也仍然由于不能使债务人足以在限度内用自己的收入来偿还债务,而变得不利。但如果所有的银行都一起行动,则可能有效。他们可以在我们假定的情况下,继续发放新的信贷,并通过对价格施加影响来使原先发放的信贷发生转机。在某种程度上,这种情况甚至在我们所假设的前提以外也有可能出现,这就是为什么专门的法律限制以及专门的安全调节阀门,在实际上确是不可缺少的主要原因。

上述最后一点的确是不言自明的。正如国家在某种情况下可以印发钞票而没有任何规定的限制一样，如果国家果真把发行钞票的权力转交给银行，使银行也可以在对银行有利并符合银行的目的的情况下照样办理，常识不会阻止他们不这样办。但这与我们所研讨的问题无关，换言之，我们所研讨的问题是为了在现实的物价水平下可以获利的新组合的实现而提供信贷及创造购买力的这种情况[①]——从而这种是与一般创造企业家的购买力的那种意义，性质，和起源无关的。我明确强调这一点，是因为有关银行创造流通手段的无限权力的论点，在几经引用之后，不仅脱离了必要的规定性，而且又脱离了其立论的上下文，[②]结果变成了受攻击之点，变成了拒绝接受新的信贷理论的一个口实了。

资　　本

现在是我们就一个早就期待着系统阐明的并为所有工商界人士都熟悉的观念，发表我们见解的时候了。一个经济组织的形式，如果在那里新的生产所必需的货物，是靠着特别创造出来的购买力的干预，从它在循环流转中的原来位置抽调出来的，那么，这就是资本主义经济。与此同时，另一种经济组织的形式，如果在那里

① 我们的理论曾经被诠释说，信贷的创造可以通过提高物价而使新的事物得以实现，并从而使新事物不如此就不能获利。这并非我们的本意。

② 参阅汉在《政治学袖珍辞典》中所写“信贷”词条。这是一篇极好的文章，只是在有关这一点上尚可商榷。我与他的意见不同，我认为正确的说法应该是：可能创造出来的新购买力的数量，尽管没有现实的商品在支持它并规范它，但未来的商品却给它以支持并对它施加规范作用；重复一下，我所指的是按现价计算的未来商品。

新的生产所必需的货物，是靠任何一种命令的权力，或靠一切有关方面的协议，从循环流转中抽调出来，那么，那就是非资本主义生产。资本，无非是一种杠杆，凭借着它，企业家可以使他所需要的具体商品受他的控制，无非是把生产要素转用于新用途，或引向新的生产方向的一种手段。这是资本唯一的职能，这种职能使资本在资本主义经济机体中的地位被完整地刻画出来。

那么，这种杠杆，这种控制的手段是什么？那肯定不是由任何特定种类的商品所组成，也不是由现存商品的供给的任何可指定部分所组成。人们通常都认识到，我们是在生产中才遇到资本这个东西，它在生产过程中以这样或那样的方式发挥作用。因此，在我们所说的实现新组合的场合，我们必然地要在某个地方碰见资本在起作用。现在，企业家所需要的一切商品，从他的观点看来都处于同等地位。他需要自然力、人力、机器、原材料，所有这些都同等重要，具有同等意义，无法区别这些需要中何者更为重要。自然，这并不是说，在这些种类商品之间毫无相应的区别。相反地，确实有差别，尽管这些差别的重要性，过去和现在，都被许多理论家估量得过高了。但是企业家对待所有这些种类的商品的行为，显然是一视同仁的：无论是生产工具、土地还是人力，他同样要花他那斤斤计较并付了利息弄来的钱，才能购买到。对他来说，这些商品全都起同样作用，都是同等必不可缺少的。特别要指出的是，究竟企业家是仅仅购买土地和劳力，像最初创业时那样，来开始他的生产呢，还是他也去获取已经存在的中间产品，而不需要自行再去生产它们呢，那是无关紧要的。最后，如果他甚至有必要去获取消费品，事情也不会有任何根本的差别。这时获取消费品好似最有要求权而应该受到重视，特别是，如果人们接受了那种认为企业家把消费品"预付"(按这个词的狭义而言)给予生产手段的占有者的理论，情况更是这样。在这种情况下，这些消费品会显示出和其他商品相较的独特不同之处；它们将会起到一种特殊的作用，而这恰恰就是我们赋予资本的作用。由此可以说，企业家将会用种种生产性服务去换取消费品。于是我们不能不说，资本包含着消费品。不过，关于这种可能性，我们的论述已经予以解决。

除了以上所论，就没有理由把企业家购买的所有的商品来加以区分了；因此，也就没有理由把其中的任何部分归入资本名下。把资本说成是由商品所构成的这样的一种定义，虽然可以适用于每个经济组织，但却不适于作为资本主义经济组织独有的特征，这是没有争论的。并且如果一个工商业者被人们问起他的资本何在，他就举出这些商品中的任何一种来作回答，那也是不对的。如果他提到他的工厂，他是会把工厂所占地面也包括在内的；而且，如果他想要回答得全面一些，他将不会忘记包括他的用以直接或间接购买劳力服务部分的流动资本。

但是，企业的资本也不是服务于企业目的的所有商品的总体。因为资本对应于商品世界。商品是购买来用作资本的——"资本是投入于商品的"，但这一事实本身就意味着承认资本的作用不同于他所获得的商品的作用。商品的作用，在于服务于与其技术性质相当的生产性目的。资本的作用，则在于为企业家获取用以进行生产的手段。在一种交换经济中，为要进行生产，它是企业家与商品世界之间不可或缺的第三种要素。它构成这两者之间的桥梁。它不直接参与生产，它本身并不是"工作对象"；相反，它担当一项在技术生产得以开始之前所必须完成的任务。

企业家在考虑购置具体的商品之前，必须拥有资本。在一个时期，当他已拥有必要的资本，但还没有生产品时，正是在这个时刻，我们可以比任何时候更清楚地看到资本并不是某种与具体的商品相同的东西，而是一种独立的要素。资本的唯一目的，企业家之所以需要资本——事实是最好的说明——纯粹是为了作为购买各种生产品的基金。而且，只要这项购买还没有完成，资本就绝对地与任何明确的商品完全没有关系。当然，资本存在着——谁能否认这一点？——但它的特性恰恰在于不能把它看成是某种具体的商品，在技术上它也还没有被作为一种商品来利用，而只是作为用以提供那些在技术的意义上将要用于生产的商品的一种手段。但当此项购买业已完成之时，是否就由具体的商品来构成企业家的资本，由被他买下的各种土地及各种工具来构成资本，也就是仍然由商品来构成资本呢？如果有人对魁奈喊道："当你走过一些农庄和工场后，……你会继续看到一些房屋、牲口、农业种子、原料、家具以及各种各样的工具"——从我们的观点看来，还应该加上土地和劳力的服务以及还有消费品——在购买完成之后，难道不是这样么？此时，资本已履行了我们所赋予它的职能。如果必要的生产手段，以及——让我们假定——必要的劳力服务，都已经购得，这时，企业家就再没有可以由他任意支配的资本了。他已经为了生产手段而把资本用出去了。资本已分解为收入了。按照传统的观念，他的资本现在就由他所获得的商品来构成了。这种说法的前提其实是完全忽视了资本的用以获致商品的职能，而却代之以一个不符合实际的假说，那就是企业家所需要的那些财货倒是从别人处借来的。如果人们不这样看，而且，如果人们实事求是地分清用以支付生产品的基金和这些生产品本身，据我看来，毫无疑问，人们惯于把它叫做资本的东西以及我们认为是资本主义现象的标志的，就都是指这个基金而言。如果这是正确的，那么更加清楚，由于企业家已付出这笔基金，不再拥有它，而分散到生产手段的卖主手中的部分，比起面包师卖面包所得到的钱来说，在性质上就毫无不同之处。把购买下来的生产手段说成是“资本”的这种无时不碰到的表述，什么事情也证明不了；而类似上述说法的另一种说法，所谓资本“体现于这些商品之中”，更不能说明问题。要是承认这后一种说法，就好比承认：煤“体现”于钢轨中，意谓煤的耗用曾导致钢轨的产生。但是这样一来，且不是说企业家依然拥有资本？如果说同一的煤已不可能从钢轨中再抽取出来，难道企业家也不能够至少从他的“投资”中把他的资本再“抽出来”吗？我相信，这些问题可以得到令人满意的答复。然而，对上述问题的答复是否定的，企业家已用去了他的资本。他得回来的商品，对他来说已不再是资本（资本是用以购买其他商品的基金），而只能是在生产工艺中加以利用。但是，如他改变了主意，希望将这些商品脱手，通常总有别的人愿意把它们买下来——于是他能重新拥有大于或小于原先数额的资本。从这种观点看，由于他的生产手段不只是能作为生产手段而起作用，而且也能间接地作为资本而起作用——只要他能用以首先获取购买力，然后再获致其他生产手段——如果他笼统地把这些生产手段称作他的资本，那是对的。老实说，如果在他的生产完成之前他需要购买力，这些生产手段就是他能支配的唯一购买力来源。我们还要谈到关于这种说法的其他理由。第二个问题现在也有了答案：企业家可以靠卖出他的生产品而再获得资本，他当然不能够得到与原来形式完全一样的资本，在大多数情况下甚至数额也不一样。但是，由于这一类无关紧要，因而“抽出他的资本”这种形象表述尽管只是一种比拟，但意思却是妥当的。它与我们的解释并不矛盾。

如果资本既非由特定种类的商品来构成，又非由一般的商品所构成，那么，它究竟是什么呢？现在，答案是非常明确的：它是一笔购买力基金。只有是这样，它才能履行其基本职能，在实际上这是资本之所以不可或缺的唯一职能；而在理论上资本这个概念之所以有用，也完全是由于这一职能，它正好是不能单靠列举商品的种类来代替的。

问题又来了：究竟是什么东西构成这个购买力基金呢？这个问题似乎很简单。我的购买力基金是由什么构成的？不就是由钱以及我的折算成钱的其他资产来构成的吗？这个答案实际上会把我们引导到门格尔的资本概念。的确，我无数次地称之为“我的资本”。而且，要把它作为一笔“基金”而与报酬“流”区分开来也没有任何困难，因此，我们在这里又朝着欧文·费希尔的方向进了一步。为此可以说，我能够运用这笔资金去着手兴办一个企业，或以之出借给一个企业家。

可是，这个观点，乍看起来似乎很令人满意，但不幸的是，却并不够完善。如果说仅凭这一笔资金我就能够跻身于企业家之列，那是不真实的。如果我能够开出一张票据而被接受并取得现款，那么我也就能够用这笔钱买同等金额的生产品。这时人们可以说，我仅由此承现了一项债务，而远不是增加了我的资本。人们还可以说,我用这张票据“买下”的商品,只不过是借给我的。让我们来细究一下这个问题,如果我经营得手,我将能以出自我的产品的收益,而非出自我的资本的钱或等价物,来赎回这张票据。这样我就增加了我的资本,如果有人不同意这个说法,那我也可以说,我这样做使我取得了如同增加资本一样的那种服务,并且没有引起会使我的资本今后受到减损的负债。可能有人会反对说,我如果无需还债,则我的资本本来还会增长的。但这些债是用利得来偿还的,就算利得全部归我所有,但是否我的资本就会因而增长,也还是说不定的。因为我也可能用这个利得去获取消费品,在这种情况下,那就谈不上资本的任何增加了。如果资本的作用仅在于保证企业家掌握生产品的这种说法是对的,那么,我们就不能回避我的资本会因我的票据的创造而增长的结论。如果读者记住我们先前的论述并将它与后来的论述联系起来,那我们的论述就远不至于那么迷惑难解了。诚然,我并未因创设票据而变得更为富有。但“财富”一词,却使得我们有可能对问题的这个另一面,加以考虑。

但是,如果认为只要能以货币形式来表现,就足以使非货币形态的财产具有我们所谓的资本的性质,那也是不对的。如果某人拥有某种商品,一般言之,他不能以直接交换的方式去获得他所需要的生产品。相反,他总是只好卖出他拥有的商品,然后把卖得的收入当作资本使用,也就是去获取他所需要的生产品。实际上我们所研讨的概念也意识到了这一点,因为它强调了任何人拥有的商品的货币价值。显而易见,当人们把这些商品本身说成是资本时,那只是一种简略的或比拟性的表述法。这个说法,同样也适用于前已提及的、我们也把它当成资本看待的购入的生产手段。

到目前为止，我们的定义较之门格尔和其他人的有关定义，一方面要宽一些，另一方面又要窄一些。只有支付手段才是资本，这并非只有货币才是资本，一般流通手段，不论其种类为何，都是资本。但又并非所有支付手段都是资本，只有那些确实履行我们所论及的那种独特职能的支付手段，才是资本。

界限在于事情的性质。如果支付手段起不到为企业家置办生产品的作用，并为此目的将生产品从其原先的用途中抽取出来，那么，它们就不能算是资本。因此，在没有发展的经济体系内，就没有资本，或者换句话说，资本不发挥其特有的职能，因而它就不构成一种独立的要素。或者，再换一句话说，各种形式的一般购买力，在那里并不构成资本；它们仅仅是交换媒介，是旨在进行惯例性的交换的技术手段。这就是它们在循环流转中所起的全部作用，除了这个技术性的作用之外，它们不起任何别的作用，因之，可以忽略而不致影响对任何根本重要的事物的了解。但在实现新组合的场合，货币及其替代物变成了一种极其重要的因素，为了表明这种情况，我们称之为资本。因此，根据我们的观点，资本是一个发展的概念，而在循环流转中却没有任何东西是与之相对应的。这一概念体现了经济过程的一个方面，只有发展的现实情况才使人们注意到这个方面。我愿提请读者注意上边这个说明。它对于理解我们在这里提出的观点很有关系。如果谈到资本时，是就这个词在实际生活中所具有的涵义而言，那么，对经济过程或事情的某些方面就会考虑不足，也就是对企业家活动的可能性、对一般生产手段加以控制的可能性考虑不足。这个方面，对有关资本的许多概念来说，是共同的东西，而人们为阐明其意义所作的种种努力，据我看来，表明了这一具体定义的“捉摸不定”的特性。由此看来，没有任何东西，它本身绝对地、由其固有的性质所决定地、断然地就是资本，而那种被指为资本的东西，其所以是资本，仅仅在于它满足了某些条件，或者说，仅仅从某种观点看来是资本。

因此，我们将对资本定义为可以在任何时候转交给企业家的一宗支付手段的数额。当从一个均衡的循环流转起步发展的时候，据我们看来，资本数量中只有很小一部分能够由货币构成；相反，它必然包括为看发展的目的而新创制的其他支付手段。如果发展一旦已经发动，或者，如果资本主义的发展与非资本主义的形式或一种过渡的形式相连结，发展就将从供应已经积累起来的流动资源来开始。但在严格的理论上，很少能达到这种情况。甚至在事实上，如果真正重要的步骤硬要第一次试行，常常也是办不成的。

因此，资本是交换经济中的一种要素。交换经济的一个过程表现在资本方面的，就是生产手段被转交给企业家。所以，在我们看来，实际上只有私人资本而无“社会”资本。支付手段，只有在私人的手里，才能起到作为资本的作用。为此，在这个意义上谈论社会资本是没有意义的。尽管如此，但是，私人资本的数量却有一定的重要性：它表明可以交付给企业家而任其支配的基金的多少，表明可以从原先的使用渠道抽取出来的生产手段的能量的大小。因此，尽管在共产主义经济中也不存在社会资本，但这一概念并非毫无意义。① 不过，当人们谈到社会资本时，所考虑的基本上乃是一

① 如果单位资本按它在任何时候能够换取到的生产品的数量来加以衡量，则情况尤其是如此。在这样的情况下，也可以采用“真实”资本的说法——但只能就比喻性的意义而言。

个国家的商品储备量,社会资本的概念倒是从真实资本的概念中引申出来的。

货币市场

我们还必须往前走一步。资本既非生产手段的总体,又非它的一部分——无论是就原始的生产手段而言,还是就生产出来的生产手段而言,都是这样的情况。资本也不是消费品的储存量。它是一种特殊的要素。就如同在理论上存在着一个消费品市场和一个生产品市场一样,也必然存在着一个资本市场。正像其他两个市场的情况一样,实际生活中必然有某种类似的东西与理论上的这个市场相对应。在第一章中我们看到,存在着劳动和土地服务市场以及消费品市场;在那里,循环流转中所应有的一切重要事物皆已齐备,而生产出来的生产手段,存在为时短暂的项目,则没有这种独立的市场。发展把资本这个新的要素引进经济过程,从而还会有一个使人感兴趣的第三市场,那就是资本市场。

这个市场明确存在:现实生活直截了当地把它显示在我们面前,较之服务市场和消费品市场,显示得更加直截了当。这个市场更加集中,组织得更好,比其他两个市场更易于观察。这就是工商业家们所谓的货币市场,报纸每天在这个标题下报道着它的日常情况。从我们的观点看来,这个名称并不令人完全满意:它经营的不只是货币。有些经济学家也反对这个概念,我们部分地同意他们的反对意见。但是我们接受这个名称。不管怎样说,资本市场就是实际生活描述为货币市场的那种同一现象。此外便无任何别的资本市场。[1] 如果为货币市场理论撰写一个概要，那将是一件富有吸引力的和有益的工作。但迄今还没有这样的著作[2]收集和检验那些决定人们的实际决策及判断各种情况的实践经验规律的理论意义，将会是特别令人感兴趣和有益的事情。这些规律的确有一大部分已经严格地规范化了；它们对所有撰写货币市场文章的著作家起着引导的作用。尽管这种实际规律的研究导致了深入理解现代的经济生活，但这些有利于经济预测的实际规律至今还与理论很缺乏联系。现在我们不可能在这里深究这个问题。我们将只谈论对于我们的目的来说是必要的东西。这倒不必费太多的语言。

在发展的经济中，就不会存在这种货币市场。如果货币市场是高度组织化的，并且交易都以信用支付手段来清结，那么，它就需要有一个中央结算机构，一个该经济体系的票据交换所或簿记中心。经济体系中发生的一切事情都会在这个机构的交易中得到反映，例如按期的工资发放和税款交纳，由于开镰收割和休假日而引起的要求。但这些只是会计上的事。现在，如果有发展，这些职能也就必然要得到发挥。更有甚者，由于有发展，就常常会对暂时闲置的购买力加以利用。最后，由于有发展，正如我们已经强调过的那样，银行信贷就要渗入到循环流转的交易中。在实践上，正是

① 对于斯皮托夫的上述论点，我们可以同意的最多只是他把资本市场视为获致长期购买力的市场，而把货币市场视为获致短期贷款的市场，以此将二者区别开来。但购买力在两种市场都是交易对象的商品。

② 可参阅汉的《货币市场理论》，载德文《社会科学与社会政策文献》杂志(1923年)。

这些东西成为货币市场职能的基本要素。它们变成了货币市场有机体的一部分。为此，一方面，循环流转的需要量要加到企业家在货币市场上的需要量上，另一方面，来自循环流程的货币量又增加了货币市场的货币供给量。因此，我们在货币市场的每项事物中都感受到循环流转的脉搏。一到收割季节，交税到期，我们就看到对购买力的需求的增长；而这种时节一过，便出现购买力供给的增长。但我们绝不应因此就不去把货币市场上属于循环流转的交易和其他交易区别开来。只有后者至关重要；至于前者则是附加在后者之上的东西，而前者之终竟出现在货币市场上，只不过是发展的结果。那种使前者和后者显然纠缠在一起的所有的相互影响，并不改变这个事实，那就是，即使在每个实际情况下，都可以将它们加以区分。在货币市场上，总是可以指明，什么是属于循环流转的，什么是属于发展的。

事情的核心是在于新企业的信贷要求。当然我们必须记住，在我们的论述中，略去了任何经济体系不能摆脱的国际关系影响，也略去了任何经济体系难免要受到的非经济性干预的影响。我们这样做的目的，无非是为了使我们的说明更扼要和更简化。因此，国家收支平衡、贵金属贸易等等现象，都没有涉及。在上述条件下，货币市场上就只发生一件根本性事物，其他一切都从属于它：在需求方面，出现了企业家；在供给方面，出现了购买力的提供者和经手人，即银行家，双方又各有其代理人和中间人。此际所发生的事情，就是以现在的购买力去交换未来的购买力。双方之间每日所进行的讨价还价之争，决定着新组合的命运。在这一价格斗争中，未来的价值体系首先以实际的、可感知的形式出现，并且是以经济体系的既定条件为背景的。如果以为新企业要求的是长期信贷,因而短期信贷的价格与之无关,那就是完全错误的。正相反,任何时刻,整个经济形势在短期贷款价格中所得到的反映,是再清楚不过的。企业家并不必去把他所需要的整个时期的贷款一下都借到手,而是当需要时才告贷,而且往往是几乎天天告贷。而且,投机者们通常利用短期信贷去购买股票,特别是新企业的股票,这种短期信贷可能今天给予,明天拒绝。每天的观察告诉我们,实业界的信贷要求是怎样提出来的,而银行界又是怎样有时支持和鼓励,有时又抑制这种需求。尽管在其他市场上,甚至当发展之时,需求及供给显示出某种稳定性,但在货币市场上每天都出现大得惊人的波动。我们将要用货币市场的特殊职能,来对此加以解释。经济体系中的一切计划和对未来的展望,诸如国民生活的一切情况,一切政治、经济、自然界事件,无不影响货币市场。几乎没有一条新闻不必然影响实行新组合的决策、货币市场的形势,以及企业家的看法和意图。未来价值的体系必然要适应于每一新的情势。这当然不只是由于购买力价格的变动所引起的。个人的影响也常常同时起作用,或取代购买力价格变动的作用。对于这些人所共知的事情就不需要细说了。

货币市场历来是资本主义体系的总部,一道命令从这里下达到各个部门;而在这里所争论和决定的,实质上总是关系着未来进一步发展计划的拍板定案。一切种类的信贷要求齐集于这个市场;一切种类的经济规划都首先要在这里彼此碰头并为各自的实现而竞争;一切种类的购买力和资金余额流向这里求售。这导致一系列可能遮蔽根本性事物的套利活动(arbitrage operations)和居间牟利。不过我相信，它们毕竟不会给我们的概念带来什么矛盾。

可以说，货币市场或资本市场的主要职能是用信贷交易来为发展的目的筹措资金。发展创造了并且滋养这个市场。在发展的过程中，货币市场又被赋予了一个第三职能：它变成了收入来源本身的市场。此后，我们还要研究信贷价格与长、短期收益来源的价格之间的关系。已经清楚的是：这种收益来源的售出代表了一种获致资本的方式，而它们的买进则表现了一种利用货币的方式，因而收益来源的授受是难以与货币市场分开的。土地买卖也是一样，只是由于技术上的原因，才使土地交易看来似乎实际上不是货币市场交易的一个部分；但是，在资本交易与土地交易之间并不乏因果联系。

第四章　企业家利润[①]

开头的三章奠定了以后各章的基础。作为这种准备工作的首次成果，我们现在可以对企业家的利润加以解释了。步伐确实从容自然，为使这一章写得简短些，我宁愿把本来应归到这一章的某些比较艰深的讨论放到下一章去。在那里，所有盘根错节的问题可以全盘加以论述。

企业家利润是一种超过成本的剩余，从企业家的角度看，正如许多经济学家所声称的那样，它是一个企业的收入与支出之间的差额。尽管这一定义下得如此之肤浅，却足以当作一个探讨的起点。所谓"支出"，是指企业家在生产中的直接和间接支付。对此，还必须加上企业家花费的劳动所应得的适当工资；加上企业家自己拥有的土地的租金；最后，还要加上风险的额外酬金。另一方面，我并不坚持资本的利息应排除在这些成本之外。实际上，它应该包括在内。无论是以明显的方式付出利息，还是——如果资本属于企业家本人——按照如同付给企业家工资以及付给他所拥有

① 有关利润的最重要的理论可以用下列术语来表示：摩擦论、工资论、风险论、差额地租论。在《本质》一书第三篇中，载有对它们的讨论，在这里我就对它们不加评论了。关于利润的学说史，见皮埃斯多夫及马塔雅书。另外，我应提到克拉克的理论与我的理论最为接近，可参阅他的《经济理论基础》。

的土地以租金的同样核算方式处理。目前我们不妨就这样来看待资本的利息，特别是由于许多理论家都把资本的利息置于与工资和地租相同的范畴之内。在本章之内，我听任读者或则按我们的解释将资本利息一项略而不顾，或则承认其存在，按任何一种利息理论来理解，视之为收入的第三种“静态”分支，将它包括进企业成本之内。至于其性质及其所由产生的渊源，我们在这里全不涉及。

根据对支出的上述定义，是否还含有超过成本的剩余呢？看来可能值得怀疑。因此，论证有剩余存在就是我们的首项任务。我们的解决办法可以简短地表述如下：在循环流转中，一个企业的总收入（不包含垄断因素的收入）刚好足够与支出相抵。在该企业中，只有既不赚取利润又不遭受亏损的生产者，他们的收入的特征完全可以用“经营管理的工资”一词来加以表述。如果有“发展”，肯定要有新的组合，它必然较之原先的组合更为有利，在此种情况下，总的收入将肯定大于总的成本。

为了纪念我们正在探讨的这个问题的最早的研究者劳德代尔，[①]我将以生产过程的改进作为起点，并且沿用那个历时已久的关于动力织机的例子。由于庞巴维克[②]对这个例子做过透彻的分析，因而这个例子更加受到赞许而值得引用。如果不说是绝大多数的，但可以说是许多的现代经济生活的出色人物的成就，盖属此类；特别是18、19世纪的那个新时代显示了人们在这个方向上的努力。诚然，在那个时期，我们看到在生产改革过程中应予区分的

① 《对公共财富的性质和起源的探讨》。诚然，他的研究目的完全不同，他以解释利息为目的。

② 见他的《资本与利息》，第VII编，第3页。

几种职能，比今天更为结合在一起。动力织布机的发明者阿克赖特式的人物，发明了新东西，并且与此同时，将它们付之应用。而当时他们并没有今天我们的现代信贷体系可资利用。尽管如此，可是我希望我已经为读者铺叙得够多，以致我们可以利用我们的分析工具的最纯形式来开始分析，而不需要更多的解释与重复了。

事情于是成为这样：如果在一个其纺织工业只用人工劳动的经济体系中，有人看出了建立使用动力织机的企业的可能性，感到他足以克服创建这种企业的种种困难，并作出最终决定这样干。那么，他首先需要有购买力。他从银行借款来创办他的企业。究竟是他自己来制造动力织机呢，还是他叫别的厂商按照他定下的规格来制造再由他来使用这些织机呢，倒是完全无关紧要的。如果一个工人用上这种织机就能每天生产手工工人日产量的 6 倍，那么，显然地，只要具备下述三个条件，这家企业就肯定会得到超过成本的剩余，亦即收入大于支出之差。首先，当新的供应量①上市时，产品必定不落价，或者即使落价，但其跌落程度却不致使现在每个工人的较大产量所带来的收益大于原先手工工人的较小产量所带来的收益。其次，动力织机的每日成本必须或则低于裁减了的五名工人的工资；或则低于减去可能的产品价格下跌数额，再减去开机器所需的一名工人的工资之后的产值余额。第三个条件是对其他两个条件的补充。那两个条件，包括看管织机的工人的工资，以及为购置织机所支付的工资与地租。到目前为止，我们假

① 为使我们对这个进程的总的概念保持一贯并符合实际情况，在这里我们撇开劳德代尔的例证。

设这些工资和地租的行情处于企业家想出计划要使用动力织机之前的状态。如果他的需求相对地小，这样假设是完全可以的。[①]但如果不是这样，那么，使用劳动力和土地的价格就会由于新的需求而上涨。其他的纺织企业初时仍然继续生产，从而必需的生产手段还不至于直接地加以缩减；但对整个纺织工业来说，则一般是要加以缩减的。这是因为生产手段的价格会上涨。因此，实行革新的企业家必须预见并估计到他出现后生产品市价的上涨，从而在他的核计中也许不只是按原先的工资和地租来计算，而必须再加上一个适当的数额，为此要减去的项目里还有一个第三项。只有把所有这三种变化都考虑进去而做到收入超过支出时，才会有超过成本的剩余。

实际上，这三个条件实现过无数次。这证明了超过成本的剩余的可能性。[②] 不过，这三个条件显然不一定经常能实现。当其不能实现，而这种前景又被预见到之时，新的企业就不会兴办了。如果没有预见到这三个条件不能够实现，那就不能得到剩余，甚至还要赔本。可是，如果这三个条件实现了，那么，所获剩余事实上就是一种纯利润。因为织机，比起利用织机中所包含的同等劳力和土地服务，并采用原先的方法来生产时，能够生产出更多的物质产品；虽然在生产品及产品价格保持固定不变的情况下，这种生产

① 这应该是完全自由竞争的情况，关于这种情况的概念，其条件必须是：没有任何厂商强大到足以以其自己的供求行动来影响价格。

② 必须提到，这里这样的说法，并非求助于一种尚待阐明的现象的真实性，就像在许多生产力论的代表著作中关于利息的事实所作的论证那样。关于其他各点，进一步的论证见后文。

方法仍可使生产照旧进行而不致发生亏损。而且,我们的企业家只要付出代价就可以获得织机——我们略而不谈织机取得专利权的可能性,因为不进一步涉及这个问题,道理将更为好懂。于是,收入与支出之间就出现了差额。这个收入决定于价格,这些价格就是原来单独用手劳动时的均衡价格,亦即成本价格。这个支出在现时改用了动力织机以后,就单位产品而言,要比其他企业小一些。这个差额,一时不会由于我们所论究的这位企业家的出现,从供求方面引起价格变化,而告消失。这一点是如此的明显,我们此刻无须更严密地去加以阐明。

但是,现在来到了戏剧的第二幕。魔法被识破了;于是在诱人的利润的刺激下,新的企业连续出现。整个行业的全面改组发生了,与此相连:产量日增,竞争趋烈,过时企业日渐淘汰,工人日益可能被解雇,如此等等。我们以后将比较仔细地研究这个过程。现在只有一事让我们感兴趣,那就是,这个过程的最终结局必然是一种新的均衡形势,在其中,有了新的数据,成本规律重新支配一切,从而产品的价格又重新等于体现在织机中的为利用劳力和土地服务所应付出的工资和地租,加上为利用织机来生产出产品而必须协同使用劳力和土地服务所应付出的工资和地租。在达到这种状态以前,促使人们去生产越来越多产品的刺激始终存在;在由于产品供给增加而使价格跌落之前,这种刺激也不会终止。

因此,我们所论及的这位企业家和他的直接效法者的剩余就消失了。① 的确,不是一下子消失的,而总是在一个递减的或长或

① 参阅庞巴维克上引著作第 174 页。

短的时期之后消失的。[①] 虽然如此，剩余还是实现了；这个剩余在一定的条件下构成了一个确定数额的纯收益，尽管它只是为暂时性的。现在要问：这个剩余落入谁手呢？显然是落入把织机引入到循环流转的那些人手里；而不是落入单纯的发明家，也不是落入单纯的（织机）制造者或使用者手里，那些按订单承造织机的人将会只获得成本价格；那些根据产品说明书来使用织机的人，初时买织机所付代价甚昂，以致几乎得不到什么利润。利润将归属于那些成功地把织机引入到产业的人们，不管他们是制造并使用织机，还是只制造或只使用织机，都无关紧要。在我们所举的例子中，首要问题在于采用，但采用还不是问题的根本所在。把动力织机引进产业，是靠创办新企业来实现的，无论创办新企业是为了生产新织机，还是为了采用新织机，或者两者兼而有之。我们所考虑的企业家在创办新企业时所作的贡献是什么呢？无它，只是意志与行动。他们并不是以具体的商品来作贡献，因为商品是买来的——或者从别的企业买来的，或者从他们自己的企业买来的；也并不是以他们拥有用以购买织机的购买力来作贡献，因为他们的购买力是从别人那里借得来的，或者，如果我们考虑到先前时期的获得额，也可说是从他们自己那里借得来的。那么，他们的成就究竟何在呢？他们并未积累任何种类的商品，他们并未首创任何独特的生产手段，而只是与众不同地，更适当地，更有利地运用了现存的生产手段。他们"实现了新的组合"。他们就是企业家。他们的利润，即我们所谈到的剩余，对此没有相应承担什么义务，就是一种

① 但是，为了论述的简明起见，我们一般把这个过程局限于一个经济时期。

企业家利润。

正如同把织机引进生产乃是把机器引进生产这种一般情况的一个特例一样，将机器引进生产乃是最广义的生产过程的诸般变革的一个特例；变革的目的在于使单位产品的费用减少，从而在现有的价格与新的成本之间创造出一个差额。企业组织中的许多创新，以及商业组合中的一切创新，均属于此种情况。我们前边所谈到的道理，字字适用于所有这些情况。足以代表第一组情况的事，就是把大规模的制造企业引进到原先没有这种企业的一个经济体系中去。比之于较小的企业，大规模企业可以进行更合适的安排和更好地利用生产要素；而且，还可以选择一个更为有利的地点。但是，率先创办大企业是困难的。在我们所假定的情况下，种种必要条件无不缺乏：工人，训练有素的职员，必要的市场条件，一种社会和政治因素的阻力，层出不穷。而人们前所未见的新机构本身，又需要有特殊机敏才能的人把它创建起来。尽管如此，但任何人只要具备在这种情况下获得成功的本事，并且只要能取得必要的贷款，他就能够把花费更少的单位产品投放到市场上去；而且，如果三个条件都实现的话，他就能把取得的利润，装进腰包。但他同时也为别人奏了凯歌，照明了路径，并创造了一个别人可以仿效的楷模。别的人能够也愿意仿效他，开始时是一些个别人，然后是成群的人仿效他。于是，改组的过程又一次发生，其结果是当新的企业形式成为循环流转的一个组成部分时，超过成本的剩余就必然消灭。但在此以前，利润确是赚到的。重复一遍：这些人只不过是更有成效地使用了现有的商品，他们实现了新的组合，他们就是我们所谓的企业家。他们的利得是一种企业家利润。

作为商业组合方面诸般情况的一个例子，可以列举为了某一种生产手段，也许是某一种原料，选取某一种新的和更廉价的供应来源。

这种供应来源，对于这个经济体系来说，原先并不存在。过去与这个发源国土从无直接的和正规的联系——例如，要是这个来源地是在海外的话，彼此间既无轮船往来，也无外国通讯人员。这种创新是危险的，就大多数生产者来说是不可能办到的。但如有人着眼于该项供应来源而建立了一个企业，并且进行顺利，那么，他将能以更低廉的成本生产单位产品，而在开初时现有的市场价格将实质上保持不变。于是他赚得利润。同样，除了意志与行动外，他并没有贡献任何东西；除了重新组合了现有的生产要素外，他并没有做任何事情。他同样也是一个企业家，他的利润也是企业家利润。这种利润以及这种企业家作用，也同样将在其所引起的竞争的旋涡中归于消灭。这就是有关选择新的贸易途径的一个事例。

以服务于同一目的或大致同一目的的一种生产品或消费品，取代另外一种生产品或消费品因而费用更省的那种情况，也与单单改进生产过程的情况相类似。18 世纪最后二十五年间以棉花部分地代替羊毛的情况，以及一切其他生产代用品的情况，就是具体的例子。对这些情况，应该像对刚才提到过的那些情况完全一样来看待。其差别是，这时新产品将肯定不会带来像该种工业原先生产的产品同样的售价，但是，显而易见，这种差别乃是一种程度上的差别。除此以外，我们前述的道理完全适用。至于这些有关的人是自己来生产这种新的生产品或消费品呢，还是只根据具体情况来利用或处理这种生产品或消费品，并把它从现时的可能用途转向这一新的用途,这倒无关紧要。这里,这些人也同样既不贡献商品,也不贡献购买力。这里,他们也同样不过是由于实现了新组合而取得利润的。为此,我们认为他们是企业家。这种利润同样也不能长久保持。

创造出一种新产品,它能够更充分地满足现有的需求和原先已经满足了的需求,则是一个多少有些不同的情况。经过改进的乐器的生产是一个例子。在这类场合,获得利润的可能性依赖于这样的事实,那就是,以较好的商品所卖得的较高价格超过其成本,在大多数情况下,成本本身也同样较高。这种情况的存在是不难理解的。而且,把我们的三个条件应用到这种情况上去也不难,这个我就不必细说了。如果剩余是存在的,因此,如果首创更好乐器的事实出现,那么,在这个工业中,一种改组的趋势也将会开始,这种改组最终将会使成本规律重新处于支配地位。于是,这里显然也会出现各种现有〔生产〕要素的重新组合,出现企业家的行动,出现企业家的利润等等情况,尽管它不是永久性的。修铁路、开运河,则提供了代表另一种情况的例子。由于修建了铁路,开凿了运河,随着需求极大增长的情况的出现,一方面既使得某种需要得到了更好的满足,另一方面又降低了单位产品的成本,这两种情况正好结合在一起。

寻求新的市场以销售某种既为该市场所不熟悉,同时该市场又从未生产过的物品,乃是企业家利润的一个非常丰富的来源;而在从前,它又曾经是一个非常持久的来源。远古时期的贸易利润盖属此类;而在黑人部落贩卖玻璃珠子可以当作一个例子。这种事情的原则是,购买者们简直把一种新商品视同天赐或古代巨匠的作品，因而其价格完全不是由生产成本来决定的。于是就有超越其成本来售卖的可能性，而此处所谓成本，包括一切为克服无数困难以进行该项商业冒险而引起的费用。开始只有少数人看出这种新的企业，并且能做这种需要胆识的生意。这也是一种企业家的行动，实现了一种新的组合。它产生一种利润，归属于企业家的腰包。诚然，这种来源迟早是要枯竭的。今天，一种适当的组织会很快应运而生，而贩卖玻璃珠子的生意很快就无利可图了。

同时，以上所述也包括了生产一种全新商品的情况。这样的商品首先必须强加给消费者，也许甚至白给而不要钱。可是重重障碍会相继发生。但当这些障碍被克服，消费者喜欢了这种商品时，就会出现一个不怎么考虑成本而仅凭直接估量确定价格的时期，此处所谓成本，基本上仍由在新商品上市以前生产这种商品必须使用的劳力和土地服务的流行价格所构成。于是，就出现了留在成功的生产者手中的剩余。同样，这些人只不过是贡献意志和行动，只不过是实现了现有的生产要素的新组合的企业家。同样，这里又出现了企业家利润。而当这种新商品成为循环流转的一个组成部分，其价格被纳入正常成本关系之中时，这种企业家利润便同样又消失了。

这些例子向我们显示了作为实现新的组合的结果的利润的性质。这些例子同时告诉我们应该如何来看待其过程——从根本上说，那就是对于现有的生产品予以某种新的利用。企业家并不进行储蓄以获得他所需要的生产手段，也不在开始生产之前积累任何商品。而且，如果一个企业不是一下子就以一种确定的形式建立起来，而是缓慢地逐步发展成形，情况也并非如人们所将会相信的那样不同。如果这个企业家没有在一个目标上耗尽其全力，而是在同一事业上继续下功夫，那么，他将继续推行新的变革，按照我们的定义，这些变革带来一些新的企业，而变革所需的资力一般总是从他过去的利润中抽取出来的。这时，出现的过程看来有所不同，而实质则并无两样。

如果一个新企业是由同一个行业中的一个生产者创建的而这个新企业又与他原先生产的商品有关联，情况也是一样的。这绝不是常规情况：新企业大多数是由新人物来创建的，而老企业变得不重要了。即令变成了一位企业家的，乃是某位原先以每年重复他在循环流转中的作用的方式经营企业的人，过程的本质也没有什么变化。在这种情况下，企业家本人或者早已全部或部分地拥有必要的生产手段，或者看情况能够用他现有资源购买必要的生产手段，但并不改变他作为企业家所起的作用。诚然，在这种情况下，就不是在一切细节上都与事实相适合了。这个新企业仍然与其他一些企业并存，它们最初仍按惯常的方式经营，但新企业并不扩大对生产手段的需求，也不一定提供新产品。不过我们之所以这样来描绘我们的图像，乃是因为事实上更重要的情况要求我们作如是安排，同时因为只有这样才能揭示出事物的原理，特别是才能揭示出新企业不一定直接从老企业中涌现出来的事实。只要加上适当的表述，是仍可说明问题的本质的。在这里，要紧的仍然只是个实现新组合的问题，而没有其他。

企业家从来不是风险的承担者。[①] 在我们所举的例子中，这

① 参阅第二章，第86页及以后部分。

是很清楚的。如果新事业失败，贷款给这个企业的债权人就会倒霉。因为，尽管企业家所拥有的任何财产都负有还债义务，但这种拥有财富的情况并不是至关紧要的，即使是有利的。如果这个企业家是靠过去的利润来经营，或者利用原属于他的"静态"企业的生产手段来经营，那他也只是以资本家或商品拥有者的身份，而不是以企业家的身份，来承担风险。在任何情况下，承担风险并不构成企业家职能的一个要素。哪怕在名声方面他可能要冒风险，但他从来不承担失败的直接经济责任。

现在可以简括地说，此处所谈的利润是可用开创者的利润一词来描述的那种现象的主要要素。无论对开创者的利润还可以再加上些什么含义，其基础则是在一个新企业中，收入超过生产成本的暂时的剩余。这样的开创者，如同我们见到过的那样，可能真正是企业家一流人物中的最纯正的类型。他是最严格地把自己局限于起企业家的独特作用——实现新的组合——的企业家。如果在企业的创建中，所有的事都进行得正确无误，在一切方面都完美无缺，深谋远虑，那么利润就将留存在开创者的手里。自然，在实践中情况则大不相同。但这样的表述仍然揭示了事物的原理。当然，这种表述只适用于真正的开创者，而不属于有时从事组建公司的技术工作，因而往往也被叫做创办者的那种代理人。他们只得到属于工资性质的报酬。最后，一个公司一经创立，其所创办的一切新的事物，在大多数情况下，并非一下子都能臻于完善。相反，它的领导人常常要继续为新猷的实现而运筹帷幄，从而继续发挥其作为最先创办人的作用，为此，无论他们在公司中担任的是什么职务，他们是企业家。不过，如果我们假定，公司一经建立，就一成不变地办下去，那么开创者对该公司而言，就是唯一的对这个企业从事企业家活动的人。让我们假定：债券体现着生产手段的价格，[①]股票体现着资本化了的与企业的持久利得来源有关的较高报酬，还有创办人股份(Promoter's shares，俗称干股)无偿地归于开创者名下。这些创办人股份将不会带来持久性的收入，而只会在这个新企业被融入整个经济体系之前，给开创者带来暂时的剩余，此后这些干股就变得没有什么价值了。在这种情况下，利润才会以它最纯粹的形式出现。

现在我们必须努力完成这幅关于利润的图景。办法是我们向自己提出这样一个问题：要是处在非资本主义社会里，与上述现象相对应的情况是什么？在简单交换经济，也就是在那种其中有产品交换但没有任何"资本主义方法"的经济制度里，并没有向我们提出什么新问题。在这样一个社会的经济单位中，肯定存在着不同于资本主义社会所习见的另外一种支配生产手段的权力；关于这种交换经济的这个方面，可以按照我们在下面即将论述的情况，来加以处理。而在其他方面，则可以像对待资本主义制度那样，来同等对待。因此，为了避免重复，我将转而论述简单的无交换的经济。

这里我们考虑两种组织的类型。第一种是孤立存在的庄园，其中生产手段的绝大部分属于领主，所有的人都臣服于他。第二种是孤立存在的共产主义社会。其中有一个中央机构处理一切物

① 严格地说，这里所指的是那些构成投资的物质内容的生产手段的价格，它们是和截至此刻仍然流行的生产手段的使用方式中它们的价值相适应的，而与计议中的新使用方式无关，即使在实践中，在绝大多数的情况下，支付的数额往往要高一些。

质产品及劳动服务的使用，同时作出一切价值判断。我们且先把这两种情况同样看待。在这两种情况下，有些个人却享有对生产手段的绝对控制。他们既不指望与其他经济单位实行生产合作，也不指望从其他经济单位得到赚取利润的可能途径。价格世界是不存在的，存在的只是价值世界。因此，当我们从我们所考虑的例子进而论述非交换经济时，我们就得从作为利润之根源的价值现象来开始考察。

我们知道，在这里也存在着一个由成本规律严格支配着的循环流转。这里所谓成本规律，是指产品的价值与生产手段的价值相等。我们同时知道，在这里也一样，按照我们的定义来说的经济发展，只能是以对现有商品实行新的组合这一形式来完成。人们可能认为，商品储存的积累在这里是必需的，而且将会形成一种特殊的职能。第一个观点可以说部分是正确的；的确，商品的积累纵然不总是，但却往往是达到实现新组合目标的一个步骤。但是商品的积累从来未构成一种特殊的职能，而对这样的职能是要加上特殊的价值现象的。对商品的不同方式的使用，完全取决于经济体系的领导人或领导机关。究竟所期望的结果是要直接达到，还是要经过一个收集存货的预备阶段而间接达到，则是完全无关紧要的事情。是否所有参与其事的人们都赞同新的目标，并且都愿意去收集存货，也同样是无关紧要的。首领们不会有任何牺牲，而且只要权力在握，不会削弱，他们也就不会去关怀他们属下的人们可能要付出的暂时的牺牲。如果由于执行影响深远的计划而减少了他们属下的人们的消费——这不是必要的，然而是可能的——如果可能，这些人是会反对这些计划的。[①] 他们的反对可能使这些计划难以施行。如果对这种情况略而不计，那么，那些属下的人民对于事情的进程可以说是不会产生什么直接的和经济的影响，特别是压缩消费和积累存货并非出自他们的自愿。因此，这里也并不具有什么应纳入我们要描述的发展过程图景的特殊职能。如果这位首领对人民许诺他们将得到一些额外的好处，至多像一位将军对他的士兵许诺他们将得到某种特别的报偿；那只是旨在使人民更为驯顺的一种赠与，而并不构成我们所研究的问题的实质的一部分，从而也不构成任何特定的、纯经济的范畴。所以，"领主"与共产主义经济的领导者之间的差别，只是一种程度上的差别。按照共产主义社会的观点，增长的利益属于整个社会，而在领主心目中则可能只有他个人的利益，这一事实并不构成任何根本性的差别。

从这里我们又可以进一步看出，时间因素在这里并不具有独立的影响。诚然，领导者必然会把正在计议中的某一组合的结果，拿来和同样的生产诸要素以原先的方式加以利用，在同等的时间内可以取得的结果，进行比较；同时还要和其他新的组合用同样的生产手段可以带来的结果，进行比较。如果后者需时较少，其他可供选择的若干组合在那可以节省下来的时间内能够产生的结果，就必须加以考虑，以便估量各种互相竞争的利用方式的相对重要性。因此，时间要素必将出现在一个非交换经济中，而在资本主义

① 因为他们会只看到眼前的损失，至于未来的利得可能只具有甚至小得几乎好像从来不存在的现实性。这个情况适用于我们对之哪怕有任何一点认识的所有文明阶段。贯穿整个历史，在以巨大人群的合作为前提的发展问题中，无不有力量要素在。的确，在许多情况下，牺牲并不是强加于人民之身的。

制度下，其影响是由利息来表现的，这点我们在后边将要谈到。不过，这一点是不言自明的。甚至在这里，时间也不起什么别的作用。比方说，它并不会使等待的必要性，或对于未来享受的欲望变得更小，成为特殊的因素。人们之所以不情愿等待，只不过是由于在这个时期内能够做些别的事情。未来的享受之所以显得较小，只不过是由于实现这种享受的时间越晚，则对照“可在其他情况下来实现的享受”来说，应该打的折扣就越大。

于是这样一个社会的这位领导人，不论其地位如何，把一定数量的生产手段从它们原先的用途中抽取出来，用以实现一种新的组合，例如生产一种新商品，或以一种更好的方法生产某种已有的商品。在后一种情况下，这位领导人究竟是从至今制造同一商品的工业分支中抽取这些必需的生产手段，或者他容许现有的厂商以惯常的方式继续工作，而同时开始应用新方法与之并肩进行生产，并且从完全不同的工业分支抽回必需的生产手段，这些都是关系不大的。根据假定，新产品较之原先以同等数量的生产手段制造出来的产品具有更高的价值——不管在这样一个社会里，估价是怎样形成的。关于新产品的归属过程，究竟是怎样进行的呢？当新的组合已经完成而产品已经生产出来之时，其价值就决定了。所有参与新组合的诸要素的价值将会是如何形成的呢？我们最好还是以决定实行新组合的那个时刻为基准，并假定一切都是按照那个决定进行的。

首先，生产者们必然要进行价值评定：新产品的价值，必然要和前此在正常的循环流转中以同样的生产手段所生产出来的产品的价值，相互比较。显然，为了要估量新组合的优越性，进行这样的价值评定是必要的,否则下一步就不知该怎么办。现在我们所研究的问题的核心是,在用那些生产手段生产出来的两个价值中,哪一个将被归属于那些生产手段?有一点是清楚的:在决定实行新组合之前,只能是与旧法生产相符合的价值。因为事先就把新组合的剩余价值归属于生产手段是没有意义的,其原因是:如果那样办,实行新组合就显得没有什么好处了,从而对新旧两种办法产出的价值加以必要的比较的基础也就丧失了。但是,当实行新组合的决定一经作出,情况将又如何呢?难道这些生产手段这时实现了更高的价值,需要得到的全部满足不该像门格尔所说的那样,[①]全部归属于生产手段,正如在循环流转中那样;从而使新产品的全部价值,如果一切都运转完善的话,能够在所使用的生产手段中得到反映?

我的回答是否定的;我认为甚至在这里,劳动和土地的服务都应该按它们的老的价值来估价。这实际上是由于以下两点理由:第一,老的价值是人们习惯了的价值。长久以来的体验已经决定了这些价值,而在人们的心目中这些价值是确定了的。这些价值,只有经过一段时间并在更为长久的体验的压力之下,才能更改。这种价值是高度稳定的,特别是由于劳动和土地的服务本身并没有发生变化,它就更加稳定。与此相反,新产品的价值乃是现有的价值体系之外的东西,就像资本主义制度下新产品的价格那样。新产品的价值与老的价值不是互相连贯的,而且是各自分开独立的。因此,任何生产品的价值只能按照并非它的现实使用方式所

① 参阅维塞尔的《自然价值》,第70页。

实现的价值来估量的这种说法，还是有道理的。[①] 因为只有这个价值，亦即我们所说的前此流行的价值，才是与具体的生产手段相关联的。如果这些产品不存在了，它们也将会被从其他的使用方式中所产生的其他单位所替代。任何一个单位商品都不能把价值定得比同样的另一个单位要高，如果它们要同时存在的话。现在，新组合中雇佣的劳力和租用的土地的服务，与那些同时存在的其他组合中雇佣的劳力和租用的土地的服务是同质的——如果情况不是这样，就肯定会出现价值差异，但对这种差异我们很容易说明其原委而不致影响原则——因此，前者与后者的价值不应该有差异。甚至在极端的情况下，如果这一经济体系的全部生产力都投入到新组合中使用，在这个阶段，这些生产力也必须是按前此流行的价值来投资。如果新组合失败，这些生产力的价值还可以再实现；如果这些生产力完全赔光，那么，损失多少也要以前此流行的价值作为基础来计量。因此，成功的新组合，也会在非交换经济中导致价值的剩余，而不只是在资本主义社会里才如此；事实上这种价值的剩余，可以说，乃是一定的价值量，对于它，生产手段并没有相应的要求归属的权利，它不仅仅是超过原来状态的一种满足的剩余。我们还可以说，发展中的剩余价值[②]不只是一个与个人有关的现象，而且也是一种社会现象；它与我们迄今在前边谈到的资本主义的企业家利润，在各方面都是同一的东西。

---

① 我并不在所有各方面都同意这个论点。参阅《本质》一书第二篇，和“关于归属问题的评论”，载《政治经济学、社会政策及管理杂志》(1909 年)。

② 按照马克思主义的观点，只有从私有经济的观点看起来是利润和资本利息的这种剩余，才能被描述为剩余价值。

第二，通过另一途径也可达到同样的结果。领导人的企业家性质的活动——它的确是实现这个组合的一个必要条件——可以看作是一种生产手段。通常我不这样去设想它，因为更令人感兴趣的是将其活动和生产手段来对比它们的不同之处。但是在这里，这样的想法有好处。为此，让我们暂时把领导者的作用看成是第三种独立的生产要素。于是，显而易见，新产品的某些价值应归属到它的名下。但是，那是多大的一部分呢？领导人和生产手段是同等重要的，而新产品的整个剩余价值仰赖于他们两者的合作。对此我们无庸置评，而且它与我们在前段里的论述并不矛盾。所有价值范畴的适当分量只有由竞争力量来决定，对商品如此，对个人亦然。由于在非交换经济中不存在第二种竞争，而且由于什么是利润与什么不是利润的差别在非交换经济中也不像在交换经济中那么重要（我们立刻就将谈到这一点），因此，其价值在非交换经济中，常常就不像在这种差别非常重要的交换经济中，那样清楚。尽管如此，但我们仍可就大多数情况具体说明，有多少价值应归属到企业家的作用项下去。在大多数情况下，正如我们已经论述过的那样，生产手段是可以被替代的，但领导人却不能。[①] 因此，在必要实行生产手段的替代的情况下将会损失掉的那一部分价值，应该归属于生产手段，其余则应归属于领导工作所起的作用。而应归属于领导者作用项下的价值，乃是新产品的价值减去在没有这种领导的情况下所能实现的价值之后的差额。因此，剩余在这

① 即令领导者的活动是在与一种不可取代的生产手段相竞争，价值剩余仍然归于前者。因为在创新被引进之际，后者只能被赋予它迄今流行的价值。

里是同对价值归属的特殊要求相对应的，从而发源于生产手段的那一部分要求无论如何也是不能夸大的。

但在这里切切不可忘记，如果我们始终是就迄今流行的价值来谈论生产手段的价值归属问题，那也是不很正确的。由于生产手段从原先的用途中抽调了出去，原先使用的生产手段的边际价值确实是增长了。在资本主义制度下，我们观察到同样的现象。在资本主义制度下由于企业家的新需求而导致生产手段价格的上涨，恰好符合于这种价值变化的过程。为此我们的表述方法也必须相应修正。但在根本上并无什么更改。当然，价值的这种增长，绝不可以同发展所导致的对生产手段的价值归属，混为一谈。

谁也不能说，上述估价过程是不真实的；也不能说，作为一种特定的价值量度的利润，在非交换经济中没有意义。即令是一个非交换经济，也必须确切地知道它正在做些什么，它的新组合将会产生些什么好处，以及这种好处从何而来。但是人们或许可以说，在一个非交换经济中，利润作为一个分配范畴，没有什么意义。从某种意义上来说，确是这样。在封建式的非交换经济中，领主确实可以根据对他的“服役”任意地支配产品的数量，他可以任意地处置一切收益，他给予劳动者们的报酬可以高于也可以低于他们的边际劳动生产率。而在共产主义式的非交换经济中，利润完全归于全体人民——至少在理论上是如此。这一点本身与我们的论述无关。但是我们能不能推断说，特别是就共产主义方式而言，利润是被工资吸收了，现实生活把价值理论撇到一边去了，而工资吞没了全部产值？不，我们必须区分开报酬的经济性质和人们对它的处置。报酬的经济性质是以其生产性服务为根据的。在这个意义上,我们把工资称呼为应该归属于劳务的那一部分报酬。在交换经济的自由竞争下,这一部分报酬或收益归之劳动者,但这纯然是由于按照自由竞争的原则,报酬是按边际的重要性来取得的。其所以必须如此,则仅仅是由于在资本主义制度下,恰恰是这种工资起着鼓励努力的作用。如果这种努力依靠了另外一种方法得到保证,例如靠社会责任感或靠强制,那么这个工人所得将较少;但他的工资仍然取决于劳动者的边际生产率,并且,他的所得报酬如果较此为少,那就应该视为他的经济工资的一种扣除。这个扣除部分也应算是工资,与付给工人的工资,本无二致。在共产主义社会,领导人当然不会获到利润。而且可以完全肯定地说,不能认为因此发展就成为不可能。相反,这样一种组织内的人们可能经过一定时期就会形成一种颇为不同的思想,以至他们再也不会对利润提出任何要求,正如在这种社会内一位政治家或一位将军不可能企图把战利品全部地或部分地归于自己那样。但利润总归是利润。把利润看成劳动力所得的工资是不行的,这只要把庞巴维克关于利息的经典性表述应用到这上面来就全明白了。[①] 那个表述同样适用于土地的地租,土地的生产性贡献的价值及其性质,应该和某些特定个人所得到的收入区别开来。[②]

那么,利润应该算是哪些工人的工资呢?对这个问题可以设想两个答案。第一个答案是,可以认为:它是作为在新产品上工作的工人的工资的一部分。现在,这样是不可能的。因为要是这样,

① 见《资本实证论》末章。

② 参阅《本质》,第三篇。

那么这些工人，根据我们的假定，就要比他们的伙伴们所得到的工资高一些。可是，他们的伙伴们付出的劳动丝毫不少于他们，劳动的质量和他们相较也毫不逊色。因此，如果我们接受这个答案，我们就要同一条基本的经济原则相抵触，这条原则就是：同质商品的不同部分，不应有不同的价值。这种看法是否公允，姑置不论，但按这种看法，确有可能产生一些格外受惠的工人。根据这种看法而进行的某种安排是可能的，但是这些工人所得到的这种剩余却不是工资。

另一个可以设想的答案是：我们称之为利润的那一部分价值，以及数量与之相对应的那部分产品，不过是国民利得的一部分，理当平均分摊到有关的经济时期内起作用的一切劳动服务上去——假定这些劳动服务都是同质的，或者按照具体情况，依据劳动服务上任何可以识别的差异来分摊。在这种情况下，没有参与新产品生产的工人们的所得，就高于他们的劳动的产品了。但是，迄今为止，在经济学里还没有说过，工资能高于产品总值。因此，人们很容易看到，在这样的情况下，工人所得到的份额并非全部属于经济学上所谓的工资，有一部分收入应冠以某种非经济的称号。的确，这样一种处理也是可能的，许多其他处理也同样是可能的。社会总要以某种方式来处理它的“利润”，正如总要处理其他收益一样。社会必然要按照有利于工人的方式来处理利润，因为没有别的什么人有资格来享有它。而在这么办的时候，人们可能按照千差万别的原则来行事；比方说，可以按照人们需要的迫切程度来分配，也可以为了促进总的目标而不分配。但这并不构成经济范畴的任何变化。在正常的循环流转中，工人们所取得的收入，恰恰如同土地一样，不管是直接地或间接地，不可能多于他们经济上的产品，因为超过其产品的部分并不存在。如果在我们正在考察的例证中可能有此情况，那全然是由于某些其他生产要素没有得到它的产品，如果我们把那个含混的表述“剥削”定义为：当某种必要的生产要素，或者根据情况是此种生产要素的所有者，其所得在经济意义上低于其产品时，就会出现剥削；于是，我们可以说，工人们所得到的额外支付，只是由于剥削了领导人，才成为可能。如果我们把这种表述仅限于某些人力服务被剥夺了它的产品的情况——目的是排除把剥削的概念应用到土地上去的情况，考虑到在共产主义社会没有地主，应用到土地上去是不切实际的——那么我们仍然可以说，出现了对领导人的剥削；我们这样说，确实无意于作出任何道义上的判断。

因此，哪怕把利润全部给予工人们，从经济意义上来说，利润也不会变成工资。在实际上，清楚地认识这一点，并经常把利润和工资区别开来，这对于共产主义制度是重要的。因为对于共产主义制度下的生活的一般了解，以及关于若干具体问题的决定，显然有赖于这一认识。所有这些考虑启迪我们，上述现象是独立于经济组织的具体形式之外的。于是导致这样一个一般的真理：利润作为一种特殊的和独立的价值现象，根本上是与经济制度中的领导职能相联系的。如果发展既不需要引导，也不需要力量，那利润也将确实存在；它将会作为工资和租金的一部分而存在，但它并不是别具一格的一种经济现象。只要情况并不是这样，也就是说，只要大多数人民，哪怕只是在极其微小的程度上，与我们对之有任何程度了解的一切国家的民众，有相似之处，那么，就不能把全部收入都归属于劳动力和土地的服务，甚至在非常合乎理想的完善的丝毫没有摩擦和毫无时间因素的经济进程中，也是这样。[①]

但在非交换经济中利润也不是永久存在的。在这里，不可避免的变化也会出现，从而使利润消失。新的组合被付诸实施；其成果指日可待，一切怀疑均已消散；从而新组合的好处，以及获得这些好处的方式方法，也就昭然若揭了。这时，充其量还需要一个经理或一个工长，而不需要一位领导人的创造能力了。这时，只需要照旧行事以取得同等好处就行了。而要做到这一点，没有一个领导也未尝不可。即使由于摩擦而产生的阻力仍然必须克服，但问题在本质上已不同了，而且较容易解决。对所有的社会成员来说，好处已经成为现实，并且，新产品总是及时一致地分配给他们，对他们来说已是司空见惯；他们不用像本书第一章所说的那样，要为更进一步的产品的完成，作出任何牺牲，或必须予以等待了。人们不再指望经济制度向前发展，而只求保证现有的产品源源不绝。这是可以料想到的。

① 现今常听到这样的说法：企业家什么也不产出，而组织则产出一切；没有一个人的产品是他本人的产出物，而都是社会整体的产出物。现在就这类观点来略谈几句。这类说法的基础是：人人都是其所承袭的以及他本人的社会环境的产物；如果条件不具备，生产对任何人来说都是不可能的。但这对于我们的理论探讨全然不解决问题，因为理论所关注的并非人如何被塑造而是已经成型的人的问题。对于个人首创精神是否能起作用的问题，即使是上述观点的代表人物也会热切地作出肯定的答复。而且，对于发展的从属现象来说，这种说法也是确当的。除此以外，这种说法只不过是基于那种认为只有体力劳动才真正是生产性的这一流行的偏见，以及基于那种认为发展的一切因素都是和谐地共同起作用，而发展的每一阶段都是以前一阶段为基础的这一印象。可是这是已经发动了的发展的结果，不能说明任何问题。发展机制的原理，才是我们要论究的主要问题。

这样，新的生产过程将一再重复。① 为此，企业家的活动也不再是必不可少的了。如果我们仍然把企业家的活动设想为第三个生产要素，那么我们可以说，在人们所已熟悉的新组合的单纯重复中，这个生产要素，它在刚实行新组合时原是必需的，现在则不存在了。与此同时，与之相关联的价值归属的要求也不存在了，而归属于其他要素即劳动力和土地的服务项下的价值将增长，直至囊括所有产品的价值为止。这时只有劳动力和土地才是必需的了，只靠他们就可以创造产品。价值就只归属于它们；原先归属于在一定的生产中实际使用了的劳力和土地的服务，后来，则按照众所周知的原则，均等地归属于劳动力与土地的全体。先前使用的劳力和土地的价值将首先增加，然后扩散到所有其余的部分。

因此，所有的劳力及土地的服务的价值，都将相应增长。但这种增长，必须与随着实行新组合而出现的增长区别开来，不仅在程度上，而且在种类上，也要区别开来。这种增长不是意味着在价值规模上有所增长，而只是意味着它们的边际效用的增长，这又是由于生产手段被从原先的使用方式中抽调了出来，因而生产要想照旧进行，只有提高它们服务的强度。而在另一种情况下，情况就颇

① 持反对意见的人可能要说：如果创新与已经习以为常的方法相去太远，强迫就仍然是必需的。我们把情况加以区分如下：首先，创新尚未为人们所理解因而人们对之不熟悉的这种情况。其次，新的组合简直就尚未推行。我们假定已经发生了这样的情况，而且可能存在得无限期地长久。在这之后，组织工作中常有的那种强迫，特别是把工人分为较高等级和较低等级时的那种强迫，的确常常是必不可少的。但这和强迫实行新事物是两回事。最后，在封建性组织中，创新可能与对群众的某种直接损害相关联。因此，要推行创新，强迫也是必要的。但这同样是另一回事。对于维持某种已经存在的事物来说，我们这里所谈的这种类型的领导人并不是必不可少的；在这种情况下，只要有一个管理者就行了。

为不同，那就是说，新产品的价值进入到生产手段的价值规模之中。这也可以提高生产手段的边际效用；但同时还提高了生产手段的总价值，在生产诸要素的数量比较巨大的情况下，这一差别具有实际上的重要性。因此，这时生产手段的价值表明这样一个事实，那就是，需要的满足程度的新增长来源于这些生产手段，而且只是来源于这些生产手段，同时劳力和土地的产品数量这时变得更大了。这时它们被赋予的价值，将不再是它们在先前的循环流转中已有的价值，而是他们在新的循环流转中所实现的价值了。在这种转化的时候，归属于它们的价值比它们的再置价值为高，并没有什么意思。这时它们的再置价值已经包括新的使用方式的价值在内了。社会产品价值的增长，使生产手段的价值跟在它后边增长，而新的局面将会很快地使一个新的价值代替旧的、习以为常的价值，这个新的价值是以新的边际生产率为基础的，它终于又将变成习以为常的价值。这样一来，产品的价值与生产手段的价值之间的联系，将会重新建立起来。在新体制中将不再像前一阶段那样，存在两种价值范畴间的脱节状态。如果一切都理想般地圆满运行，那么，现在共产主义社会把所有这样产生的产品看成是对它的劳力和土地的永久性报酬，并把它分配给它的成员以供消费，那就是完全合理的。[①] 上述种种事实，将不会对此提出任何异议。

以上所谈在非交换经济中利润的消失过程，与在资本主义制度下利润的消失过程，是十分类似的。但在资本主义制度下这一过程的另一部分，也就是由于竞争厂商的出现而迫使新产品价格

① 正如资本主义制度也按照自己的方式来行事那样。

下跌,这在非交换经济中却肯定是不会有的。当然,在这里,新产品也必然会被纳入循环流转之中,而且在这里,其价值也必然会同其他一切产品的价值发生联系。在理论上,我们仍然可以把创新的实行,与创新在循环流转中的体现过程,看成是不同的两回事。但是不难看出,在实际上,这两者是否同时发生是有相当大的差别的。在非交换经济中,只要揭示出应归因于企业家活动的一定剩余,就很足以解决我们现在正在研究的问题。在资本主义制度下,这种剩余只能在市场机制的帮助下到达企业家之手,同时也只有通过这一机制,这种剩余才又能被剥夺掉。因此,除开单纯的价值问题而外,还有一个企业家实际上如何取得利润的问题。这个市场机制带来了若干在非交换经济中肯定不会有的现象。

尽管如此,但在一切的组织形式内,不仅利润的最内在的经济性质是一致的,而且其消亡过程的最内在的性质也是一致的。在一切情况下,那些使得整个产品价值不能归属于劳力和土地的服务的障碍,或者,有如具体情况所示,使得劳力和土地的价格水平不能与其产品的价格水平相适应的障碍,总归是要消除的。处于支配地位的原则始终是:经济过程,如果不受到阻碍的话,首先是不允许个别产品具有价值的剩余,其次是总要迫使生产手段的价值上升到产品的价值的水平,与之相适应。这些原则,在非交换经济中径直有效,而在资本主义制度下则是通过自由竞争来实现的。在后一情况下,由于自由竞争,生产手段的价格必然要将产品的价格吸收殆尽。如果不能做到这一点,产品的价格就必然相应下跌。如果在这些情况下利润竟然还存在,那只是因为从一个无剩余的境地过渡到另一个无剩余的境地,得有企业家发挥作用的一个过程，此外还要满足资本主义制度下必要的另一个条件，那就是，不会因为有了竞争企业家的利润遂立即被夺走。

利润依附于生产手段的关系，犹如诗人对于他尚在致力的部分完成的诗稿。此时利润的任何部分尚不能归属于生产手段，而拥有和提供生产手段也并不是企业家作用的内容。最重要的是，正如我们已经知道的，利润也不是来自对原先的生产手段派上新用场后所引起的价值的持久增长。让我们来考虑一种奴隶经济的情况，在这里，企业家拥有土地和劳动者，他为了实行新的组合而购买了土地和奴隶。在这种情况下，人们可能认为，对于土地和劳力应该付给的价格，应与迄今通行的使用和雇佣情况相适应；而利润乃是土地和劳力从现在直到永久所产出的价值的超过值。但这是不对的，理由有二：首先，新产品收入可以达到一定高度，但竞争又会把它拉下来，因此，这种情况使利润要素无从确立。其次，持久的剩余额——只要它不是准地租——在经济学上，只是劳动工资的增长（诚然，在这里它归属于“劳动力的拥有者”而非归属于工人），以及地租的增长。奴隶和土地，此时对于其主人来说，的确是有了更高的价值；但是要知道，如果不考虑偶然的或暂时的利润的情况，这位主人只是作为土地和奴隶的所有者，而不是作为企业家，变得长久地更富有了，即使是一种自然生产要素初次在新组合中出现，例如一条溪流之成为水力资源：问题也没有任何不同之处。产生利润的不是水力。水力所经常产生的只是我们所谓的地租。

因此，第一个例子中利润的一部分转变成了地租。这样一来，我们所考察的这个量的经济性质改变了。让我们假定一位种植园主原先种的是甘蔗，后来改种棉花，而种棉花直到不久以前，还是比现在[①]更为赚钱的。这是一种新的组合；因此，这位种植园主成了一位企业家而且赚得了利润。目前，出现在成本清单上的地租仍然是相当于种甘蔗时所付的地租额。按照实际情况，我们理当假定竞争迟早会迫使收入款项下降。可是，如果仍然有剩余，那应该怎样来解释呢？并且在经济学上，它又是什么性质的呢？略去摩擦因素不计，要么，这是由于土地特别适宜于种植棉花；要么，这是由于新的土地利用导致地租的普遍上涨——在原则上常常是两个因素都在起作用。这一点立即把总收益中的增长部分的特点标志了出来，那就是，它终归属于土地地租的性质。这个种植园主如果继续种棉花，那么他作为企业家的作用便消失了，从此整个收益就归属于原来的生产要素。

再就利润与垄断收入的关系来谈几句。由于在新产品问世之初，企业家没有竞争对手，新产品的价格完全是，或者在某种范围内，按照垄断价格的原则来确定的。为此，在资本主义经济内，利润中包含有垄断成分。现在让我们假定，新组合企图建立一种永久性的垄断，也许企图组成一个完全不用害怕外边有竞争者的托拉斯。这时，利润显然可以径直看成就是永久性的垄断收入，而垄断收入也可以径直看成就是利润。不过在这里仍然存在着两种很不相同的经济现象。实现垄断性组织可说是一种企业家的行为，其“成果”表现为利润。这样的组织一旦顺利运行，这个企业就能持续地挣得剩余，不过这种剩余自后还必然归属于垄断地位赖以

① 这里所指的“现在”，是指撰写本书的1911年。

维持的自然力与社会力——剩余就变成了一种垄断收入。实际上,创建一个企业所获得的利润,与持续性的收益,是彼此区别开来的。前者是垄断的价值;后者不过是垄断条件所带来的报酬。

在本书的范围内,讨论似乎应当适可而止。也许已经谈得太多了。即令我必须责备自己已经以过多的议论来使读者感到厌倦,我还是不能不责备自己还没有把所有的论点都彻底解释清楚,也没有把一切可能的误解都加以根除。这个问题的根本方面还有待阐明。在结束本题之前,还必须再谈几点意见。

企业家利润不是有如一个企业的永久性要素的级差优势收益那样的租金;它也不是资本的报酬,不管人们对资本如何下定义。因此,谈论利润率的平均化趋势是没有道理的,现实中根本不存在此种趋势。因为,尽管我们能够在同一地方、同一时间、同一行业中观察到异常不同的利润,只是由于把利息与利润混为一谈,才使许多著作家就这样一个趋势问题展开论争。[①] 最后我们还需要强调指出,利润也不是工资,尽管作这样的类推是很诱惑人的。它肯定不是一个简单余额;它乃是企业家对生产所作贡献的价值的表现,恰如工资乃是工人"产出"的价值的表现。利润同工资一样,并非剥削。但是,当工资是由劳动力的边际生产力来决定之时,利润却是这个规律的一个显著的例外。利润的问题正好出在这个事实上,那就是,它似乎不在成本规律和边际生产力规律的作用范围之内,"边际企业家"之所得,对于其他企业家的成就来说,完全是不

① 别的人,例如累克西斯,对利率的一致性也持异议。这个曾经使马克思为难的问题,如果采纳了我们的论断,就不会发生了。

相干的事。工资的每次增长，无不扩散到一切工资上去；而取得成功的企业家，其最初的创收却是独有的。工资是价格的一个因素，利润则不然。工资的支付是对生产的制动器之一，而利润则否。古典经济学家认为地租并不参与构成产品的价格，我们对于利润，更应作如是观。如果我们把一种报酬的规律性的反复视为收入的典型特征之一，那么，工资是收入的一项恒久性分支，而利润则根本不是收入的一个分支。一旦企业家的作用已经完成，它就会立即从企业家的手中溜走。它附着于新事物的创造，附着于未来的价值体系的实现。它既是发展的产儿，也是发展的牺牲品。[①]

没有发展就没有利润，没有利润就没有发展。对于资本主义制度而言，还要补充一句，没有利润就没有财富的积累。至少不会有我们所目睹的这样宏伟的社会现象——这确实是发展的后果，认真说是利润的后果。如果我们略而不计地租和就狭义而言的储蓄的资本化——对这些我们不认为有很大的作用——而且最后，如果我们把发展在其反响和机遇中投掷到许多个别人怀里的意外财物（这种意外财物的确都是暂时的，但如果不被消费掉，它们也可能导致财物的积累）也略而不计，那么，财富积累的最重要来源依然存在，很多财产由此而生。未消费掉的利润并非严格意义上的储蓄，因为它并未对惯常的生活标准有任何侵蚀。因此我们可以说，是企业家的行动创造了绝大部分的财产。据我看来，实际生

① 这样的论述何等符合实际，又何等清楚地表述了一种不具成见的观点，可以在亚当·斯密的观察——任何实事求是的人都会作同样的观察，而且事实上在日常生活中也作了这种观察——中看出，亚当·斯密说：新的生产部门比老的生产部门更能获利。

活令人信服地证实了财富的积累来自利润。

虽然在本章内我听任读者把资本的利息，同工资和地租一起，列为生产性开支，但在考察时我却把除去工资与地租之后的整个剩余似乎都当成是企业家的所得了。事实上企业家仍须为资本付出利息。也许我不会因为把一笔钱起先指为利润继而又指为利息而受到责备，但让我特别申明一下，我在后边还会就这一点加以充分的阐明。

利润的大小，并不像循环流转中各项收入的量度那样，可以明确决定。特别不能认为，正像循环流转中成本的各项要素那样，利润的量度刚好足以确切地引发"必需的企业家服务或活动量"。这样一个数量，在理论上是可以决定的，但不存在。在一定时间内实际获得的利润总额以及个别企业家实现的利润，可能远较足以引发实际起作用的企业家服务或活动量所必需的数额要大得多。的确，这个总额往往是估量过高了。[①] 的确，必须记住，即使是显然不相称的个人成就也自有其作用，因为取得这种成就的可能性发挥着一种更大的激励作用，它比起理应按该利润量乘以概率系数之积来标志的那个激励作用还要大一些。对于那些没有实现这种前景的企业家来说，这种前景也似乎是具有吸引力的"报酬"。然而，十分清楚的是，在许多场合，较小的利润量，尤其是较小的总利润量，也会产生同样的结果；同样十分清楚的，在这里，服务（指企业家的活动——校者注）质量和个人成就之间的关联，比起例如专业性劳动市场上的情况来，要微弱得多。这一点不仅对于赋税理

① 参阅《印花税，财富及纳税能力》，第 103 页。

论来说是重要的——即使这一要素的重要性在实际上只限于需要考虑“资本积累”，从生产出来的生产手段的供应的增长这个意义上来说——而且也说明了企业家的利润为什么能够那么相对容易地被剥夺掉，以及为什么“领薪水的”企业家，比方说经常起企业家作用的工业经理，一般能够满足于远较利润全部数额为小的报酬。生活越是合理化、平均化、民主化，个人与某些具体人(特别是就家庭范围而言)或具体物(一个具体的工厂或一栋祖传的宅第)的关系越是短暂，我们在第二章中所列举的许多动机就会越加丧失它们的重要性，而企业家对利润的把握也就会更加不牢靠。① 这一进程与发展之日益“自动化”是并行的，后者又往往趋向于削弱企业家作用的重要性。

今天，如同过去对这一社会进程的源头尚不认识的时代一样，企业家的作用不仅是经济体系不断改组的运转工具，而且也是包含社会上层在内的各种要素发生连续变化的传递手段。成功的企业家在社会上的地位上升，他的家人的地位也一同上升，他们由于他的成就而获得不直接依赖于他们各自的作为的地位。这是在资本主义世界里人们在社会阶梯上得以上升的最重要的因素。因为这一进程是靠在竞争中摧毁旧的企业以及依附于这些旧企业的一切存在，所以，总是相应地伴随着一个没落、丧失社会地位、被淘汰的过程。这种命运也威胁着那些势力处在衰微中的企业家，或继承其财富却无其才干的子嗣。这不只是因为竞争的机制不容许有持续的剩余价值，因而一切利润总要枯竭，甚至还通过正是作为这

① 参阅我的论文“今后社会主义的可能性”，载于《社会科学文献》(1921 年)。

种机制的推动力的追求利润的激情去消灭它；而且还因为，在正常情况下事情总是要这样发生，那就是，企业家的成功体现于他对企业拥有所有权；该企业通常由其子嗣继续经管，并很快就变成了因袭行业，直到为新的企业家所取而代之。美国有一句谚语说：三代之内，兴而复衰，信然。[①] 例外的情况是鲜见的，而衰落得更快的情况倒多得足以与这种例外的情况相抵而有余。因为企业家、企业家的子嗣和亲属层出无穷，司空见惯，所以舆论以及关于社会斗争的论述措辞，容易忽视这些情况。这些“富人们”于是形成了脱离生活斗争的一个继承人阶层。事实上，这个社会的上层有如旅馆，里边的确住满了人，但那些住客总是变动不息的。他们之中有许多人来自下层，多到我们当中很多人还没有充分认识到这种情况。于是乎我们又面临了一些更进一步的问题，只有解决了那些问题，我们才能看到资本主义竞争制度及其社会结构的实质。

① 对这种基本现象我们只做过少数调查。但可参阅例如查普曼及马奎斯所著《雇主阶级从工资挣取在队伍中补充新成员的情况》，载《皇家统计学会杂志》(1912年)。

第五章　资本的利息

前　　言

经过慎重考虑之后，除了作一些无关紧要的词句改动外，我按原样第二次提出最初曾在本书第一版发表过的利息理论。对于引起我注意的所有异议，我唯一的答复是请参考第一版的原文。我本来是乐于缩短第一版原文的，而这些异议恰恰促使我不要这样做。因为在我看来，本来是原文中最冗长和最费解以致有损于论点的简明和说服力的部分，由于它们正确地预计到其后最重要的异议，所以就获得了存在的权利，而原先这种权利也许是它们所不具有的。

尤其是早先的解说清楚地表明了我并不否认利息是现代经济的正常要素——否定它确实是荒谬的——而且相反地力图解释它，我几乎无法理解那种认为我曾经否定过利息的见解。利息是现在购买力对未来购买力的一种贴水。这种贴水有几方面的原因。其中许多原因是毫无疑问的。消费性贷款的利息就是关于这点的一个实例。任何人处在意外的困境（例如，假设火灾毁坏了一家企业），或者正在预期未来收入的增加（例如，假设一个学生是他的一位富有而体弱的姑母的继承人），对现在一百马克的估价要更高于对未来一百马克的估价，这是不需要解释的；在这些场合，利息可能存在，那也是不言自明的。各种类型的政府信用需要，都属于这种情况。经常存在这种情况的利息，即使在没有发展的循环流转中，它们也会显然存在，但是，这样的利息，并不构成需要解释的重大的社会现象。而后者是由生产性贷款的利息构成的。在资本主义制度下，到处都可以发现这类利息，而不只是在新企业中才会产生它们。我只是要揭示生产性利息的源泉在于利润；生产性利息本质上是利润的派生物；并且，生产性利息，像我称之为收益的“利息方面”的东西那样，会从成功地实现了生产要素新组合而得来的利润，发展到对整个经济体系，甚至挤进旧的工商企业领域，在那里的生活中如果没有发展，利息就不是一个必要的要素。这就是我们所说的“静态经济不知道有生产性利息”的全部含义——这无疑是我们洞察资本主义的结构及其运行的基础。在以上的分析中，这难道不是几乎不言而喻的吗？任何人都不能否认正如商业形势决定利息率的变动一样——而商业形势通常仅指现行经济的发展速度，也就是说，不考虑非经济力量的影响——为此，创新所需要的货币就构成了货币市场上产业需求的主要因素。从这一点以至认识到主要的现实因素，也是根本的理论因素，这不是进了一大步吗？因为只有通过这个主要的根本因素——创新，才会使对货币需求的其他源泉发生作用，而后者——即处在周而复始的重复运行中的经过考验的旧工商企业对货币的需求——通常完全不必进入货币市场，因为旧工商企业可以从生产的现行收益中得到足够的资金。于是，其他的理论也可以由此推导出来，特别是关于利息是跟随货币，而不是跟随商品实物，而来的这一条定理。

我关心的是真理，而不是我的理论的独创性。我尤其愿意尽可能地将我的理论建立在庞巴维克的理论基础之上，不管庞巴维克是怎样坚决地拒绝一切的思想交流。按照他的观点，即使他立刻转到利息是对现时商品的贴水，但也首先要肯定它是一个购买力的问题。在他断定利息是对目前购买力的价值贴水所根据的三条著名的理由中，我仅反对一条：即利息是未来享受的"贴现"，这一条庞巴维克要求我们完全接受，似乎个中原因是无须任何说明的。另一方面，我可以要求他称之为欲望与满足手段之间的变动关系的一条理由，作为一个公式使我的理论适应于它。关于第三条理由，即所谓"迂回的生产方法"，该怎么说呢？如果庞巴维克要是严格地坚持他的"采用迂回的生产方法"的说法，并且遵循它所包含的涵义，那么它就会成为一种企业家的行动——也就是我所说的进行新组合这一概念的许多从属的情景之一。他没有这样做；但我相信，借助他本人的分析就能说明，仅靠已经实行并结合在循环流转中的迂回生产方法的简单重复，也不会产生纯收入。于是很快就达到了这一点，从那里我们的解释就进入到一条根本不同的路程。可是，我们的分析自始至终都满足了庞巴维克价值理论的需要，而且没有任何地方招致庞巴维克迄今为止所提出的任何反对意见。[①]

① 这一点必须如此强调，因为，除了一个狭小的专家圈子之外，甚至对庞巴维克贡献的主要部分都还没有充分地加以吸收。不过我在这里先假定大家对他的理论有所了解。以下论述在各方面都涉及他的理论，而且无论是谁，如果他主张利息的存在是一种自明之理而看不到关键问题所在，他必然会认为以下的分析是不必要的，太转弯抹角了，其中很多地方难以理解，甚至是虚假的。可是，在庞巴维克的著作中，读者能够发现一切东西都是必要的，并且几乎提到了所有的有关参考文献。对庞巴维克的著作有一个一般的了解是必要的。最后，我不愿意重复我已经说过的话：参阅我的《本质》一书，第三篇。

1. 正如经验告诉我们，资本的利息是流向一定类型的个人的永久性的纯收入。它来自何处？又为什么如此？首先，有一个这种商品流的源泉问题：要有这种商品流，首先必须有一个这种流所发源的价值存在。[①] 其次，有一个这种价值如何成为特定个人可以捞取钱财的缘由问题，也就是在商品世界中，这种价值流的原因问题。最后，有一个困难得多的问题，也可以看作是资本的利息的中心问题，这种商品流的永久不断的流动是如何发生的？利息又怎样成为一个人们可以消费而不损害他的经济地位的纯收入呢？

利息的存在之所以构成一个问题，是因为我们知道，在正常的循环流转中，全部价值产品都必须归于原始的生产要素，即归于劳动和土地的服务；从而，来自生产的全部收入必须在工人和土地所有者之间进行分配，除了工资和地租以外，不可能还有永久性的纯收入。一方面有竞争，另一方面又有归属过程，这就必然会消灭收入超过费用的任何剩余，以及产品价值超过体现在产品中的劳动和土地的服务价值的任何余额。原始生产资料的价值必须形影不离地与产品价值联结在一起，并且不能允许两者之间有一点永久性的差距存在。[②] 但是，利息的存在是一个事实。现在问题在哪里呢？

这种两难的困境是令人费解的，比起利润中相对容易解决的类似问题来，还要费解得多。因为利润只是一个暂时性的，而不是永久性的，商品之流的问题，因而我们不会遇到利润同竞争和归属

① 参阅庞巴维克，第一篇，第 142 页，关于萨伊的例子。可是，庞巴维克的表达方法已经在那里受到他自己利息理论的影响。

② 参阅庞巴维克，第一篇，第 230 页。

这种根本性的和不容置疑的事实之间的尖锐冲突；相反，我们能有把握地作出这样的结论，即劳动和土地的服务是收入的唯一源泉，而且劳动和土地服务的纯收益不会由于上述事实而减少为零。对于这种两难困境，我们可以通过两种不同的途径来进行分析。

第一，可以承认利息。那么，它必须解释为一种工资或者地租，并且，由于把它说成是地租是不大可行的，那么就把它作为工资吧：作为对工资收入者的掠夺（剥削理论），作为资本家劳动的工资（这是字面意义上的劳动价值论），或者作为体现在生产工具和原料中的劳动的工资〔例如詹姆斯·穆勒和麦卡洛克的概念〕。所有这三方面的解释都有人尝试过。对于庞巴维克的批评我只须补充一句，那就是我们对企业家的分析，特别是把企业家从生产手段那里分离出来，也就使前面两个演变而来的观点部分地站不住脚了。

第二，可以否定导致两难困境的理论上的结论。这里，我们可以或者把成本的项目扩大一些，那就是坚持认为工资和地租还没有使必要的生产资料得到全部偿付，或者在归属和竞争的机制中，寻找一个隐藏着的制动闸，它将会永久地不让劳动和土地服务的价值达到产品价值的高度，这样，永久性的价值剩余就会留下来。[①] 下面我简略地讨论一下这两种可能性。

在这个意义上，扩大成本项目不仅意味着主张利息是一个企业的会计科目中的一种正规支出。这是一个自明之理，不会有什么说服力。它还包括更多的含义，那就是把利息看作是在第一章中所阐述的狭义和特殊含义的成本要素。这等于是构成一个第三

① 参阅庞巴维克，第一篇，第606页的结束语。

种原始的生产要素,它能产生利息就像劳动获得工资一样。倘若这一点能令人满意地做到的话,那么,我们的三个问题:源泉问题、基础问题以及利息永远不消失的问题,就会显而易见地立即统统得到解答,两难的困境也就可以避开了。节俭可能是这样一个第三要素。假如它真的是一种独立的生产性服务,那么我们所有的要求条件就会不受非议地得到满足,而且永久性的纯收入的存在和源泉,以及它归属于一定的个人所有,就可以毫无疑义地得到解释。唯一有待证明的是:实际上利息是取决于这一要素——节俭。然而不幸的是这种解释并不能令人满意,因为这样一种独立的要素并不存在;这一点庞巴维克早已加以说明,这里就不必作进一步的讨论了。

已经生产出来的生产手段也可能构成一个独立于节俭的第三种生产要素。其实这是殊途同归的论点。已经生产出来的生产手段无疑具有生产的作用。但问题是这样清楚,考察者一眼就会注意到,而且直到今天,产品的价值与劳动和土地服务的价值相等这一根本命题,仍然激发起人们的惊奇。问题也是这样清楚,正如经验告诉我们的,即使直到今天,哪怕要专家离开这条错误的思路,也仍然是极其困难的。然而,它并没有解释永久性的纯收入。的确,已经生产出来的生产手段,在生产商品的过程中具有服务能力。具备生产手段比不具备生产手段,能够生产更多的商品。而且用生产手段生产的商品,比不用生产手段生产出来的商品,具有更大的价值。[①] 但是,这种商品的更大的价值,必然也会导致生产

① 参阅庞巴维克,第一篇,第 132 页,关于已生产出来的生产手段的物质生产率和价值生产率的概念。

工具的更大价值，而这又会进而导致所使用的劳动和土地服务的更大的价值。没有任何剩余价值的要素能永久地与这些中间的生产手段联系在一起。因为，一方面不可能永久地存在产品中应该归属于生产手段的价值与生产手段本身的价值两者之间的偏离。不管机器可以帮助生产多少产品，竞争必然会把这些产品的价格压低到彼此相等为止。另一方面，无论机器比手工生产的产品要多多少，机器一旦被采用了，它就不会继续节省新的劳动，从而它就不会继续生产新的利润。归于机器的如此引人注目的额外进款，或者是“使用者”准备支付给机器的全部金额，都必须交给工人和土地所有者。机器一般不像人们通常天真地①设想的那样，会创造出添加到产品上去的价值，然而这样增加的价值也只是暂时地和机器联系在一起，这在上面一章已经讨论过了。一件上衣装有一张银行钞票，只要这种情况存在，对物主来说就会相应地有较高的价值；但是，这件上衣只是从外部获得了这种较大的价值，它自己并没有创造价值。同样，机器也有与它的产品相应的价值，但它只是从劳动与土地的服务中获得价值；②而在机器被创造出来以前，劳动与土地就存在着，其整个价值已经归属于劳动与土地的服务。确实有一股商品流向机器，但是，它也通过机器流走了。机器并没有把商品流筑坝拦住，形成用于消费的水库。机器的占有

① 参阅庞巴维克对萨伊和鲁伊斯勒所作的评论。

② 对于机器来说，机器的产品的价值归属于它；而对于为生产机器所必需的劳动和土地的服务来说，则机器的价值归属于它们。从而，这些服务本身已经具有这种最终产品的价值，而一旦这些服务变成了机器，那么它们的价值就会被机器所代替。在这种意义上我们可以说，机器“接受”生产性服务的价值。我希望读者不要因此而误认为我赞成那种价值来自成本的观点。

者不会永久地获得比他支付出去的更多，无论从价值来说，或者从价格的会计核算来说。机器本身是一种产品，因此，正像消费品一样，它的价值被引入了一个蓄水池或水库，从那里不再有任何利息可以流出。

为此，基于第一章和第四章的论点以及参考庞巴维克的观点，我们可以说，上述这些分析并没有找到解决两难困境的出路，而且根本不存在支付利息的价值源泉。至多只有在商品据说是“自动”增加的情况下，困难才会发生——例如，谷种和进行繁殖所用的牲畜。难道它们不会保证它们的所有者在未来得到更多的谷物和牲畜，并且增多的谷物和牲畜不会比原来的谷种和牲畜必然有更大的价值吗？熟悉这些想法的每个人都懂得，大多数人该是如何确信上述例子就是价值增加的证据。但是，谷种和进行繁殖的牲畜不会“自动”增加；相反，必须从它们的“收益”中扣除人所共知的费用项目。无论如何，这一点是肯定的，那就是即使作了这种扣除之后所剩下的部分，也没有表示价值的增加——因为作物和畜群无疑取决于谷种和进行繁殖的牲畜，因而后者必须根据前者的价值来估价。如果谷种和进行繁殖的牲畜被卖掉，那么（假设没有替代的可能）作物和牲畜群的价值，在扣除了尚需发生的费用并考虑了风险因素之后，就会通过它们的价格而得到充分的表现。谷种和种畜的价值，将会等于应归属于它们的产品的价格。谷物和家畜将会在再生产过程中不断地使用，直到它们的使用不再产生利润，它们的价格仅够支付工资和地租等必要费用为止。因此，“它们的”产品的边际效用，即应归属于它们的产品的份额，最终将趋近于零。

2. 这里，如果把我们在现阶段讨论中所出现的情况描述如下："我们不能从这方面解释产品价值与生产手段价值之间的差额。但是，实际上差额是存在的。为此，我们必须试作其他的解释。"如果是这样来看，那就是不正确的，或者说是不明智的——因为它意味着囿于一定的成见。与此相反，我根本就否认这种永久性差额的存在。我们面临的只是一个未加分析的事实，所以我宁愿怀疑它——因为我相信只要看一看现实，就会使我们明白——它是资本的利息所产生的一种后果，这是应该完全另作解释的，而不是独立解释利息的一个基本事实。人们对生产手段的估价可能低于对产品的估价，因为在从前者转化为后者的过程中，他们必须支付利息；但是，如果他们根据其他理由对生产手段的估价低于对产品的估价，他们也不一定被迫支付利息。这一点是很重要的。在这里，我仅仅希望把注意力集中到这个事实，那就是我的全部阐述所面临的困难在利息问题上显得特别严重——这个困难就是，除了某些基本原理外，我们已经习惯于简单接受一系列未加分析的事实，并且我们不是更加深入到事物内部的本质，而是习惯于把许多事情看作是要素，而实际上它们倒是复杂的组合体。一旦养成这种思维习惯，那么我们就只能勉强地对问题作进一步的分析；并且我们总是倾向于把这些事实看成是反对意见。节俭就是一个这样的事实。主张资本价值只是收入价值的资本化，是又一个事实。因为在陈述这种主张时，人们总是根据经验采取自己的立场，而经验并不能提供足够有力的反驳理由。尽管如此，但在目前还必须保留"差额"这个概念。

现在有必要提出几点意见，以便精确地阐明计算过程。迄今为止，我们常常谈到归属的过程，并且从产品价值的落脚点追溯到劳动和土地的服务。现在看来，归属还能采取另一种步骤，可以把价值的源流更推后一步，即推到劳动力（Labor-power）和土地本身。既然在交换经济中人们没有理由意识到劳动力这样的价值，即使有理由，那同样也应意识到土地的价值，我们在这里只谈土地的价值；而关于劳动力、我们唯一要再次强调的是，如果我们认为劳动力（我们现在并不这样认为）是劳动者及其家属作为维持生活手段的产品，那么这就只会提出另一个特殊的问题。现在，人们可能首先设想土地的服务是土地的产品，进而认为土地本身就是真正的原始生产手段，土地产品的价值最后必须全部归属于土地。在逻辑上，这是荒谬的。[①] 因为土地不是独立的商品，不能同自己的服务相分离，而仅仅是这些服务的总和。因此，在这种情况下，还是根本不谈归属问题为好。因为归属问题必然包括价值不断向更高层次商品的转移。这样进行下去，最后绝不会有什么残余的价值悬在那里找不到归宿。可是，在确定土地价值时，还要包括其他因素，即从经济上“构成”土地的要素的特定价值中派生的价值，而这些要素的特定价值又是由归属决定的。在这里称为计算，更为合适。

至于每件商品，不论是消费品，还是生产品，这两个过程都要区别开来。只有商品的服务才具有一定的价值，或直接由需求量

① 参阅庞巴维克：《法权与国民经济商品学观点的关系》。他对“使用”利息论所作的考察也同样适用于我们的情况。同时，我发现我可以不考虑这种使用利息论的基本思想，因为我觉得对于庞巴维克的论证，我没有更多的话要说。

决定，或间接由归属决定，[①]从中一定会导出商品的价值。就已生产出来的商品来说，其归属过程是极为简单的，同时通过迟早要发生的再生产的必要性，就变为固定的，众所周知的规则；但谈到土地，这个归属过程就复杂了，因为在土地上存在着它所固有的无限系列的用途，这些用途自动地而且在原则上不需要成本就能再生产它们自身。[②] 因此，问题就发生了，为了说明这个问题，我们已经着手讨论：难道土地的价值不是一定要无限大，从而作为纯收入的租金不是要通过计算而消失？我将以与庞巴维克不同的方式，[③]对这个问题作如下的回答。

首先，即使土地的价值无限大，我仍然把地租看作纯收入。因为这样一来，收益的源泉就不会由于消费而枯竭，不断流到土地所有者手中的商品流也将会得到解释。作为纯收益，单单把它们加在一起，永远也不会失去其特征。只有归属才能消灭纯收入，而计算过程则是永远也不会算掉它的。其次，在实际生活中，一块土地的价格自然从来不会是无限大的。可是不应该责怪我的概念导致这种无限的价值，也就是导致一个荒谬的结论。那也并不是我的概念错了，而是流行的资本化理论的基本观念，即认为产生收入的

① 严格地讲，这种表达方式只适合于非交换经济的情况。而在交换经济中，生产手段的价值，在任何地方也不会感觉到要当作间接的使用价值。尽管如此，但生产手段作为潜在产品的概念，在这里也提供了它们的价值的形成的基本原理。表达方法再精确，其所得结果仍然是相同的。

② 土地服务的自我再生产情况，有别于一群牛的增加情况，因为人们是按照把一头牲畜的价值最终归于它在劳动和土地方面所花费的成本这种方式来增加牲畜数量的。土地服务只是按照在每个经济周期都相同的数量，自动地再生产它们自身。的确，土地服务并不是不能增加，只是它们的增加要花费成本。

③ 参阅《资本和利息》，第二卷。

财产的价值仅仅是由适当打了折扣的收入积累而成这种观念错了。恰恰相反，确定这种价值是一个特别的相当复杂的问题，在本章将加以研究。对这个问题就像对任何事物的评价一样，有必要看一看考察的具体目的。这里没有相加的严格原则，因为价值量通常不是可以简单相加的。在正常的循环流转过程中，完全没有必要知道土地价值本身。机器则不同：机器的每一件产品必须具有一定的总价值，因为有必要决定它的再生产问题。在这里，相加的规则也就适用了。竞争的现象强制了这条规则的执行。如果买一台机器所花的钱低于它所生产的产品的价值，那就会有利可图，这就必然会增加对机器的需求量和提高它的价格；如果买一台机器花的钱高于它的使用所获得的价值，那就会招致亏损，因而会减少对机器的需求量和降低它的价格。反之，土地在正常的循环流转中是不卖的，卖的仅仅是它的用途。因此，只有土地的各种用途的价值才是经济计划中的要素，而土地本身的价值则不是。关于确定土地的价值，正常的循环流转过程却什么也不能告诉我们。只有发展才会创造土地的价值；发展使地租"资本化"，把土地"动员起来"。在没有发展的一个经济体系中，土地的价值根本不会作为普遍的经济现象而存在。看一下现实，就可以证实这一点。因为任何能够意识到土地价值存在的唯一场合，是在出卖土地的时候。实际上，在经济的各个阶段，经济现实最接近循环流转概念的这种场合，几乎是不存在的。土地交易市场是一种发展现象，并且只有从发展的事实去理解它，我们也只有在发展的事实中，才能找到解决这个问题的钥匙。目前，我们对于这个问题，仍然是一无所知。为此，直到现在，我们只能说我们的概念并不是导致无限的价值,而是一般说来导致土地没有价值。我们还可以说,土地服务的价值不应与其他的任何价值联系在一起,因而是纯收益。如果有人反对说,不管怎样,仍然一定要出现出售土地的刺激;那我们就必须说,这种刺激必然是偶尔发现的,且个人的处境起决定的作用,如忧伤、消散、非经济的目的等等。在这时,就没有什么别的可说了。

无论在哪里只要相加规则产生一种无限的价值,我们就可以像谈论工资一样,谈到一种纯收入。因为在这里我们唯一关心的,是一股持久的商品流流到个人手里,而且并不要求他继续转手给别人。产生一种无限结果的计算,完全不排斥这种商品流的可能性,倒正是商品流存在的征兆。事实上,这是理解下面将要阐述的利息理论的一个基本要素。

3.要避免"利息的两难困境",还有第二种方法。关于超出劳动和土地服务价值之上的永久性的剩余怎样成为可能的问题,也可以通过指出土地和劳动服务的价值的制动闸来回答。如果真的有这种制动闸,那么毫无疑问就会证明永久性价值剩余的可能性,并且把产生这种可能性的情况,至少就"私人的"观点来看,归因于最充分意义上的价值生产率。价值生产率,或者包含价值生产率的商品,将会产生一种纯收入。在每个经济过程中,就会出现一种特殊的、独立的价值剩余。那么利息就不会成为真正意义上的成本要素;利息的存在将会归因于成本与产品价值或价格之间的差异;它将会是超过成本的真正剩余。

在一种交换经济中,当产品被垄断时,这种情况就会发生——

这里我们对原始生产要素的垄断并不感兴趣，因为一开始就很清楚，利息的产生和存在，不可能以原始生产要素的垄断作为依据。实际上，垄断地位就像制动闸一样起着作用，并给垄断者带来永久性的纯收入。我们把垄断收益看成是纯收入，就像我们有权并基于相同的理由，把地租看成纯收入一样。在这种情况下，相加规则也将会产生一种无限的结果。同时这种情况也不会使这种收益丧失纯收入的特征。至于为什么垄断价值——比如说，永久性专利的垄断价值——不是无限的，却不是我们在这里关心的问题；只有留待以后再来回答。最后，确定垄断价值在这里也是一个特殊问题，同时在解决这个问题时，我们切切不要忘记在正常的循环流转中，并不存在形成这样一种垄断价值的动力；因此，这种赢利不应该与其他任何数量发生联系。不管这一切可能怎样，垄断者无论如何也从来不会说："我不是要赚取利润，因为我对我的垄断赋予了一种极高的价值。"这一点是毫无疑问的。

在讨论劳德代尔的利息理论时，庞巴维克也评论过一种节省劳动并产生利润的机器被垄断的情况。他正确地强调，这种机器在被采用时，一定会昂贵得无利可图，或者略有微利，仅足以引诱人们去购买或租用它。这是可以肯定的。然而，无疑利润总是要与机器的生产联系起来，就像专利一样持久。人们可能会说，垄断地位对于垄断者来说，就是类似于生产要素的某种东西。提到这种"准生产要素"的"服务"，正像提到其他要素一样，就发生了归属问题。机器本身不是剩余价值的源泉，机器的生产手段也不是剩余价值的源泉，但是垄断的存在使得利用机器或者机器的生产手段有可能得到剩余价值。显然，如果我们让机器的生产者和使用者同为一个人,结果也还是一样。

因此,我们遇到的是一种特殊的纯收入。如果所谓利息就像这种纯收入一样,那么一切都将会好办了。我们的三个问题也将会得到满意的答复。这里含有一种剩余价值的源泉,它的存在将会由垄断理论来解释;也将会有一种理由把一份收益分配给垄断者;最后,不论是归属还是竞争都不会消灭收益这一事实,将会得到说明。可是,这种垄断地位并不是有规则地和大量地出现,得足以使上述的解释为人们所接受,而且更有甚者,没有这种垄断地位,利息也仍然会存在。[①]

另一种人们可能谈到的情况是,如果对未来商品的估价是系统地并在原则上低于对现在商品的估价,那么,劳动和土地服务的价值永久地和经常地落在产品价值后面的情况,就将会存在。读者已经知道在这里是不会接受这种观点的,但是,我们有必要再次提到这种情况。正由于在迄今所论述的各种情况中,永久性的收入源泉仅仅是由永久性的(至少从"个人"的观点来看是如此)和生产性的服务造成的,这里的情况要涉及另一个问题,即价值本身的运动。先前,这种解释在于确定某些特殊的生产性服务的价值;而在这里,它一方面在于确定劳动和土地服务的价值,另一方面在于确定消费品的价值。在这里,从一个比在垄断情况下更为窄狭和更为确切的意义上来讲,就将会发生产品的价值超过生产手段价值的剩余。而"超过成本的剩余"就会事实上意指一种纯收益以及

① 不过,沿着这个方向还作出一个煞费苦心的尝试:参阅奥托·康拉德:《工资与地租》。按这种方法解释利息的其他见解,都不属于精心制作的理论之列。

超过已经生产出来的生产手段的“资本价值”的剩余。因此，这就会事实上证明收益既不会消失，也不会通过计算过程而吸收殆尽。因为未来产品的整个价值是不能归属和计算的，如果一旦当归属和确定生产手段的价值的行动要采取时，那么，未来产品将不是以它的实际价值量而是以较小的量出现的。这样，人们就会毫无疑问地证明持久性商品流的可能性，不论它是不是我们在实际生活中观察到的利息。于是这就回答了第一个问题：利息所由以流出的价值源泉是会存在的。第二个问题，即为什么这种商品流却要流到那些特定的个别人手里，显然也将会是不难于回答的。第三个问题，即为什么这种收益不会消失，这是迄今利息问题中最棘手的部分，也将会成为多余的了。既然价值剩余也能以“非归属”的理由来解释，那么再要问为什么对它没有来用归属方法就毫无意义了。

因此，如果仅仅时间的流逝对价值有着头等重要的影响，如果现实告诉我们，时间的影响不仅仅是个尚未分析的事实，而这一事实又根源于利息的存在，而利息还得由其他理由来解释，这样论证下去的路线，从其本身来说，倒是很令人满意的，即令是照我看来，它将把我们带进与经济过程的实际进程发生的许多冲突之中。从纯逻辑上讲，它将不会遭到反对。但是时间的流逝，并不具备这种独有的头等重要的影响。即便在时间的流逝中，许多商品价值增长也证明不了什么。既然这个事实显得特别突出，而且在这个课题的有关文献中起过一定的作用，那么也许应该对它加上几句说明。

价值有两种这样的增加。第一，一种商品的服务——实际的或潜在的——在时间的进程中可以自动地改变,同时这种商品的价值也会增加。人们常常引用的例子,就是未成材的森林和窖存的酒。在这些场合,究竟会发生什么呢?随着自然过程中时间的流逝,森林和酒的确会变得更加值钱。不过,它们只是从物质上讲价值变得更大了,但是从经济上讲这种更大的价值在幼树和新入窖的酒中就已经存在了,因为增长的价值是依赖于它们的。从我们已经熟悉的事实的立场上来看,这些幼树和新酒,应该同适合砍伐的树木和陈酒,具有完全相同的价值。木材和酒在完全成熟之前也可以出售给消费者,它们的所有者就会自问在每个经济周期,哪一种选择途径会取得更大的收益:是等待时间让树木和酒进一步成熟,还是现在就卖掉它们并重新进行种植和生产。他们会选择能产生更大收益的做法,而且他们从一开始就会相应地对树木和酒以及对劳动和土地的必要服务,进行评价。然而,实际上并不是这样的。因为随着树木和酒的接近成熟,它们的价值会不断增长。尽管如此,但就像我们不久就要看到的,这归根是由于物质的和个人的冒险,特别是生命的冒险;另外还要归于利息已经存在的事实,在一定条件下使时间成为成本的一个要素。要是没有这些因素,就不会有这种价值的增加。如果人们决定延长原定的森林和酒的成熟期,那仅仅是因为人们已经发现这样做更为有利。于是就会出现一种新的利用森林和酒的方法,这种新方法在决定采用时,就显然一定能使价值有所提高。但是随着时间作为一种首要的和独有的现象的流逝,一般说来,并没有一种真正的不断的价值增长。

第二,常常发生一种情况,那就是一种商品的服务在物质上绝对和以前一样，然而在时间的流逝过程中其价值却有所增加。这只能是由于出现了一种新的需求，这也是一种发展现象。人们如何看待这个情况是易于了解的。如果没有预见到需求的增加就有了盈利，但它不是构成价值持久增长的一种盈利。相反，如果预测到需求的增加，那么一开始盈利就应该归属于有关商品，这样也不存在价值的增长。如果在现实生活中依然出现了价值增长，那么，我们就以和物质特性改进同样的方式，来解释它。

4. 我们已经穷究了可能引导我们摆脱关于利息问题两难困境的最重要的思想脉络，同时又得到了否定的结果。因此，我们发现自己又被迫回到我们已经反复谈到过的剩余价值的问题上，并且我们能够问心无愧地把这些剩余价值作为净剩余额，也就是说，作为产品的价值超过那种体现在产品中的生产性商品的价值的剩余额。这些剩余额的存在，是由于某种特殊的环境把产品的价值提高到超过该商品在循环流转中的均衡价值。为此，作为纯收益和商品流源泉的这些剩余额的特征，事实上被认为就和未来商品的价值被有意地低估了的情况一样。

使产品的价值高于它的生产手段的价值，以致借助于这些生产手段可以谋取利润的情况，在一个没有发展的经济中也是可以发生的。差错和横财、偏离预期的意外结果、苦恼的处境和偶然的富足有余——这些以及其他许多场合都可以产生剩余，但是现实价值的这种对于正常价值的偏离，以及同时对于所使用的生产手段的价值的偏离，都是无关紧要的。我们将注重那种由于发展而产生的剩余价值，这些则有趣得多了。我们已经把它们分成两个主要部分：第一部分包括那些为发展所必然带来的剩余价值，在某种意义上说，发展就是为了创造这些剩余价值；而且这些剩余额可以由选择生产品的新的、更有利的用途来加以解释，而这些生产品的价值则过去是由其他较为不利的用途来决定的。第二部分包括那些基于发展反应的剩余，也就是基于发展所带来的对某些商品的需求在实际上的或预期的增长。

再说一遍，正如庞巴维克也会承认的，所有这些剩余价值在任何可以想象的意义上都是真正的实际的剩余额，不必担心在计算或成本表单之间陷于左右为难的境地。在工资、租金和垄断收益之外以任何其他名目流到个人手里的所有商品流，直接或间接地必定都是来自于这些剩余价值。然而，让我们回忆一下已经推导出来的命题，那就是竞争和一般估价规律的作用倾向于消除超过成本之上的所有剩余额。[①] 例如，如果一家企业突然和意想不到地需要某种机器，那么这种机器的价值就会上升，这种机器的所有者肯定会全部或部分地获得剩余价值。但是，如果人们已经预料到这种新的需求，那么就一定会设想到更多的这种机器已经生产出来，而且现在正由互相竞争的生产者供应给市场。这时，或者根本不能实现特殊的利润，或者，如果生产不能相应地扩大，剩余额将归属于自然和原始的生产要素，并且根据人所共知的规则交到它们的所有者手里。即使新的需求没有预料到，经济体系最终也将会使其本身适应于这种需求，那么也将不会有永久性的剩余价值与机器联系在一起了。

① 参阅第四章的论点。

5. 我们现在可以系统地阐述我们的利息理论的五个命题，这五个命题几乎是自动来源于第一个基本结论，即利息是一种价值现象，是价格的一个要素，关于这一点，我们是和任何科学的利息理论相一致的，然后再由第六道命题来完成这一理论。

第一，利息基本上来源于刚考察过的剩余价值。既然在正常的经济生活进程中没有其他的剩余，那利息也不能从别的东西中产生。当然，这仅仅适用于我们称之为狭义的生产性利息，而并不适用于"消费性—生产性利息"①。因为只要利息只是工资和租金上面的寄生物，那么，很清楚，它就与这些剩余价值没有什么直接关系。但是，资本家阶级赖以生存的大量的、有规则的商品流，它在每个经济时期都从生产进款中流到资本家阶级手里——这种商品流只能来自我们的剩余价值。对这几点，留待后面再更为仔细地加以考察。再者，还存在着另一种性质的剩余价值，即垄断收益。因此，我们的命题假定典型的利息来源不是在于垄断收益。不过这一点，像我已经讲过的，应该是足够清楚的。这样，如果没有发展，在上述条件限制下就不会有利息；利息是发展在经济价值的海洋中所掀起的巨大波涛中的一部分。我们的命题首先是根据在循环流转中价值的决定把利息现象排斥在外的这一反证。而这种反证，首先又是根据我们对价值决定过程的直接了解，其次是根据各种站不住脚的企图，想要在一个没有发展的经济中，确立产品价值与生产手段价值之间的决定性差别。接着我们从正面证明，

① 参阅《本质》，第三篇，第三章；还参阅本书第三章，第一部分。例如：假使一个工厂由于偶然事故而毁坏，同时假设这所工厂又用借款的方式来重建，那么这种贷款的利息就是我们所说的"消费性—生产性利息"。

这种价值差额在发展过程中确实存在。这个命题在下面的讨论过程中，渐渐就不显得奇怪了。可是，在这里可以立即强调一下，这个命题并不像乍看起来那样远离我们对现实的、无偏见的处理，因为工业发展至少确实是利息形式的收入的主要源泉。①

第二，正如我们已经看到的，发展中的剩余价值分为两类：企业家利润和代表“发展反应”的那些价值。显然利息不可能属于后一类。我们能够这么轻易断言，是因为创造这种剩余的过程是十分清楚的。为此我们能立即了解到其中有什么、没有什么。让我们以一个商人为例，由于他的商店附近开办了一些工厂，他暂时会获得比均衡收入更多的收入。这样他就获得了一定的利润。这种利润本身不是利息，因为它不是永久性的，而且不久就会由于竞争而消失。但是，利息也不是从这种利润流出来的——假设商人在获得利润时并没有做什么，而只是站在铺店里，并向顾客索取更高的价格——因为对于这种利润再也绝对不会发生什么变化：商人只是把它装进口袋，随心所欲地去花费它。这整个过程没有给利息现象留下余地。因此，利息必然流自企业家利润。这是一个间接的结论，当然，与支持这个理论的其他事实相比，我只能认为这个结论具有第二位重要性。于是，在某种方式上，发展把一部分利润归给了资本家。利息成为对利润的一种课税。

第三，然而很明显，全部利润，甚至一部分利润，都不可能直接地和立即地成为利息，因为利润只是暂时的现象。依此类推，我们

① 只有利息的规则性支持这种必须进行“静态”说明的偏见；但是我们正要对利息的这种规则性作出说明。

即刻就会明白，利息不依附于任何类别的具体商品，所有依附于具体商品的剩余价值，在本质上一定是暂时的；即使在一个充分发展的经济体系中这种剩余能够不断地增长——以致要想认识任何一种剩余价值的短暂性都需要有更深入的分析——可是它们也不能立刻就形成一种永久性的收入。既然利息是永久性的，我们就不能简单地把它理解为来自具体商品的剩余价值。虽然利息是来自一定种类的剩余价值，但是却没有一种剩余价值本身就是利息。

这三道命题：作为一种重大的社会现象的利息是发展的产物；[①]利息来自利润；利息并不依附于具体商品，是我们的利息理论的基础。承认这些命题，就结束了一再在具体商品中寻求相当于利息的价值要素的尝试，[②]于是就把利息问题的研究集中在相当狭小的领域。

6. 现在是我们紧紧抓住主要问题的时候了。这个主要的问题，它的解决也是处理利息问题最重要的一点，可以概述为：这种总是流到同一资本那里去的永久性的利息流，到底是怎样从暂时的、不断变化的利润中抽出来的？这个问题的这种说法，包含着到

① 参阅《本质》第三篇，第三章。

② 从这里我们可以立即得出以下两点实际结果：第一，所谓原始交换利息，并非利息。只要这种利息不是垄断收益或工资，那么，它就必定是企业家利润——也只是暂时性的。第二，租金收入不是利息。租金收入是部分的购买，在循环流转中不可能包含任何利息成分。从一栋房屋的出租所得到的净收入只能是地租——以及“监督”工资。而在发展中，利息要素是如何能够进入这种租金收入，将会自动地从我们的论证中看到。现在已经存在于资本的利息，使得时间成为成本的一种要素，这一事实是特别重要的。

目前为止所已获得的成果，而且是与我们继续研究的方面无关的。如果它得到满意的答复，那么利息问题就会满足那些按照庞巴维克的分析已经证明是必不可少的所有要求，而得到解决——不管其他方面还可能有什么缺陷——它是不会遭遇以前的理论所受到的那种致命的打击的。

我们继续进行我们的第四道命题。除了剥削理论而外，这个命题完全不同于通常的理论，并且它受到最有资格的权威的极力反对：**在共产主义社会或一般无交换的社会，利息作为一种独立的价值现象是不会存在的**。显然，不会有人支付利息。显然，仍然会存在交换经济中利息所由以流出的价值现象。但是，作为一种特殊的价值现象，作为一种经济数量，甚至作为一种概念，利息是不会存在的；因为利息依存于交换经济的组织。让我们更明确地阐述这一问题。在一个真正的共产主义组织中，工资和地租也是不会支付的。但是，在那里劳动和土地的服务仍然会存在，它们会受到估价，而且它们的价值仍然会是经济计划的一个基本要素。可是所有这些，对利息都不适用。在共产主义经济中，根本就没有接受利息的那种人。为此，利息不可能成为估价的对象。其结果，它就不可能存在与利息收入形式相符合的纯收益。因此，利息的确是一个经济范畴——不是由非经济力量所直接创造的——但仅仅是在交换经济中才会产生的。

为什么在共产主义社会里没有利息，而在交换经济中则有利息呢？这个问题把我们引向第五个命题。它首先展现在我们面前的一幅图景，就是从利润中吸取永久性商品流的一套吸引器具是什么性质。当然资本家与生产有着某种联系。从技术上说，不论在什么样的组织形式下，生产总是相同的过程。在技术上它总是要求商品，而且除了商品就没有别的东西。因此，在这里不可能存在有什么差别。但是别的地方，就存在有差别。在一个交换经济中企业家与他的生产品的关系，本质上是不同于在一个没有交换的社会中中央机关与其生产品的关系。中央机关可以直接处理生产品，而企业家首先必须通过雇佣或购买才能得到这些生产品。（雇佣的对象是指生产品中的劳动要素——校者注）

如果企业家有权强占或征用生产品以便实现他们的新计划，那么仍然会存在企业家利润，然而他们不会把利润的任何一部分作为利息支付出去，他们也没有任何动机要考虑把一部分利润作为他们花费在“资本”上的利息。相反，他们超过成本所赚取的全部收入都是属于他们的利润，而不是别的。仅仅是因为他人掌握着必要的生产品，从而企业家必须招请资本家帮助他们搬去生产手段的私有制或自由处置个人劳务的权利，对他们的经营所造成的障碍。在循环流转的范围内，生产不需要这样的帮助，因为已经开业的厂商能够，而且原则上正在用以前的进款供目前的周转之用，而这些进款是不需要任何带有资本主义特性的机构出来干预就可以源源不断流到他们手里去的。因此，在循环流转的图景中，没有任何本质的东西受到掩盖，如果假定进行生产所使用的生产手段是由前期产品构成的；可是在新组合的情况下，企业家就没有用以购买生产手段的这些产品。这时资本的功用就出来了。很明显，不管是在一个共产主义社会，或者是在一个非共产主义的而又处于“静态的”社会，都不可能存在相当于资本的那种东西。

7. 我想提请读者注意一点，那就是我们关于利息的概念所包含的内容，与通常的概念有所不同。虽然这确实已很明显，但是再进一步加以阐明也不会是多余的。

为此目的，我将从贷款的利息与资本的"原始"利息之间的通常区别开始。这种区别回溯到我们考察利息性质的起点，并已成为利息理论的基石之一。关于利息问题的思考，理所当然地是从消费贷款的利息开始的。首先，从这些贷款利息开始本来就是合情合理的，因为这种利息由于许多明显的特征而表现为一项独立的收入。一项收入如果从外部也能与别的收入区分开来，那么从概念上掌握它要比首先必须把混在一起的其他因素去掉的收入容易些——因此，在英格兰首先清楚地认识了地租，因为它不仅存在，而且一般也是单独支付的。但是消费性贷款的利息也是利息的起点，因为它是古代和中世纪最重要的和最熟悉的形式。至于生产性贷款的利息的确也存在；但是在古代，它只在那个不进行哲学探讨的领域起作用，而进行哲学思考的那部分人只是浮光掠影地观察经济现象，并且只是对自己生活圈子里所观察到的利息才给予注意。同样，后来出现资本主义经济的要素时，也只有一个小圈子的人们熟悉它们，这些人有自己的一个小天地，可是他们既不思考，也不写作。教堂的神父、宗教法规的学者或者依赖于教会的哲学家以及亚里士多德，所有这些人只考虑消费性贷款的利息，这些利息在他们的视线内受到了注意，并且确实是以令人不快的方式出现的。从他们对榨取穷人血汗者、对剥削粗心大意者或挥霍浪费者所表现的鄙视，从他们对高利贷者乘人之危施加压力所表现的反感，使他们对收取利息产生了敌意，这可以解释有关利息的各种禁令。

另外一个概念，随着资本主义经济的成熟、从观察商业生活中产生了。认为生产性贷款的利息确实是后来一些作者的发现，这可能是有些过甚其词。但是实际上强调这一点，也几乎不下于是一种发现。这立即使我们明白，旧的概念完全忽视了这种现象的一个部分，而且现在看来真的还是最重要的一个部分；并且同时明白，债务人绝不总是由于借款而变得更穷。这就削弱了敌视利息的根本理由。并且从科学上向前迈进了一步。整个英国关于利息的文献，一直到亚当·斯密的时代，都充满着贷款常常使借款人获得商业利润的思想。过去认为借钱的人是弱者，现在则为理论家心目中所出现的一个借款强者所代替；过去认为是一群可怜的困苦穷人与粗心轻率的土地所有者，现在则被另一种人物——企业家所代替，虽然对这种人物，确实还没有十分清楚而明确地给以定义，但还是足够明白的。这就是在这里所阐述的理论所采取的观点。

但是对这一类理论家来说，生产性利息仍然是贷款利息。企业家利润被认为是它的来源。可是从这里却不能引申说企业家利润都是利息，就像不能因为这全部进款是工资的源泉从而引申说生产的全部进款都是工资一样。如果鉴于这些作者关于利息的论证的不足之处，要说他们有什么值得肯定的东西，那就是他们至少没有把利息和利润混为一谈，或者把它们在性质上等同起来。相反，正如休谟所看到的，[①]他们看出利息和利润的差别，而完全没

① 配第、洛克和斯图亚特也可以引证。

有看到利润只不过是自有资本的利息。他们以一种完全不能用于说明贷款利息的方式，来解释利润，但这种方式却仅仅能用于说明另一种作为贷款利息的源泉的利润。[①] 所有这些作者都把利息的源泉追溯到营业利润，然而他们并没有说明营业利润又只是利息的一种源泉，当然，的确是利息的主要源泉。他们的"利润"或许不能用利息来解释，即使它出现在"资本利润"的术语之中。他们并没有解决利息问题。但是，如果说他们只是把一种派生形式的利息，即贷款利息，追溯到原始的和真实的利息，而没有对后者加以解释，那也是不正确的。他们仅仅没有证明为什么拥有资本的贷款者能够索取这份利润，为什么资本市场总是作出对他有利的决定。更有甚者，洞察利息现象所要解决的中心问题，当然在于营业利润；不过，并不是由于营业利润本身就是真正的利息，而是由于它的存在是支付生产性利息的先决条件。最后，企业家当然是整个事情中最重要的人物；然而这并不是由于他是真正的、最初的、典型的利息收受者，而是由于他是典型的利息支付者。

谈到亚当·斯密，我们还可以看到一种观点的痕迹，根据这种观点利润与利息是不能简单地重合在一起的。只有李嘉图及其追随者则认为利润与利息是简单明了的同义词。直到这时，理论才开始注意到一般商业利润中的唯一问题，实际上也就是利息问题；直到这时，为什么企业家获得商业利润的问题，才归结为利息问题；最后，直到这时，如果英国作者所说的"利润"可以解释为"资本

① 这解释了那种实际上由于没有真正理解洛克的理论所产生的不协调，正如庞巴维克所强调的那样。（参阅《资本与利息》第二版，第一篇，第 52 页。）

利润”或者解释为“原始利息”，那么，他们的意思才能得到正确的表达。这绝不只是用自有资本的利息无害地来代替借入资本的契约利息，而是构成一种新的主张，即企业家的利润实质上是资本的利息。下面的事实必定有助于澄清那种从我们的观点来看显然是离开了正确途径的问题。

首先，这个问题的说明是非常清楚的。按契约签订的农业地租当然只是“原始”现象的一个结果，也就是可以“归属”于土地的那部分产品。地租仅仅就是这部分产品本身；从土地所有者的观点看，也就是农业的纯收益。契约或合同工资仅仅是劳动的经济生产率的结果；从工人的观点看，它们也就是生产的纯收益。为什么一谈到利息，情况就是另一样呢？如果没有特别理由，那是不会如此的。假使归结说，与契约合同相对应，存在着一种原始利息，而原始利息则是企业家的典型收入，就像地租是地主的典型收入一样——这种结论看来是完全自然的，几乎是不言而喻的。实际上，企业家考虑到容许自有资本取得利息——如果有必要这样做的话，这是一个不可争辩的认可条件。

产品的价值超过其成本的剩余，真正是利息也赖以存在的根本现象。它是在企业家手中产生的。仅仅看到这个问题，并且希望一旦解决了这个问题则一切都可以迎刃而解，对此难道还要感到奇怪吗？经济学家刚刚使自己挣脱了重商主义的表面性，并且逐渐习惯于注视货币帷幕后面的具体商品。他们强调资本是由具体商品组成的，并且一般倾向是把这种资本看作是构成一种特殊的生产要素。这个观点一经建立，就直接把利息看作是存货的价格的一个因素，于是人们就把利息与企业家通过这些存货所获得的利润看成是一回事了。因为利息毫无疑问地来自利润，而且代表一部分利润，于是利润，或者不管怎样其中的大部分，不自觉地变成了利息，这种变化是十分自动地发生在这样一个时候，当利息正好与企业家在生产中所利用的具体商品联系在一起。利息原也可以从工资中付出，但工资并没有同样变成利息，这是比人们想象的更为遥远的一种反映。

关于企业家职能的令人不满意的分析，曾经对上述这个观点的普遍化，产生了强大的影响。把企业家和资本家简单地混为一谈的说法，也许不十分正确。但是不管怎样，人们是从这种看法开始的，那就是企业家只有借助于作为现存商品意义的资本，才能获得利润，并且把着重点放在这个不值得着重的看法上。人们在运用资本方面看到——这也是很自然的——企业家的特殊职能，并且根据这一点，把企业家与工人区别开来。原则上企业家被认为是资本的雇主，是生产品的使用者，正像资本家被认为是某种商品的供应者一样。于是上面对问题的说明，就会很容易地表达它自身；它必然径直表现为对贷款利息问题的一个更加明确和更加深刻的说明。

这一点明显地必然对利息问题有过重大的影响。贷款之所以支付利息，是因为有原始利息，而原始利息又是在企业家手里发生的。因此，解决利息问题所需要的全部器械，都集中在企业家身上。然而这又导致了许多虚假的迹象。在这种情况下，诸如剥削理论和其他劳动理论——作为利息的解释——等许多对利息的解释尝试，第一次有了产生的可能。因为只有把利息与企业家的活动联系起来，那种以企业家劳务，或以生产财货所包含的劳动，或以企业家与工人之间的价格斗争来解释利息的见解，才会产生。其他尝试，比如所有的生产力理论，尽管没有因此而变得可能，但无论如何却由于这种对利息的系统阐述而变得基本上更为明显了。对于利息的这种阐述方法，使我们无法建立一套有关企业家与资本家的正确理论；使我们难以识别特殊的企业家利润，因而一开始就毁掉了对利息的解释。但这种阐述的最坏结果，还在于它创造了一种成为经济的永续运动（economic perpetuum mobile ）的问题。

经验告诉我们，利息是一种持久的收入，它是在企业家手里发生的。因此我们可以说，企业家手里发生了一种特殊的持久性收入。传统理论所面临的问题是，利息是从哪儿来的？一个多世纪以来，理论家们一直在探讨这一无法解决的、并且的确是毫无意义的问题。

我们的立场则全然不同。如果传统理论把契约性利息与企业家利润联系了起来，那么它就只是追溯到了在它看来是利息问题的基本事实，而在走了这一步之后，还需要完成利息问题的主要任务。如果我们能够成功地把利息与企业家利润联系起来，我们就解决了整个利息问题，因为企业家利润本身并非另一种情况的利息，而是一种与利息不同的东西，这个我们已经解释过了。“贷款之所以付息是由于存在营业利润”这一说法，对于流行理论来讲，只有作为一种对问题的更为明确的表述，才是有价值的；而对于我们，则已经具有解释性意义。营业利润从何而来呢？这是一个号召流行理论解决的主要问题，而对于我们，可说已经解决了。剩下需要我们说明的只是：利息是如何从企业利润中产生的？

由于有这样一种特别令人恼火的反对意见，认为我们这儿所做的仅仅是把利息归结为利润，而这是理论早已完成了的，因此，我们在这里提请读者特别注意这种对利息问题的不同的和较为狭义的说明，是有必要的。所以，我们一再强调那些读者自己可以轻易说清楚的事情，也是完全正当的。以下我们将说明我们的利息理论的第六个（也是最后一个）命题。

8. 形成利息基础的剩余，作为一种价值剩余，只能在价值表现中出现。因此，在一个交换经济中，它只有通过对两笔货币量的比较才能表现出来。这一点是不证自明的，并且显然是完全没有争论的。特别是，商品数量的比较本身，对说明价值剩余的存在，不会有任何帮助。因此，在这一方面，无论何处提到商品的数量，它都只是作为价值的符号而出现的。在实践中，对价值表现的运用和对利息的表示，都仅仅是采取货币形式。无论如何我们应该承认这一事实，但却可以对它作非常多种多样的解释。我们或许还可以得出这样的结论，那就是这种货币形式的利息的出现，仅仅是依赖于价值标准的必要性，而与利息的本质无关。这是流行的观点。根据这种观点，货币的作用除了作为表现形式之外，没有别的；而利息则不同，它是作为特定商品本身的一种剩余，从这种商品中产生的。对于企业家利润，我们也持同样的观点。为了表示它，也需要一种价值衡量单位，因而用货币表示，作为便宜之策。但尽管如此，企业家利润的本质是根本上与货币不相干的。

在利息方面，试图尽快脱离货币要素，而把对利息的解释引入到价值和报酬所产生的地方，也就是商品的生产领域，无疑是异常诱人的。可是我们不能回避问题。的确在任何情况下,与货币利息相对应,也就是说,与对购买力的贴水相对应,总是存在着对某种商品的贴水。的确,从技术意义上讲,我们从事生产所需要的,是商品而不是货币。但如果我们由此得出结论,认为货币只是一个中介环节,仅仅具有技术上的重要性并用货币所购买的,从而归根到底要付与利息的商品来代替货币,那么我们就会立即站不住脚。更确切地说,我们确实可以离开货币基础一步或者好几步,而走到商品实物世界中去。但是,这条道路会因为商品贴水缺乏持久性而突然碰壁——因而我们会立即发现我们已经走错了路,因为利息的一个基本特征就在于它的持久性。因此,要想通过戳破货币的面纱来接触到具体商品的贴水是不可能的。如果有人想刺穿它,他等于刺穿真空。①

因此,我们决不能离开利息的货币基础。这也间接证明,对货币形式的重要意义——利息就是以这种形式出现在我们面前的——作第二种解释,即货币形式不是外壳而是核心,是更为恰当的。很明显,仅有这一个证据我们还不足以推导得很远。但是,它同我们前面对信用与资本的论证——据此我们还可以理解购买力在这里所起的作用——是相吻合的。因此,现在可以表述我们的第六个命题:利息是购买力价格中的一个要素,而购买力又是作为控制生产品的一种手段。

当然,这个命题并非要给购买力赋予任何生产性作用。尽管

① 这里我不想再进一步讨论作为权宜之计的“消费品存货”和“累积的劳动与土地的服务的存货”。

利率随市场货币量供求的变动而变动，——这无疑说明了我们的解释[①]——但大多数人还是否认这一点。这里可以立即加上另外一点。假定其他条件不变，对于商人来说，信用便利的增加会引起利息的下降，简直就和下雨会把人淋湿一样不言自明。实际上，如果一个政府印制纸币并把它借给企业家，利息难道不会下降吗？难道国家不会因此而获得利息吗？难道利息率同对外汇率及黄金变动的联系不足够清楚地说明这一点吗？正是这一系列极为广泛而又有意义的日常观察，在这里支持着我们的论点。

但是，只有少数有影响的理论家把这些事实引入了对利息现象的讨论。西奇威克提出了一种解释，我与庞巴维克从其中看出它基本上是一种节欲论。但是，在所引资料的出处，即讨论利息那一章之前，他在关于货币价值那一章谈到了利息。在这里他把利息与货币相联系，并且在下面的说明中承认购买力的创造对利率的影响。他说："我们不得不考虑，银行家在很大程度上可以制造他所借出的货币，……并且他还一般能够以大大低于资本利息率的价格出售这种商品的使用。"[②]这段论述包含几点我们难以感到欢愉的看法。而且，它没有为分析利息的进程提供彻底可靠的基础。最后，也没有得出关于利息理论的进一步的结论。尽管如此，它还是朝我们所遵循的方向迈进了一步，而这一步显然是参照麦

① 参阅马歇尔对贸易萧条委员会所作的评论。在讨论货币量与商品价格之间的关系时他说，提起货币量的增加，"我认为它会立即对隆巴德大街(Lombard Street，为伦敦金融中心——译注)发生影响，并使人们倾向于借出更多的钱；它将会使存款与账面信用膨胀，因而使人们增加他们的投机……"。这样说话的人(而谁又能否认它呢?)，并不能轻易否认我们的解释。

② 《政治经济原理》，第3版，第251页。

克劳德来进行的。达文波特在这个题目上花费了更多的精力；但他的分析也没有得出任何东西。他骑马骑得很好，而且情愿骑到围栏为止，但却不想把它拿下来。流行的理论完全忽视了货币这一要素，而把它作为一个没有理论意义的技术问题留给金融作家。这种态度是如此普遍，以致它可能是建立在某些真理成分之上，并且无论如何是需要解释的。

对于试图否认利息率和货币数量之间的统计联系，可以说没有什么好讲的。R. 乔治·勒维[1]曾把利息率与黄金生产作了比较，不出所料，他发现二者之间并无重要的相关。且不说统计方法本身存在缺陷这一事实，也不能由此得出结论，说货币数量与利息率之间彼此毫无关系。因为首先，不可能期望有一个准确的时间相关。再者，黄金的供给，甚至银行对黄金的供给，并不是简单地同贷出的信用成比例——而只有信用的贷出才与利息率有关。最后，并非所有的黄金生产都流到企业家那里去。

欧文·费希尔试图进行的归纳性反驳(《利息率》，第 319 页及以下各页)，也不影响我们的论点。年平均数绝对没有提供任何足以与我们通过对货币日常交易的细节所观察到的事物相抵触的东西。而且，他还把人均货币流通量与利息率相比较，从而使这种比较完全与题无关。

但是，18 世纪的经济学家当然有各种理由强调，利息最终还是付给商品的。他们不仅必须同重商主义，而且必须同来自商人和哲学家的其他各种错误，进行斗争。通过这样做，他们事实上得

① 《经济学杂志》(1899 年)。

出了许多有价值的正确结论，揭示了一系列流行的谬误。劳、洛克、孟德斯鸠及其他等人认为利息率仅仅依赖于货币量，这无疑是错误的；而亚当·斯密则正确地指出，[①]如果其他情况不变，那么货币量的增加就会提高价格，并且在较高的水平上，那种以前曾起作用的报酬与资本间的同样关系，还会趋于重新确立。甚至货币流通量增加的直接影响也会使利息率上升，而不是使它下降。这是因为对这一增加的预期必定会产生那种影响，[②]并且，在任何情况下，对信贷的需求将会受到价格上升的刺激。但是，尽管这种论述可以解释，甚或在一定程度上可以证明为什么我们的大多数最高权威表现出对任何"货币"利息论的反感是不无根据的，可是它却与我们的命题毫无关系。

我们也可以从"那种与货币解释相敌对的"观点中，[③]发现某些真理成分。商人和金融作家常常以一种错误的方式，强调贴现政策和货币体系的重要性。中央银行可以影响利率这一事实能够证明利率是购买力的价格的程度，并不大于国家可以控制价格这一事实能够证明一般价格水平可以由政府行为来解释的程度。利率无疑受到对通货状况注意程度的影响，但这一事实的理论意义本身并不显得很重要。这是市场以外的动机影响到价格的一个例证。那种认为利用货币体系和贴现政策，可以使一国的利率保持

① 参阅他在《国富论》第二篇第四章所作的简短而意义深远的论证。

② 参阅费希尔:《利息率》，第 78 页。

③ 例如，在下述方式中，对利息与货币数量的因果关系所表示的有理由的蔑视：如果有更多的货币存在，货币的价值就会降低——而付给较低价值货币的利息也会减少。自然，在这里并不存在赎还特征。我在文里也根本没有讨论这种说明；但我相信，它在很大的程度上是吓跑了经济学家，使其永远避开了货币与利息的这种关系。

在低于别国的水平上，因而可以刺激经济发展的观点，只不过是一个未经科学论证的偏见。一个货币市场的组织，就像劳动市场的组织一样，当然有可能改进一些，但这并不能改变基本过程中的任何东西。

9. 现在，我们的议题可以归结为这样一个简单的问题：现在的购买力超过将来的购买力而产生贴水的条件是什么？为什么我现在借出一定单位的购买力，可以规定在将来的某一天以更大的数目收回？

这显然是一种市场现象。我们所须研究的市场是货币市场。它是一个我们必须加以考察的价格—决定过程。每一笔具体的贷款交易都是一种实在的交换。初看起来，商品竟然与其本身相交换，也许有点奇怪。但不管怎样，在庞巴维克对这一点作过讨论之后，[①]再去详细探究下列命题就是不必要的：现在与将来的交换，并不是同样事物相互之间的交换，从而是没有意义的；而倒是像甲地的某物与乙地的某物相互交换一样。正像某一地的购买力可以同另一地的购买力相交换一样，现在的购买力也可以同将来的购买力相交换。赊购交易和外汇套购的相似是明显的，这一点可供读者参考。

如果我们能够成功地证明，在一定条件下——让我们立刻就假定是在发展的情况下，货币市场上现在购买力的价值按常规总是以贴水的方式超过将来购买力的价值，那么，商品永久地流向购

① 参阅《资本》第二卷。

买力持有者的可能性就从理论上得到了说明。于是资本家可以获得一笔永久性收入，而这笔永久性收入，却在各方面就好像发生在循环流转中一样；尽管其各项来源就个别来讲也都不是永久性的，尽管它们实际上都是发展的结果。任何归属和计算，都不能改变这一作为纯收益的商品流的特性。

我们现在可以直接表述，一笔无止期的年金的总价值应该有多高。它应该等于一笔这样的款项，即当它以取得利息为目的的贷放出去时，就可以获得一笔相当于年金的收益。因为如果低于年金，那么出借者将会竞相购买年金；而如果高于它，那么潜在的年金购买者将宁愿贷款取利息，而不购买年金。这就是"资本化"的真正原则，它已经预先假定有一个利息率存在。从这一点我们可以再一次说，对一笔永久性收益的估价，不会从它们身上取消纯收入的性质。

因此，如果我们解决了现在购买力的贴水问题，我们就回答了构成全部利息议题的三个问题。对于指向资本家的永久性的商品流动——从其中不再作扣除，它也不再流向他人之手——的论证，完全解决了问题；并且依据事实，说明这个流动代表一种利得，或者说是一种纯收益。现在我们将进行这一论证，并逐步完成对这个多方面的利息问题的说明。

10. 我们已经说过，甚至在循环流转中，也可能发生而且实际会发生人们愿意借款的事情，即使偿还时比借入时数额要大得多。无论何种动机——临时的穷困、对未来收入增加的预期、意志薄弱或者深谋远虑——都可以表示人们依据未来的购买力，来对现在的购买力所作的估价，从而以通常的方式决定他们对现在购买力的需求曲线。另一方面，也可能有而且一般会有人愿意满足这种需求，只要他们可以获得一笔贴水，足以补偿他们把本来为一定目的所保存的款项借出时所产生的麻烦而有余。因此，我们也可以画出供给曲线。至于详细阐述那种价格（即被决定的贴水）在市场上如何出现，那就没有必要了。

但是，这一类交易通常却没有很大的重要性，而且尤其要注意，它并不是日常营业活动中的必需的要素。只有当对现在购买力的控制意味着能对借款者带来更大的未来购买力时，借和贷才可能变为工商业日常事务的一部分，利息也才能从经济上和社会上获得它实际具有的重要性。由于工商业利润的前景，是对现在一定数目的购买力作出不同估计的关键，所以，我们将暂时撇开所有那些甚至在没有发展的情况下也会产生利息的其他因素。

在循环流转以及在一个处于均衡状态的市场中，想要用一定数目的货币换取更大数目的货币是不可能的。纵然我在人所共知的常规的可能性范围内，使用 100 个货币单位价值的资源（包括管理），我从中也只能恰好获得 100 个货币单位的进款，而不能再多。我把 100 个货币单位无论用于哪一种现有的可能的生产途径，我总是只能从其产品中获得 100 个货币单位，不会更多——倒是有可能少些。因为一方面这恰恰是均衡位置的特点，另一方面，它代表着各种生产力量的“最佳”组合——在一定的生产条件下并从最广泛的意义来说。在这种意义上，货币单位的价值必然与其票面价值相符，因为我们假定一切套利的机会已经利用过了，从而应该被排除在外。如果我用 100 个货币单位购买劳动和土地的服务，并用它们进行最为有利的生产，我将发现我的产品在市场上正好可以换取100个货币单位。正是依据这些最有利的利用途径，才确定了生产手段的价值和价格，而且，这种最有利的利用途径还决定了我们所意指的购买力的价值。

只有在发展的过程中，事情才会有所不同。只有在那时，当我对我用100个货币单位所购买的生产能力进行新的组合，并成功地把一种具有更高价值的新产品投入市场时，我才能够从我的产品中获得更高的收益。因为生产手段的价格不是根据这一次的用途，而是根据以前的用途决定的。于是在这里，有了一笔钱，就有了得到更大的一笔钱的手段。为了这个缘故也是在这种程度上，人们通常把现在的钱数估计得比将来的钱数具有更高的价值。因而现在的钱数——也可以说是潜在的更大的钱数——将具有一个价值贴水，并且也将会导致一个价格贴水。于是在这里，就可以找到对利息的说明。在发展中，信用的提供和取用成为经济过程的一个必要组成部分。在那里，由“资本的相对稀缺”、“资本供给滞后于需求”等等说法所表述的现象就会发生。只有恰逢，并且因为这种社会的商品流变得越来越宽和越来越丰富时，利息才会显得如此鲜明突出，并且最终把我们如此有力地置于它的影响之下，以致我们只有经过长期的努力分析，才能领悟到并非在人们从事经济活动的任何地方，都会出现利息。

11. 现在，让我们更加仔细地来探究利息的形成过程。经过以上的论述，这意味着我们将更加仔细地考察购买力价格的决定方法。为达此目的，让我们首先严格地集中于研究那些我们认为是基本的，而且以前的章节亦曾讨论过的情况，也就是企业家与资本家之间的交易情况。自后我们将探索利息现象的最重要的细节。

在我们目前的假定下，唯有企业家是能够把现在购买力估计得高于将来购买力价值的人。只有他们才是那种看重现在货币的市场运动的支撑者，才是那种把货币的价格提升到我们所说的票面价值之上的需求的支撑者。

站在供给一方的资本家与站在需求一方的企业家相对立。让我们从以下假定开始，即进行一项新组合所必需的支付手段一定要从循环流转中抽出来；同时没有信用支付手段的创造。而且，由于我们所考虑的是一个不具有以前发展结果的经济体，故此不存在闲置的购买力这些庞大的蓄水池，因为如上所说，这些蓄水池只有在发展中才会被创造出来。因此，一个资本家必须是这样的人，他在一定的条件下愿意将一定的金额，从其惯常的用途中，也就是从限制他的生产或消费支出中抽出来，转移给企业家。我们还假定，这个体系中的货币数量不会通过其他途径，例如金矿的发现，而有所增加。

企业家和货币所有者之间的交易将会发展下去，并且和其他任何场合一样，也将会继续进行下去。我们已经为所有参加交换的个体，确定了需求曲线和供给曲线。企业家的需求，取决于他利用一定金额开拓那些盘旋于他面前的生产可能性所能取得的利润。尽管对企业家来讲，一小笔贷款，比如说少量的货币单位，没有什么用途，而在使重要创新成为可能的一些点的位置上，这些个别的需求曲线事实上都是不连续的，但我们还是像对待其他商品的需求曲线一样，认为这些需求曲线是连续的。超过了一定点，即超过为了施行企业家曾经想到过的所有的计划所必需的金额以外，他的需求曲线将会急剧下降，也许会绝对下降到零。可是在考虑总的经济过程时，或者说考虑到很多很多企业家的时候，这种情况就会大大失去其重要性。因此，我们将设想企业家可以从零到实际需用钱的最大限度之间，确定每单位货币所取得的企业家利润，就像每个人对任何商品的一系列单位确定一定的价值一样。

在第一章我们曾经说明，任何一个对每一经济时期内所拥有的货币存额的正常的个人估值，依赖于任何一单位货币的主观交换价值。同样的规律也适合于超过这个惯常存额以上的货币增加量。由此，就可以导出每一个人的确定的效用曲线，也可由此，并依据众所周知的原理，导出货币市场上的确定的潜在供给曲线。[1]现在，我们必须来描述企业家与潜在的货币供应者之间的"价格斗争"。

作为一个出发点，我们假定在货币市场上，可以视同证券交易所一样，有人对购买力开出一个价格作为一种尝试。在我们当前的假定下，这个价格必然非常高，因为借出者不得不严重打乱所有私人的和业务的安排。假设用未来购买力所表现的现在购买力的价格，以一年为期，是140。在40%的贴水下，只有那些有希望获得至少40%，或者更确切地讲，高于40%的企业利润的企业家，才会发生一定的有效需求；而其他人则都会被排除在外。假定前者有一定的人数存在。根据"薄利多销比一点不交换为好"[2]的原

① 详见《本质》，第二篇。这里我们不想对价格理论作详尽的说明。

② 参阅庞巴维克：《资本》，第二卷。

则，这些企业家将真正地愿意按这样的利息率支付而取得一定数量的购买力。在市场的另一头，也同样存在着甚至在这样的利率下也不愿出借的人。让我们再假定，有一些人认为这一补偿是合算的，他们考虑的是应该借出多少。40%只是在一定金额限度内才是足够的补偿；因为对于每一个人来讲，都存在着这样一个限度，如果超过此限，在本经济时期内所作的牺牲就一定会超过下一时期所能增加的效用。但是贷款额实际上仍然会达到这样的高度，如果再增加一点，就会得不偿失。因为只要贷款额小于这一数量，按这个利率继续借出货币单位，得失相抵，总会产生一点剩余利得，根据一般原理，任何人都是不会放弃它的。

所以，供给与需求是明确无误地取决于每一个这种"暂定"价格的场合。如果它们偶然地恰好是同样大，那么，在我们的例子中，这个价格就表示为40%的利息率。可是如果在这个利率上，企业家想要得到的货币比贷款者提供的要多，企业家之间就会出现抬价竞争，从而有些企业家就会被挤掉，同时会出现新的出借者，直至达到均衡为止。而如果在这个利率上，企业家想要得到的货币比贷款者提供的要少，贷款者之间就会出现降价的竞争，从而有些贷款者就会被挤掉，同时会出现新的企业家，直至达到均衡为止。因此，在货币市场的交易斗争中，正像在其他市场上一样，对购买力就会建立一个确定的价格。并且，一般说来，既然双方都对现在货币的估值远远高于未来货币——对企业家说来，是因为现在货币对他意味着更多的未来货币；对借出者说来，则是因为在我们的假定下，现在货币使他能以有条理地安排经济活动，而未来货币则只会增加他的收入——实际上价格总是高于票面价值。

到这一点为止的讨论结果,像其他任何价格决定过程一样,可以用边际理论来表示。一方面,利息将等于那个“最后企业家”的利润。所谓最后企业家就是这样的企业家,他预期从他的事业项目中所能获得的利润,只是恰好足以支付利息。如果我们根据企业家所期望得到的利润大小对他们进行排队——适当考虑各种不同的风险因素——,使得企业家的“借款能力”在排队中由大到小逐渐下降,并且,如果我们把这个排列看成是连续的,那么总会有这样一个企业家,他的利润正好等于利息,这个企业家也就处于那些能够获得较大利润的和那些由于所获利润小于要付的利息而被排除出货币市场交易之外的企业家之间。在实际中,“最后的”或“边际的”企业家也可能留有一个小小的剩余,但有时会有这样的一些企业家,对他们来说,这个剩余是如此之小,以致使他们只有按照实际流行的利率才会产生对购买力的需求,利息率的任何微小的上升,都会使这一需求消失。这些企业家处于与理论的边际企业家相当的地位。因此,我们可以说,在任何情况下,利息在每一场合必然等于实际中所实现的最微小的企业家利润。通过这样的阐述,我们又接近了通常的解释。

另一方面,利息也必须与最后的或边际的资本家对他的货币的价值估价相等。这个边际资本家的概念,经过必要的修改,可以采取与获得边际企业家概念同样的方法而得到,我们可以容易看出,从这一点出发,利息必须与最后的借款者(即最后的资本家)的估价相等,而后者又必须与最后的企业家的估价相等。同样明显的是,这个结果如何能够进一步发展——这在经济学文献中也屡次做过。只有一点还必须提到。最后一个出借者对其借出货币的估值，依赖于他对经济生活习惯看重的程度。对此我们可以用这样的说法来表明：贷款包含着牺牲，并且，对于边际资本家，确实是一个“边际牺牲”；而这个边际牺牲则相当于他对于由利息进款所引起的收入增加的估价。于是利息也等于为满足在一定利率上市场对货币的现有需求所必须作出的最大的或边际的牺牲。为说明这一点，我们以下来研究节欲论的表述方法。

12. 如果产业的发展实际上确实是依靠这种来自循环流转场合的资源所通融的，那么，利息就必须以上述方式决定。但是，我们看到，对于特地创造出来的购买力，即信用支付手段，也是要支付利息的。这就把我们带到本书第二章和第三章所得到的结果，现在也是把它们在这里加以介绍的时候了。在那里我们看到，在一个资本主义社会，产业的发展在原则上是可以单单依靠信用支付手段来进行的。我们现在采纳这种观念。让我们再次牢记，实际存在的巨大的货币蓄水池只是发展的结果，因而首先必须不予考虑。

虽然这种信用支付手段的介入改变了我们以前对现实的描述，但在主要方面并没有使它变得无用。我们关于货币市场的需求方面所说的话，暂时不会改变。现在如同以前一样，需求仍然来自企业家，并且的确是用和上面所讲的例子同样的方式。只有在供给方面才有较大的变动。供给现在是处在另一种基础之上；一种在循环流转场合不存在的、具有不同性质的、新的购买力源泉出现了。现在，供给也来自不同的人，来自不同含义的“资本家”，依照以前所说的，我们称之为“银行家”。在这种情况下，产生利息的借贷交易，同时依据我们的解释，它也带有现代社会其他一切有关货币交易的典型特点，就在企业家与银行家之间发生了。

因此，如果我们能够给予支配信用支付手段的条件，我们就将会掌握利息现象的根本情况。我们已经知道这种供给由何种力量来调节：首先要考虑到企业家的可能失败，其次要考虑到信用支付手段的可能贬值。我们可以不考虑第一个要素。为此我们只需考虑加上风险——这可以由经验得知——把它看作总是包含在"贷款的票面价值"之中。这意味着，如果我们从经验中得知，贷款总有 1%不能收回，那么，如果银行家从其所有可以收回的债务中实际上多获得大约 1.01%的利息，我们就可以说他收回的数目和他所借出的数目相等。当然，其中还存在着作为银行家职业活动的工资成分，这个我们也忽略不计。这样，供给的大小就仅由第二个因素决定，那就是只需考虑避免新创造的购买力和现存的购买力之间的价值差额。我们必须表明，价值和价格的决定过程，也在新创造的购买力上创造了一个贴水。

在以前所探讨的情况中(即在企业家与资本家的借贷交换中——译注)，发生利息为负的情况不是完全不可能的。在那种情况下，如果对新冒险事业的货币需求小于那些有钱人愿意提供的货币数量，这些人觉得哪怕暂时替他们保管一下钱财都是"给他们面子"，那么负利息就会发生。不过这里不考虑这种情况。因为如果银行家收回的钱少于借出的钱，他就会遭受损失；由于他不能全部支付其负债，他必须设法填补这个亏缺。因此，在这种情况下利息不能降到低于零。

然而在一般情况下，利息率会高于零，因为企业家对购买力的需求有一个重要的方面与对普通商品的需求不同。循环流转中的需求，总要有实际商品的供给来支持，否则这种需求就不是“有效的”。但无论如何，和他对具体商品的需求不同，企业家对购买力的需求并不受这个条件的限制。

相反，它只受另一个不太严格的条件的制约，那就是企业家要有能力在日后还本付息。由于企业家只有在利用贷款可以获利的情况下才会产生对信用的需求(甚或在利率为零时也是如此)——否则他就没有进行生产的经济刺激——，因而我们可以说，企业家的需求要受制于一个条件，或者说只有在这个条件下其需求才能有效，那就是利用这笔贷款牟取利润。这又联系到供求关系。在任何经济形势下，可能的创新的数目实际上是无限的，这在第二章已经予以阐明。即使是最富裕的经济体系也不是绝对完善的，而且也不可能如此。改进总是可以做一些的，而进行改进的努力总是要受到一定条件的制约，而不是受到现状的完善无缺的限制。每前进一步都会开辟新的前景。每一项改进都会离开看来是绝对完善的境界更远一些。因此，获得利润的可能性，以及由此所产生的“潜在需求”，就不会有一个确定的限度。结果，倘若利息率为零的话，对贷款的需求通常也会大于供给，因为后者总是有限的。

但是，这些获取利润的可能性，如果没有企业家人格的支持，就会是无能为力和不现实的。到目前为止，我们只知道在经济生活中，获取利润的创新是“可能的”；我们还不知道，是否这样的机会总会被具体的个人所利用，并且达到这样的程度，那就是当利率为零时，他们对购买力的需求总是大于供给。我们还可以更进一步。一种没有发展的经济体系有可能存在的这一事实告诉我们，那种能够并且乐意实现这种创新的个人甚至可能根本不存在。由此我们是否可以说，这样的个人在现实中可能是如此之少，以致购买力的供给不能全部被吸收，而不是不能满足所有的需求？因为如果没有对购买力的需求，或者仅有一个微不足道的需求，那么就根本不会有任何购买力的创造，信用支付手段的整个供给也就完全消失了。[①] 但是，只要有一点点企业家对信用的需求还存在，那么在利息率为零时，这个需求就不可能小于供给。因为一个企业家的出现会促进其他一些企业家的出现。在第六章我们将表明，创新所面临的障碍会随着社会逐渐习惯于这种创新的出现而变小，特别是，创办新企业的困难也会随着与国外市场、信贷形式等等联系的建立而变小，因为这些联系一旦创造，追随于先驱之后的那些人也会受益。因此，已经成功地创办起新企业的人数越多，作为一个企业家所遇到的困难就越小。经验告诉我们，在这方面的成功，像在其他所有方面一样，会吸引越来越多的追随者，因而从事新组合的人会不断增加。对资本的需求，本身就会不断地产生新的需求。因此，在货币市场上，有效的供给，不论它有多大，总是有限的；而与之相对应的，则是没有任何确定的限界的有效需求。

这就必将把利率提高到零之上。只要有高于零的利率存在，就会有许多企业家被淘汰；而且，随着利率的上升，被淘汰的企业家会越来越多。这里因为，虽然在实际中获取利润的可能性是无限的，但这些可能性却是大小不同的，而且其中大部分当然是很小

① 为避免误解，可以提请注意，在循环流转中靠信用支付手段的帮助进行交易是可能的。这种交易将在无利息和与票面价值相符的情况下进行循环。但是，若要刺激更多的信用支付手段从中创造出来，利息当然还是必要的。

的。利息的出现会再次增加供给数量(它不是绝对不变的)，但利息一定会而且仍然继续存在。一场价格斗争会在货币市场上掀起来，对此我们就不再描述了。并且，在经济体系的所有要素的影响下，对于购买力的一个确定的价格会建立起来，其中必然包括利息。

13.现在，我们必须把到目前为止我们排除在外的一些经验事实，来同有关利息的基本原理衔接起来。首先，我们必须列举所有现存的而不是新创造的购买力的来源，它们实际上正在填充着那个庞大的货币——市场蓄水池；其次，我们必须说明，利息是如何由其相当狭小的基础，扩散到整个交换经济，也仿佛渗透到整个经济体系，以致使利息实际所占的地位，似乎比人们根据我们的理论所预料的要重要得多。只有当这两个方向的利息问题的全部领域，都能用我们的观点得到详尽无遗的探究，我们才可以说我们的问题已经解决。

第一个任务没有什么困难。首先，正像我们以前所说的，发展的每一个具体阶段，都是在继承先前阶段的基础上开始的。购买力的蓄水池可能已经由前资本主义交换经济所创造的某些要素所形成，因而在经济体系中，总会有较大或较小数量的购买力，可供新企业永久地或在一定时间内支配。而且，当资本主义的发展正在进行时，就会有一股不断增加的、可供使用的购买力流向货币市场。我们将把这股购买力，区分为三个不同的分支。第一，企业家利润的绝大部分是这样来使用的；利润将转为“投资”。这里，企业家是把利润投资于本企业，或者，这笔钱将会在市场上出现，原则上都是无关紧要的。第二，在企业家或者他们的继承人退出工商业活动时，如果这会引起企业的清算，那么就会使或大或小的款项成为游资，而不一定总是有其他款项同时被占用。第三，也是最后，那些所谓由发展带给企业家以外的其他人的，以及基于“发展反响”而产生的利润，将会在或大或小的程度上，直接地或间接地进入货币市场。这里我们要注意，这一过程之所以是附带的，不仅是因为有了发展才有这笔钱，而且还由于有利息存在，由于有可能从这笔钱得到利息收入，这就把那种可供使用的购买力吸引到了货币市场上来。获取利息是购买力所有者提供其购买力的唯一动机——如果没有利息，购买力就会贮藏起来，或者用于购买商品。

另一个要素的情形是相似的。我们看到，在一个没有发展的经济体系[①]中，储蓄的意义相对地讲是很小的，而所谓现代社会的储蓄规模，不过是那些从发展得来的利润中没有变成收入成分的那些货币额。现在，甚或在有发展的社会中，要是没有那种在无发展体系中不存在的新型储蓄——并且确实是“真实的”储蓄——的出现，真实意义上的储蓄的重要性，也许不足以大得对产业的要求起到决定性的作用。一个人如果借出一笔钱保证可以获得一笔持久的收入，这就成了储蓄的新动机。由于一笔储蓄额的自动增加会引起其边际效用的下降，储蓄有时反而比没有收取利息时更为减少，这一点也是可以想象的。可是从大多数情况来看，利息的存在为使用节省下来的钱开辟了一个新的途径，显然在很大程度上导致了储蓄活动的大幅度增加——这当然不是说利息的任何增加

① 参阅第二章。

都一定会引起储蓄量按同一比例增加，或者总是会增加一点。由此可见，现实中所观察到的储蓄，部分地是现存利息所造成的一个结果；并且在这里，也还有一个"附属的购买力流量"进入到货币市场。

第三个供给货币市场的源泉是那些长期或短期内闲置的资金，若能获得利息，也会借出。它包括暂时可以自由使用的工商企业资本等项。银行把这些金额收集起来，而一套高度发达的技术则使得每一个货币单位，即使它是为即将发生的支出而准备的，也能为购买力的增加起到一份作用。这里还有另一事实需要说明。我们看到，信用支付手段的本质以及对它的存在的解释，不是为了节约金属货币。当然，利用信用手段进行一项交易，要比仅仅使用金属货币为少。但这些交易只有依靠信用支付手段的帮助才会出现；并且，对于假若未曾有过信用支付手段而同时也会发展起来的那种对货币的需求来说，迄今还未出现货币的"节约"。不过我们现在还必须认识到，除了由发展所带来的信用支付手段之外，其他的交易量在以前也许是用金属货币手段进行的，这时银行由于迫切希望增加生息购买力的数量，也能提供信用来结算；也就是说，信用支付手段同样也是由一套银行经营的办法创造出来的，结果，可供支配的货币量就从这个来源得到了进一步的增加。

所有这些要素，会增加货币市场的供给；也会比在没有这些要素的情况下，大大降低利息率的水平。并且，如果发展不能持续地创造新的就业可能性，这些要素就会很快地使利率降低到零。一旦发展停止了，银行家就很难知道怎样利用这些可支配的资金；并且，货币的价格除了包含资本本身加上风险贴水和对劳动的补偿外，是否还有别的，也常常成了疑问。为此特别是，而且尤其是在非常富裕的国家的货币市场上，购买力的创造这一要素常常会失去其重要性，人们也很容易形成这样的印象：银行家只不过是借贷双方之间的中介而已——这一点不论对经济理论还是对金融实践，其代价都是十分昂贵的。从这个观念看来，它只是用企业家所需要的具体商品，或者用那些把必要的生产手段转移给企业家的人们所需要的具体商品，来径直代替贷款者的货币的一个步骤。

这里可以进一步提请注意一下，庞巴维克曾强调指出，在有些情况下，人们之所以要求利息和支付利息，只是因为有可能要求和支付利息。银行余额的利息就是一例。没有谁想以这种方式进行投资，而把购买力转移给银行。相反，货币之所以存储起来，只是由于这样存储有利于提供购买力来用于企业经营或个人打算。有时即使要为此付出代价，这种事情也会发生。但实际上，在大多数国家，存款者可从银行家利用该款所获得的利息中分到一个份额。这种情况一旦变为正常，人们就不会在一家不付利息的银行里保留存款余额。这里，存款者不需要做任何事情，利息就会到手。现在，这种现象已深深渗透到整个经济生活。每一份微小的购买力都可以获取利息的这一事实，就在这笔购买力上面造成了一种贴水，而不管这笔购买力服务于什么目的。这样，利息也就强行进入了那些本身与新的组合毫无关系的人们的经营事务中。每一个单位的购买力似乎都必须和那股企图把它吸引到货币市场去的潮流作斗争。更有甚者，显然在一切场合，不论何人以何理由需要信用通融，贷款交易——公债及诸如此类等等——都将与这一根本现象密切关联起来。

14. 用这种方式，利息现象逐渐扩展到整个经济体系，从而在观察者面前展现了一个比单纯从利息的内在本质进行猜想时远为广阔的前景。因此，正像我们已经指出的那样，时间本身在某种意义上成为成本的一个要素。结果这个被流行学说当作根本事实的现象，说明了——同时也提出了根据——为什么我们的解释与流行学说之间有所差别。然而，我们还有一步工作要做，那就是我们还需解释为什么利息最终变成除去工资以外的所有报酬的一种表现形式。

在实际中，我们常说土地产生利息，同样地，专利权或其他任何可获得垄断收益的商品也产生利息。甚或有些非持久性的收入，我们也说它生息；例如我们说一笔用于投机的钱，或甚至一批用于投机的商品，产生了利息。这不是和我们的解释相抵触了吗？这不是说明利息成了一种商品占有的收入，成了一个与我们的解释全然不同的范畴吗？

这种表示报酬的方法，在美国经济学家的理论中，已经产生了确定的成果。其推动力来自克拉克教授。他把来自具体生产资料(producers' goods)的收益称为租金；而把来自生产力的耐久的经济基金(the enduring economic fund of productive power)的相同的收益——他称之为"资本"——叫做利息。因此，利息在这里仅仅是作为收益或报酬的一个特殊方面而出现的，而不再看作是国民收入流量中的一个独立部分。费特教授[①]也得出了同样的见解，但更为有力，其所用方法也有所不同。然而这里我们最感兴趣

① 参阅我的论文"美国的新经济理论"，《施莫勒年鉴》(1910年)。

的还是费希尔教授在其《利息率》一书中所阐述的理论。费希尔教授仅仅用人们对未来满足的低估来解释利息的事实。最近[①]，他这样表述他的理论："利率是缺乏耐性凝结而成的市场比价。"相应地，他把利息与一切在时间上同最终消费相脱离的商品联系在一起。由于后者所获得的全部报酬可以被"资本化"，结果可以用利息形式来表示，所以利息就不是总收入流量的一部分，而是其全部：工资是人力资本的利息，地租是处于土地形式的资本的利息，而所有其他报酬都是生产出来的资本的利息。每一种收入都是用对未来满足低估的比率折现后的价值产品。很明显，我们不能接受这种理论，因为我们甚至不认可其中有基本要素的存在。而对费希尔教授来讲，同样明显的是，这个基本要素（即对未来满足的低估——译注）会变成经济生活的中心因素，从而必须用它来解释几乎每一种经济现象。

这里所考虑的一条基本原理，以及它将使我们了解为什么人们普遍以利息形式来表示收益或报酬，可以表示如下。根据我们的解释，具体的商品从来不是资本。可是，在一个充分发展的体系中，任何人有了这些具体商品，都能够通过卖掉它们而获得资本。在这种意义上，具体商品可称为"潜在资本"；至少从商品的主人看来是如此，因为他们可以把商品换成资本。在这一点上，只有土地和垄断地位[②]需要考虑，原因有二：第一，如果我们不考虑奴隶制的情况，那么，很明显，一个人是不能卖掉自己劳动力的。可是也

① 科学院：《科学评论》（1911 年）。

② 尽管我使用这种表达方式，但我并不怀疑垄断地位并非"商品"的这一根本事实，这一点将会是容易看到的。

不存在消费品存货和流行理论所说的生产出来的生产手段——因此，原则上，我们立即走回到土地和垄断上来。第二，只有土地和垄断地位是直接产生收入的。由于资本也能产生收入，因而它的所有者不会用它来交换那些不能取得纯收入的商品——除非这些商品的价格可以让一个折扣给他，使他在现行经济时期内能够用此商品实现利润，并且完整无损地重新投下他的资本。但是这样一来，出售者将会遭受损失，只有在出售者处于不正常的情况，特别是不幸的情况下，才会这样决定。下面我们将紧接着说明这一点。

这样，若有发展存在，垄断者和"自然生产要素"的所有者就有充分的理由，把他们的收入与出售他们的自然生产要素或垄断权换取资本而可能得到的收益相比较，因为这种出售可能是有利的。同样，资本家也有理由把他们从利息中所获得的收入与租金或持久的垄断收入——这些他们都可以利用资本换来——相比较。那么，现在要问：这类收入来源的价格会有多高呢？只要是具有求财多得的观点，任何一个资本家也不会把一块土地的价值估计得高于这样一笔钱，如果用这笔钱获得的利息足以和那块土地获得的地租一样多。同样的道理，任何一个资本家也不能把这块土地的价格估计得更低一些。如果对一块土地索价高了(不考虑那些明显的次级的要素)，那么它就卖不出去：因为没有资本家愿意买它。相反，如果开价低了，资本家之间就会出现竞争，从而把价格又提高到那个水平。除非陷于穷困，任何一个土地所有者都不会把他的土地轻易脱手，如果卖价所产生的利息还够不上他这块土地所取得的纯地租。但他也不可能卖得更贵，否则马上会有大量土地卖给这个愿出此价的资本家。这样,持久收入来源的"资本价值"就毫不含糊地被确定下来。而那些众所周知的、在大多数场合造成的多付一点或少付一点的现象,却并不影响这个基本原理。

在对资本化问题的这种解答中,中心的和基本的因素是付与购买力的利息。所有其他持久性收入来源的收益或报酬都和它相比较,并以它为依据——这是由于有利息的存在——其价格是如此由竞争机制所决定,以致把潜在资本的收益或报酬设想为真实利息,也不会造成实际的错误。因此,事实上,每一种持久性收入都与利息相联系;但这仅是就外表的,就每种收入的大小都由利息水平决定而言的。实则这些持久性收入并非利息;在实际上相反的表示方法只是一个简化的表达。它们也并非像应该做到的那样,直接依赖于利息,如果利息的性质可以正确地由"时间贴现"来表示的话。

我们的结论还可以扩展到非持久性纯收入,例如准地租。不难看出,在自由竞争之下,一笔临时性纯收益,可以按这样一笔货币额买和卖,如果把这笔货币额在交易结束时进行投资以获得利息,那么在纯收益停止时,利息额会积累到与一切纯收益借出时所能积累到的相同数量。这里,也是在实际上,购买者资本(buyer's capital)被说成是生息的——并且与持久性收入有同样的权利——尽管购买者不再拥有资本,并且已从资本家转化为租金收入者。如果例如说,有一座高炉不能带来持久性的——也许是垄断的——或暂时的纯收益,而是一种循环流转的经营(抽象掉我们这儿忽略不计的租金),是无利可图的,那么,高炉的所有主将会从高炉中获得多少钱呢?现在,可以说没有任何资本家情愿将他的资本“投资”于这种业务。无论何种交易，只要它一旦发生，都必须不仅使他在工厂报废时收回他的资本，而且也必须在工厂的经营期间，获得与这笔投资在其他用途下能够获得的利息相当的纯收益。结果，假若购买者除了简单地从循环流转中收取高炉的利得外，没有打算把它派上其他用场，也就是说，如果没有设法使高炉在新的组合中发挥作用，那么，它就势必要以低于其成本的价格卖掉。出售者必须下决心承受损失，因为只有这样，买主才能获得与他的这笔购货款可取得的利息相等的利润。

在所有这些场合中，工商业者的解释和表达倒都是不正确的。但是，在所有这些场合中，这些不正确的表达却不会有实际的影响，而且，工商业者之所以要使用这种不恰当的解释，其原因也是相当明显的。在现代经济体系中，利率已成为这样一种决定性因素，而利息又是如此地成为整个经济的晴雨表，以致对它的注意，在每一个实际的经济活动中都是必需的，从而它已进入了每一项经济考虑之中。它导致了自古以来理论家所观察到的现象，那就是经济体系中所有的报酬，从某个方面来看，都是趋于相等的。

15. 从事实际工作的人常常会谈到所谓具体财货的利息，这一简略语言，当然会把理论引向歧途。但现在我想表明的是，那种常常把利息概念延伸到它真实基础之外的理论错误，也会带来实际工作的错误。

只有在持久性报酬，即租金和持久性垄断收益的情况下，而不是在其他情况下，报酬或收益的这种“利息方面”才是可以采取的一个无害的观点。为了表明这一点，让我们首先考虑上面提到的高炉例子。在我们的假定下，高炉的买主在高炉的使用期内，可以获得足够的收入，使他可以收回其购置货款，外加利息——这个我们假定他作为收入而花掉。现在，如果所有的经济条件不变，那么当高炉报废时，他就可以花费同样的成本建造另一座完全同样的高炉。[①] 但是，如果花费比原来大，那么他就必须在提取的折旧基金上添加一笔钱，以补足所需的重置费用。这样，从此以后高炉就不再为他提供纯收益。现在，如果高炉的买主清楚地意识到这一点，他就不会重建高炉，而是把所收回的资金投到其他地方去。如果他没有意识到这一点，如果他让自己被利息的外表所蒙骗，那么他将遭受损失，尽管在他这方面的卖方或许也已经受到损失，而当时买主也正确地相信他已做了一笔合算的交易。乍看起来，这种情况颇为费解。但我们仍不准备另作说明，因为只要读者加以适当注意，问题应该是清楚的。这种情况在实际中也不少见，那是把持久性纯收益与那些并不产生它们的商品相联系的结果。当然，其他错误也会带来这种失望。另一方面，这种失望在特殊有利的环境下也许不会变为现实。但是我相信，每个人都可以为上述情况，在经验中找到足够的证据。

如果纯收益的确存在，但并非持久性的，例如一个企业仍然可以分期获得少量的企业家利润，或者获得暂时的垄断收益或准地租，情况亦复如此。如果有人依然称之为生息，那么只要他意识到这些报酬或收益的暂时性，也就没有什么害处。但是，一旦人们把

---

① 读者将会容易看到，如果我们假定高炉的买主，他情愿继续使用那座高炉，不让它报废和重建，而是通过维修来永久地保持和使用它，那么这个观点是仍然适用的。

它们解释为利息，那么就很容易把它们看成是持久性的；的确，有时这种表达就已经是这个错误的一种迹象。于是人们自然会感到最不愉快的诧异。这种利息有一种难以克服的递减趋势，甚至可以突然中止。固然，工商业者遇到这种情况，常常抱怨日子不好过，而且叫喊要实行保护关税，政府援助等等，或者认为自己成了特殊不幸的牺牲者，或者——理由更充分些——是新竞争之下的牺牲者。这种情况常常发生，它有力地证实了我们的解释。可是，我们的讨论又明显地回到了原来的基本错误上来，这些错误，在实践中会导致不正确的措施和更为痛苦的失望，在理论上则会导致我们正在批判的有关利息的种种解释。

常常可以听到这样的说法，譬如说某人的生意"获利"达30％。这当然不仅仅包括利息。在大多数情况下，其所以得到这样的结果，是由于没有把企业家的活动视为一种支出，因而没有把对这种活动的付款或报酬算在成本之内。如果不是这样来解释，那么，收益就不可能是持久性的。工商业的经验完全证实了我们解释的这种结论。为什么工商业会持久地"生息"呢？的确，工商业者常常认识不到收益的这种暂时性质，并对其不断减少作出了各种不同的假设。而且，买主还常常为期望所诱惑，以为这种收益能持续下去——他至多也不过认识到，先前的所有主的经验也许和这种收益的大小有些关系。于是他自动地运用利息公式，而不是应用正确的计算方法。如果他严格从事，如果他按现行利率将收益予以"资本化"，那么失败将会随之而来。每一种企业的收益，经过一段时间之后都会消失；每一项企业，如果它保持不变，不久也就会失去其存在意义。

个人的工业经营只是工资和地租的持久性源泉，而不是任何其他收入的持久性源泉。在日常实践中，最容易忽视这一点并遭受上述不愉快经验的人，要算是典型的股票持有者。也许有人认为，一个股东甚至用不着定期地改变投资，就可以得到持久性的纯收入，根据这一"事实"，可以制造一条反对我们利息理论的意见。按照我们的看法，资本家必须首先把钱借给一个企业家，然后，经过一段时间，再借给另一个企业家，因为第一个企业家不能持久地处于支付利息的地位。由于我们认为股东的特点仅仅在于提供资金，并从同一个企业中取得一份持久性收入这个反对意见似乎很有力。然而正是股东的情形——以及每一个把自己的命运永远和一家企业联系在一起的贷款者的情形，表明了我们的解释是多么的和现实相符。因为这一"事实"是非常可疑的。公司能永恒存在下去吗？它们能永远支付股息吗？这种情况当然也有，但一般说来，只有两种情况。第一，有些产业部门，比如铁路，即使没有永远的垄断权，至少在长期内垄断是靠得住的。这里，股东干脆就是坐享垄断收益。第二，有这样一类企业，按照它们的性质和计划，总是在不断地别开生面，它们实际上不是别的，而是持久的新企业的形式。这里，企业的目标经常在变，领导人物也随之而变，从而事物的实质就是使那些具有相当才能的人总是出现在领导位置上。新的利润总在出现，如果股东失去他的收益，这实际上并非必然，而只能作为个别情况下的不幸来加以解释。但是，如果撇开这两种情况，也就是说，如果一家公司只在不处于垄断地位上经营一种确定的业务，那么至多也不过存在有作为自然要素的租金的持久性收入，除此而别无其他。现在，实践经验有力地证明了这一点，尽管实际上竞争不能立刻起作用，因而在相当长的时间内企业可以继续保持剩余。没有任何上述这种工业企业，能够保持经常用金钱来塞满股东的口袋；相反，它会很快陷入像泉水干涸那样的可悲境地。因此，资本的偿还总是隐藏于股息之中，尽管机器的磨损等等总是小心谨慎地由折旧账户给予照应。因此，摊销到成本中去的数字常常要比实际磨损大得多，许多公司都在设法尽快地摊销掉其全部资本，这是十分恰当的。因为到了一定时期，当收益仅足以抵消成本时，这种企业实际上也就毫无价值了。因此，想从同一企业的利息中得到一种持久不断的收入，那是不可能有的事。任何不相信这一点并按此行事的人，只有在遭到损失之后才会明白过来。所以，股东收取股息这一事实并不能说明我们的解释是错误的——而倒是适得其反！

16. 这一理论能够在多大程度上成为分析统计资料和考察有关利息问题的有效工具，还有待分晓。当然，比起其他解释来，它似乎把货币、信用、银行业务等方面的事实，同纯理论结合得更为紧密。作者期望在不远的将来，能够把这方面的某些研究成果写成专著，其中对例如黄金储蓄与利息的关系、货币制度对利息的影响、不同国家利率的差异，以及汇率与利息的相互关系等问题，将一一加以讨论。

我们的论点也应该能够说明利息率的时间变动。其实主要倒是从这类事实可以证实我们的根本思想。如果经济生活中的利息——通常称为“生产性信息”——的根源在于企业家利润，那么两者就应该密切地一起变动。事实上，短短的波动正是如此。在较长时期，我们还可以发现新组合的流行与利息之间存在着某种关系，但涉及因素太多，而且一旦超出（比如说）十年的界限，所谓“其他情况”也并非完全不变，以致要证明这种关系是极为复杂的事。因为那就不仅必须考虑政府的举债、资本的转移、一般价格水平的变动，而且还有许多更为棘手的问题，这里不可能加以讨论。

有一种陈旧的观点，认为利率必然显示出一种从长期看来下降的趋势；这种观点对古典经济学以来的许多人已经几乎成为教条，而我们的理论中则没有任何东西支持这种观点。其实这种强烈的印象主要是由于那种说明了中世纪利率数字的冒险因素；而**真实的**利率并没有任何明显的长期趋势因而利息的历史倒是证实而不是否定了我们的解释。

这些意见已经说得够多了。无论我们的论点多么不完善，也不管它是多么需要更精确的阐述和更好的修正，我相信，读者无论如何可以从中找到一些要素，有助于理解经济现象中迄今显得困难最大的那个部分。这里我只有一件事需要补充：我只希望说明利息现象，而不是证明其合理性。利息不同于利润，比如说，它并不像利润那样，是给予成就的奖赏意义上的一种由发展带来的直接结果。相反，利息不如说是一个对经济发展的制动闸——在交换经济中是一个必要的制动闸，是“对企业家利润的一种课税”。当然，这样说并不足以谴责利息有罪，即使人们把谴责和赞同也包含在我们这门科学的任务之内。面对那些谴责性的审判，我们要宣扬这个“经济体系的 ephor”* 的重要功能，并且，我们可以得出

* “ephor”为古希腊斯巴达五长官团长官；近代希腊的土木监督官。——校者

这样的结论:利息只是从企业家那里拿走了否则是属于他的东西,而不是来自其他任何阶级——除去消费性信贷以及“生产——消费性信贷”的情况。尽管如此,可是这一事实,与利息现象并非所有经济组织的必要因素这一点结合在一起,总会使对社会条件的批评家在利息中,比在其他任何事物里面,找到更多可以反对的东西。因此,重要的是要表明,利息只是进行新组合的一种特殊方法所带来的结果,而且这种方法比竞争制度中的其他根本性的体制惯例,更加容易改变得多。

第六章　经济周期

——初步评述

下面关于危机的理论，更正确地说，关于经济重复变动的理论，甚至还不像已经阐述了的关于企业家职能、信用、资本、货币市场、利润和利息等理论那样，有一个对主题比较令人满意的表述。一个令人满意的理论，今天比起过去来，将会更加需要一种对于大量的日益增多的资料所进行的综合处理，以及依据那些表明经济情况及其相互关系的各种不同的指数而制定出的许许多多的个别理论。我在这方面的工作还只是一个骨架；我自己所许诺的彻底研究尚未完成，[①]而且按照我的工作计划，像这样的情况还要持续一段长的时期。尽管如此，但我还是要把这一章发表出来，除了在文字叙述方面以外，没有作其他任何变更。这不仅是因为这一章

① 自后我除了在《政治经济学、社会政策与管理杂志》(1910 年)上的文章外，还发表过“经济生活的波动”一文，载于《社会科学与社会政策档案》(1914 年)。直到今天，我的关于危机的理论，主要是引自这篇论文。1914 年，我在哈佛大学的一次演讲中又阐述过这一问题，当时在表述的系统化和事实的依据方面比本章前进了一步，但内容上并无实质性的变动。还有“信用控制”一文，载于上引同书，1925 年，主要是关于其他事情；以及有关“银行政策”一文，载于《经济——统计通讯杂志》(1925 年)，此文同样只是接触了基础问题。1925 年，我在罗特达姆的高级商业学校的一次演讲中又对这一问题作了详细的陈述。最后，关于简短的说明，可参阅“经济周期解说”一文，载《经济学杂志》(1928 年)。

在危机的考察中有其地位，而且也因为我仍然坚持它是正确的；不仅是因为我相信这一章包含的内容可以为本书对这一主题的论证作出贡献，而且也因为这种贡献表达了事物的实质。为此，我准备在这一章的基础上接受批评。

我把我所注意到的各种反对意见加以研究，就使我更加坚定了我的信念。这里我仅提出两种意见。第一，一种批评说我的理论只是“危机的心理”。这种反对意见非常文雅，是由我最为尊重的一个最有才能的权威提出来的。为了使读者能了解它的真实意义，我自己必须更加鲜明地阐述它的真实内容。“危机的心理”意味着十分明确的某些事物，是与“价值的心理”不相同的。例如，它意味着坚信我们在每一次危机中所注意到的，特别是在过去曾经注意到的，那种被吓怕了的经济世界的“悲、喜剧式的畸变”。因此，作为一种危机的理论，它意味着把科学的解释依据于明显的同时发生的或相应引起的现象（恐慌、悲观主义，等等）；或者只是在一种和缓程度上依据于先前对股票看涨的趋势、创办狂热，如此等等。这种理论是枯燥乏味的，这样的解释说明不了任何问题。但这不是我的见解。不只是因为我经常讨论外在的行为，从而心理因素在我的讨论中只能包含在每一种关于经济事件的表述里，即令是最客观的表述，而且也因为我解释这种经济波动的现象——不管现在是否发生——只是用一种自动运行的客观的一连串因果关系，那就是用新企业的出现对现有企业情况的影响来解释，这一连串的因果关系产生于本书第二章所说明的诸般事实。

于是，又有洛伊提出的反对意见，认为我的理论未能解释危机的周期性。[①] 但我不理解这一点。所谓周期性可能有两种含义。第一,仅指每一次繁荣跟上一次萧条,而每一次萧条又跟上一次繁荣的事实。但这一点是我的理论可以解释的。或者第二,可能指周期的实际长度。但是这一点没有理论可以从数量上来解释,因为它明显地要依靠个别情况的具体数据。不过我的理论仍然给予一种一般性的回答:经过一段时间,直到新企业的产品能够出现在市场之前,繁荣结束,萧条开始。当创新的吸收过程结束时,新的繁荣就开始,而萧条也就结束。

但是洛伊还意指一些别的事情,这些事情由埃米尔·莱德勒整理于下。[②] 我的论点被说成是:"之所以不能令人满意,因为它根本没有试图去解释为什么企业家实际上以周期性云集的方式出现,他们在什么条件下能够出现,以及如果情况有利,他们是否经常出现和为什么会经常出现。"现在有人或许认为,我所未能确定地解释的企业家们的云集性的出现,连同它引起的现象,构成繁荣阶段的唯一原因。但是说我们根本没有试图去解释这一点——实际上我的整个论点都在于解释这一点——似乎是站不住脚的。企业家们所由以出现的条件——不管竞争性经济的一般的经济和社会条件——已在第二章阐述过,并且可以简要地和部分地描述为新的可能性的存在,这种新的可能性,从私人经济的角度来看是更为有利的,——这样一种条件是必须经常完成的;由于人们的主观限制条件和必需的外界环境的影响,这些可能性也只能有限地达

① 参阅纪念布伦塔诺的文集 II,第 351 页。

② 参阅他的名著"周期变动与危机",载于《社会经济学大纲》,第四卷,第一部分,第 368 页。

到；[①]还要加上一种经济情况，它是能够相当可靠地估算出来的。假如人们坚持我们关于企业家概念所包含的假设条件的话，那么，为什么企业家们出现在这些条件和情况下，就像任何人眼见有利就立刻抓住机会这一事实那样，是比较易于理解了。

现在，我并没有任何批评意图，而仅仅是为了使这些观点更加明确，我打算将我的理论与迄今在这一领域中作过最充分努力的斯皮托夫的理论[②]加以比较——在彻底性与完备性方面是难与后者相比较的。依照从尤格拉那里得出来的观点，经济的波浪式变动，而不是危机本身，似乎是需要解释的基本问题；看来这个观点对两者都是一样的。我们同意这个观点——我不仅在本章，而且在第二章，就已经确立了这个观点——那就是变动着的状态（斯皮托夫称之为"Wechsellagen"）是资本主义时代经济发展所采取的方式。因此，我们也同意如下的观点，那就是完全发达的资本主义只能在历史上追溯到这种变动状态明白无误地首次出现的时代（依照斯皮托夫的观点，在英格兰只是从1821年开始，在德国则是19世纪40年代开始）。再者，我们同意钢铁消费数字是经济情况的最好指标；也就是斯皮托夫发现并计算出的这个指标——在这方面我没有作出什么努力——我承认这是从我的理论观点出发的正确指标。我们同意这种因果联系首先开始于以资本购买的生产

---

① 本书第二章新的描述，也澄清了洛伊用"半静态"生意人的概念所表述的反对意见。

② 参阅他较近的论述，特别是载于《政治科学袖珍词典》中的"危机"一文；还可以参阅《汉堡经济通讯》(1926年)第一册中的有关论述；以及他在"波恩大学的朋友和资助者"面前所作的演讲：《现代经济变动考查》。

资料，而繁荣首先实现于工业厂商（工厂、矿山、船舶、铁路等等）的生产中。最后，我们同意这个观点，正如斯皮托夫所表达的，繁荣的出现是因为“较多的资本被投放了”，在新的企业中固定了下来，并且这种冲击接着就传遍于原材料、劳动、设备等等市场上。我们也可以同样来理解资本，从它在这里具有重要性这个意义来说；例外的情形只是，创造购买力在我的论点中起着根本的作用，而在斯皮托夫的论点中则不是。到目前为止，我只应该补充说明一点，那就是资本投资不是在时间上均匀分布的，而是在间隔里大批、大批出现的。很明显，这显然是一个非常根本的事实，对此我提出了一种为斯皮托夫所不曾提出过的解释。我接受斯皮托夫关于“标准周期”(musterkreislauf)的概念。

我们的差别，在于对那种使繁荣中断并引起萧条发生的环境，有不同的解释。在斯皮托夫看来，这种环境就是一方面相对于现有资本，而另一方面又相对于有效需求的资本品的生产过剩。作为对这些实际事态的描述，我也可以接受这个观点。但是，斯皮托夫的理论只停留在这个要素上，并且试图使我们懂得，何种环境诱使工厂设备、建筑材料等等的生产者周期地生产超出当时市场所能吸收的数量。而我的理论却在于试图解释以本章所描述的方式出现的事态，这可以概括如下。考虑到在第二章中已经确认了的情况，那就是通常新企业并不产生于老企业之中，而是出现在它之外，并以竞争的方式把它消除；所以，新企业的出现就大批、大批地给予老厂商以及给予既成经济状况以影响，这种影响就是改变一切条件，从而就需要有一个特殊的适应过程。我们之间的差别，将会通过更详细的讨论而进一步缩小。

不可能使我原来的说明更加简短而又无懈可击。但是，我还是对它作了进一步的削减以使这个基本思想显得更为明确。出于同样的理由，我将给论点的层次加上标号。

1. 我们的问题是：我们曾描述过的整个发展过程会不停顿地延续吗？它类似于一棵树的渐进的有机成长吗？经验给予的回答是否定的。事实是，经济体系并不是连续地和平滑地向前运动。大多数不同种类的逆运动、退步、事变的出现，阻塞着发展的道路；在经济价值体系中也存在着对它产生干扰的崩溃瓦解。这是为什么呢？在这里我们遇到了新的问题。

如果经济体系对于发展的光滑线的偏离程度很小的话，那么它们便几乎不能构成一个特别要求理论家注意的问题。在一个没有发展的经济中，个人或许会遇到对它十分严重的倒霉事情，而理论又没有理由深入到这些现象之中去。同样地，破坏整个国家经济发展的事件，如果很少，如果可以被设想为孤立的不幸遭遇，那么就不需要一般的调查研究。但是，我们在这里论及的逆运动和退步却是经常的，经常到好像在初次接触这个问题的时候必然的周期性便会显示出来。如果不是从逻辑上考虑，那么实际上这就使得对这类现象的抽象，无论如何都是不可能进行的。

更有甚者，如果情况是这样，当一个挫折被克服之后，早先的发展又从它被打断之前所已达到的那一点重新开始，那么这个挫折的意义从原则上讲就不是很大的了。我们或许可以说，即使我们不能解释这些干扰事件本身，或者干脆把他们抽象掉，我们却已经考虑到所有这些有关发展的基本事实。然而，情况却不是这样。

逆运动不仅阻碍发展，而且还使发展归于终结。大量的价值被消灭；经济体系中首脑人物计划的根本条件和前提被改变。这个经济体系，在其重新向前发展之前，需要重整旗鼓；其价值体系也需要重新组织。并且，重新开始的发展是一个新的过程，而不简单是旧过程的继续。经验告诉我们，真实情况是，它或多或少地朝着一个与早先相类似的方向运动，但是这个“计划”的连续性却被打断了。[①] 新的发展过程产生于不同的情况，并且部分地产生于不同人的行动；许多旧的期望与价值被永远埋葬，而完全新型的东西出现了。从经验上说，也许存在于各类挫折之间的所有这些局部发展的主干线，正好与整个发展的大致轮廓相吻合，然而从理论上说，我们不能仅仅考虑整个过程的轮廓线。企业家不能够越过挫折阶段并将他们的计划原封不动地带入下一个发展阶段；而且科学的解释也不能这样做，除非它完全脱离与事实的接触。

现在我们必须考察这样一类现象，这一类现象与其他发展现象相对照显得十分鲜明，而且与其他发展现象显然处于某种对立地位。一开始，就存在下述的可能性。第一，危机可能是或可能不是一种一致现象。我们从经验中得知的并且描述为危机的发展过程的特殊崩溃现象，似乎总是被即使是天真的人们看作是一种而且是同一种现象的各种形式。尽管如此，可是危机的这种同一性确实并不持久。相反，它主要只是存在于对经济体系与个人产生的影响的相似性上，并且存在于有些事件习惯于出现在多数危机场合的这一事实中。但是这种影响与这种事件，倒是和经济生活

---

① 当然，托拉斯化愈是发展，这样的情况便愈少。

中大多数各种类型的外在与内在的干扰一道出现，而且不足以证明危机总归是同一的现象。实际上，危机的不同种类和不同原因是可以识别的。没有理由让我们事先就作出这样的假定，那就是，危机彼此之间相同的地方，较诸作为我们出发点的基本要素，要多一些，也就是说，危机是使先前的经济发展过程停步的所有事件。

第二，不管是相同的或相异的现象，危机可能，也许不可能，作纯粹经济的解释。当然，毫无疑问，危机在本质上属于经济范畴。但是，没有丝毫把握断定，他们是属于经济体系的性质，或者甚至在它们必然地产生于经济因素的自身作用的这种意义下，属于任何一种体系。相反，危机的真正原因极有可能存在于纯粹的经济范围之外，换言之，危机是外界给予它们干扰的结果。危机的次数，甚至经常宣称的危机规律性，都不能成为定论，因为可以很容易地设想，这些干扰必定经常出现在实际生活里。简单地说，危机是经济生活使其自身适应新的情况的过程。

考虑到第一点，我们开头就可以谈到一件事。如果我们说到危机是涉及在任何地方遇到大规模的干扰，那么除了干扰的事实外，就不存在一般的属性。目前，也可以在这一广泛意义上设想危机。经济过程也可以相应地分为不同的三类：循环流转过程、发展过程、阻碍后者未受干扰的进程的过程。这种排列绝非远离现实。我们在现实生活中，可以清楚地区别这三类相互分离的现象。但只有更加详细的分析，才能表明它们当中的一类是否归于其他两类中的一类。

不存在干扰的普遍特征，已为危机历史所证明。这些干扰已经在经济实体中的每一个可以设想的地方爆发，甚至在不同的地方以不同的方式爆发。它们有时出现在供给一方,有时出现在需求一方:在前一种场合,有时出现在技术生产中,有时出现在市场或者信贷关系中;在后一种场合,有时体现需求方向的变化(例如时装的变化),有时体现消费者购买力的变化。对绝大部分的各种工业集团来说,所受的干扰不尽相同,但是第一个工业行业受到的干扰较多,然后是另一个行业。有时危机以对资本家产生特殊影响的信用制度的崩溃为特征,有时则是工人或者土地所有者受损失最多。企业家也会以极其不同的方式被卷入进来。

乍一看,在表现出来的形式上去寻求危机的共同要素,似乎更有希望。实际上,正是这种要素导向这样一种流行的和科学的信念:危机总是同一的并且是同样的现象。然而,我们容易看到,这些可以从表面上得到的外在特征,除了是干扰发展的一种要素外,对所有危机来说,就既不是共同的,也不是本质的。举例来说,恐慌(panic)的要素就是非常明显的。它是早期危机(crisis)的突出特征。但是也存在没有危机的恐慌。并且更进一步地说,也存在没有真正恐慌的危机。恐慌的强度,无论如何与危机的重要性,不存在必然的联系。最后,恐慌大多是危机爆发的结果,而不是它的原因。这对诸如"投机狂热"、"生产过剩"[①]等标语口号,也都是适用的。一旦危机爆发并且改变了整个经济形势,那么大量的投机就变得没有意义,并且几乎生产出来的商品的每一数量都显得过大,尽管在危机爆发之前这两者都完全适合于当时的情况。同样

① 这一名词并不是指反复推敲过的生产过剩理论,而仅仅是关于这种要素的流行说法。

地，个别商行的倒闭，生产的各个部门之间缺乏适当的联系，生产与消费的不一致性，以及其他诸如此类的要素，都是结果，而不是原因。在此种意义上不可能有判定危机的满意标准，这可以由下述事实看出：尽管根据这一主题的描述文献，一定次数的危机必定复现，但是除此而外，危机的个别内容细节就不再是互相符合的了。

现在我们转入另一个问题：是否所有危机没有一点是纯粹的经济现象，也就是说，是否危机以及所有形成它们的原因和结果都能通过对经济体系的研究所得到的解释因素而弄明白。很清楚，情况并非总是如此，也不一定必然是如此。我们可以立即承认，例如战争爆发可以引起足够大的干扰以至形成我们所说的危机。当然，这绝不是规律。例如，19 世纪的大规模战争大都并未立即导致危机。但是那种情况是可以想象的。我们假定，一个积极与其他国家进行贸易，且其经济制度被设想为在我们的含义上达到充分发展的海岛国家，被一支敌国舰队割断了与外部世界的联系。进口与出口同样受到阻碍，价格与价值体系被扰乱，债务不能保持，信用的锚链被拉断——所有这些都是可以设想的，都已经实际上出现，并且的确代表一种危机。这种危机不能单纯从经济上得到解释，因为原因、战争都是经济制度以外的要素。由于经济范畴内这种外在实体的作用，危机便产生出来并且同时得到解释。这些外部的因素屡次地解释危机。① 一个重要的例子就是坏收成，

① 不仅在世界大战爆发时类似于危机的现象属于此列，而且所有国家的战后危机也属于此列；再者，这种危机的性质，并没有像那些标语口号“稳定危机”或者“通货紧缩危机”所表达的那样，彻底予以说明。

这样的收成明显地会引起危机，并且众所周知，甚至已成为危机通论的基础。

但是，即使不像战争或气象条件那样显著地从外部作用于经济体系的各种环境，也必须从纯理论的角度看作是外部干扰原因的结果，从而在原则上看作是偶然的。举例来说，保护关税的突然废除也可能引起一场危机。这样一种商业措施当然是一种经济事件。但是我们不能够精确地断定它的外貌，我们只可能考查它的结果。从经济生活的规律的观点出发，它基本上是来自外界的一种影响。这样，就存在并非我们所谓的纯粹经济现象的危机。正因为它们不是纯粹经济现象的危机，所以，我们从纯粹经济的观点不能一般地谈到关于它们的原因。对我们来说，它们必定会被当作不幸的偶然事件。

现在问题产生了：是否存在着任何我们所说的纯粹经济危机呢？是否存在着没有我们刚才举例所说的外界刺激而出现的危机呢？事实上，这种观点是可以理解的，并且实际上已被确认：危机总是外部环境的结果。但是，毫无疑问，它是非常似是而非的。如果它是正确的，那么就不存在关于真正的危机的经济理论，并且我们将无所作为而只能简单地证实这些事实，或者至多试图对危机的那些外在原因，加以分类。

在回答我们的问题之前，我们必须摆脱一种特殊的危机。如果一个国家的工业由另一个国家提供财政资助，如果繁荣的波浪冲击后者，而后者比前者对资本提供了更为有利的用途，那么，就存在着一种从先前投资中收回资本的趋势。如果这种事件很快地并且轻率地发生，那么它就显然能够在先前的国家里造成危机。

这一实例应该表明，一个经济地区的纯粹经济原因可以引起另一个地区的危机。这种现象是屡次和广泛地被认识到的。很明显，这不仅可以发生于两个不同国家之间，而且也可以发生于一个国家的不同部分之间，并且在一定情况之下，还可以发生于一个经济区域内不同工业部门之间。当危机一旦在一个地方爆发的时候，它通常要涉及其他地方。现在的问题是，这种现象是纯粹经济的，属于我们正在寻求的那一种吗？回答是否定的。其他地区的经济状况是任何给定经济体系的材料数据；并且在解释该体系内的现象时，只能够充当非经济要素的角色。对于正在考察中的经济体系，它们是偶然事件；并且，如果试图为这种危机找到一条普遍规律，那将是徒劳的。

最后，在抛弃了危机的所有外来原因之后，我们还找到了属于纯经济性质的其他原因，意思是说，这些原因产生于经济体系之内，但尽管如此，它们却未呈现出一个新的理论问题。每一种新的联合，用我们的老话说，都有招致失败的明显危险。尽管工业的所有部门铸成致命错误的情况极少，但是它们还是发生了，并且，如果存在问题的企业具有足够的重要性，那么危机的大多数症状便可由它们而产生。然而，话说回来，这类事件只不过是小小灾难，可以在每个场合作个别解释；但从作为经济过程本质要素或因素的结果这个意义上来说，它们并不是经济过程所固有的。

如果我们考虑到这种干扰的一系列可能的原因，那么当我们对所有项目进行抽象时，是否还剩下什么就很值得怀疑；并且，因此而除了说，如果由于外部或内部的偶然事件的结果，任何具有足够重要性的事情出了毛病，危机就这样发生了，那么关于危机的因果关系，我们也就不能多说什么。历史并不与这个理论相矛盾。因为几乎每一种历史场合都存在很多偶然事件，这些偶然事件可以认为对实际发生的危机负有责任，而没有任何明显的荒唐悖理之处，从而使得任何寻求更加普遍的和根本的原因的必要性，并没有像我们当中有些人所相信的那样明显。顺便要注意的是，尽管我们可以决定这个问题，但历史上大多数大规模危机的个别背景，对于解释每一种场合所观察到的实际发生的事情，较诸进入一般性理论的任何事情更为重要——假定这种理论是可能的——因而这种理论除了是作为对任何一种实际情况中的诊断或补救方针的一种贡献外，我们再也不能从它那里得到更多的东西。如果工商业者几乎总是试图用手头掌握的特殊情况来解释危机，那他们也不都是错误的。经验主义者对于试图建立一种缺乏基础的一般性理论的对抗态度，也不都是错误的——尽管它不是这种场合所需要的对抗，而只是对两种完全不同的工作任务的一个明确的区别。

这个决定性的发现，这个解决了我们的问题并同时将我们的讨论转移到略有不同的境地的发现，确立了如下事实：无论如何存在着一类危机，它们是繁荣与衰退交迭时期的波浪式运动的要素，或者无论如何也是有规律的，即使不一定是必要的事变，而这一类要素自从资本主义时代开始就渗入到经济生活之中。[①] 这个现象产生于一大批各种各样的和各不相同的事实，它们可以用来解释各种挫折和崩溃的情况。经济生活的巨大突变正是我们必须首先解释的。一旦我们抓住了这个问题，为了理论分析的目的，我们不仅有理由

① 这个发现以及对它的结果的充分理解，都要归之于克莱芒·尤格拉。

假定，而且被迫假定不存在所有其他由工业生活所招致的外部的与内部的干扰，以便于从理论的角度分离出唯一有意义的问题。虽然是这样做，但是我们绝不应该忘记，我们所抛弃的那些东西并不是由于它们不甚重要；同时我们的理论，如果限制在我们所讨论的问题的狭窄范围内，那么必定与所有更广大范围的分析的努力不相称，而这种努力是旨在为完全理解事物的现实过程，提供一种工具。

现在这个问题可以概括如下：为什么我们意指的经济发展，不是像一棵树的生长那样均匀地向前发展，而是跳跃式地向前发展？为什么它呈现出那种特有的上升与下降呢？

2. 回答不可能简短，也不可能是足够精确的：这完全是因为新的组合，不是像人们依据一般的概率原理所期望的那样，从时间上均匀分布的——按照这样一种方式，让人们能够选择等距离的时间间隔，在每一个间隔里可以安置实现一个新的组合——而是，如果一旦出现，那就会成组或成群地不连续地出现。

现在，(a)将要解释这个答案，(b)然后解释这种成组方式的出现，(c)再据而分析这一事实的结果以及由它们引起的因果关系的过程（见本章 3.）。第三点包含一个新问题，不对此问题加以解决，这一理论就不是完全的。尽管我们接受尤格拉的论点，即衰退的唯一原因是繁荣——这意味着衰退只不过是经济体系对于繁荣的反响，或者是对于繁荣所带给这个体系的新情况的适应，这样，对衰退的解释也就根源于对繁荣的解释——然而，从繁荣走向衰退的方式本身却是一个单独的事物，正如读者所能立即看出的斯皮托夫与我之间在这一点上存在的差异一样。人们还可以立即看到，这个问题已由我们的论点——在不存在困难与不存在新的事实或理论工具的帮助之下——予以回答了。

(a)如果我们所谓的新企业真是彼此独立地出现，那么，就不会存在像特殊的、可区别的、显著的和有规律复发的现象那样的繁荣和衰退了。因此，它们的出现一般就会是连续的；它们将会在时间上均匀分布，并且在循环流转中受它们影响的各种变化都相对地小，因此，干扰仅仅具有局部重要性，且从整个经济体系来说是易于被克服的。于是将会不存在循环流转的重大干扰，从而就根本不存在增长的干扰。应该注意，这适用于有关把那种要素当作危机原因的任何危机理论，特别是一切“比例失调”理论；这种现象是从来不会让人们弄明白的，如果不论原因如何，却没有解释为什么原因不能这样来发挥作用，从而让其结果得以被连续地和普遍地吸收。①

即使这样，还是存在繁荣之时与不景气之时。黄金或其他通货膨胀将会仍然加速经济增长，通货紧缩将会阻碍它；政治和社会事件以及经济立法都将会施加它们各自的影响。例如，像世界大战这样的事件，以及被迫为适应战争需要而对经济体系进行的调整，在战争结束之后的必要清理，对所有经济关系的干扰，战争的蹂躏与社会的动乱，对重要市场的破坏，对所有数据的改变，等等，都将会告诉人们危机和不景气是个什么样子，即使人们对它们还不了解。但是，上述这些将不是我们在这里所考虑的那种繁荣和萧条。这类事件不是有规律的，也不是产生于经济体系自身的活

① 我由此而认为，我们的观点的这一部分应该完全为每一种危机理论所承认。因为即使从另一方面说没有反对的意见，但也无人能精确地解释这种情况。

动那种意义上的必然性，而是正像已经足够强调的那样，它们必须通过特殊的外在原因来加以解释。我们应该特别记住一种总是促成，并部分解释繁荣的有利情况，这也就是每一时期的萧条所造成的事态。众所周知，在这种情况下，一般存在着大宗失业者，存在着原材料、机械、房屋等等堆集的库存品，以低于生产成本的价格待售，通常还存在着异常低的利率。如同在说明斯皮托夫与米切尔时举例那样，这些事实确实几乎在每一次考查这种现象中都起作用。但是很清楚，我们绝不能依靠这些结果来解释这种现象，如果我们希望避免首先从繁荣中得出萧条，然后又从萧条中得出繁荣的话。因此在这里，由于只有关于事物的原理的问题——并不是关于彻底阐述那些在繁荣或危机中具体起作用的情况（坏收成[①]、战争谣传，等等）的问题——我们将完全忽略这些结果。

有三种情况增强了新企业成群出现的效果，但是它们却不是与它相等同的那些真正原因。第一，我们在第二章中的观点允许我们期望：大量新的联合将不会产生于老的厂商或者立即取而代之，而是与它们并行出现并与它们相竞争——经验也已证明了这一点。尽管在解释波浪式运动幅度时它显然是很重要的，但是，从我们的理论角度出发，这既不是一种新的要素，也不是一种独立的要素；对于繁荣与不景气的存在它也不是关键性的。

第二，企业家的需求大批出现的事实，表明整个商业界购买力的极大增加。这就开始了第二性的繁荣，这一繁荣将传遍整个经

① 例如，好收成推进并延长繁荣，或者减轻并缩短不景气。在解释个别情况时，它们常常是很重要的：甚至穆尔确实在这方面论证过。但是，它们与我们的因果关系绝不是等同的；它们仅仅通过这种因果关系而起作用。

济体系并且成为普遍繁荣现象的传递工具——只有这样才能完全理解它，否则便不可能得到满意的解释。因为新的购买力大量从企业家们手中转移到生产资料所有者，转移到“再生产消费”(斯皮托夫)用品的生产者，转移到工人，然后渗入每一个经济渠道，从而所有现存的消费用品最终都会以不断上升的价格出售。于是零售商大量订货，制造商扩大业务，而且为此目的，越来越多的不合适的和通常往往已被抛弃了的生产手段又被重新使用起来。仅仅由于这个原因，各个地方的生产和贸易都暂时获利，如同在通货膨胀时期，比如当战争开销是用纸币支付，从而暂时获利一样。许多事物漂浮在“次级波”上，而并不具有任何来自真正驱动力的新的或直接的冲击，最后，投机性预期会获得因果意义。繁荣征兆本身，最终将以众所周知的方式，成为繁荣的因素。对于商业指数理论以及对于理解整个商业情况，这当然是非常重要的。但是，就我们的目的而言，唯有第一级波与第二级波之间的区别才是实质性的；并且我们还要注意，后者可以径直追溯到前者，而且根据一种以我们的基本原理为基础而推敲出来的理论，任何在周期运动中观察到的事物都将会找到它的确定的位置。但是在一种像当前这样的阐述中，不可能对这种事情做得公正，因此便产生了一个远离现实的印象，而这在实际上是没有道理的。[①]

① 特别地，正如读者在透彻思考这个问题之后所能容易看到的那样，在其他危机理论中作为原因而发挥作用的所有情况，都可以在我们的理论结构中找到位置。当然在本书中，我们对于周期的解释总是招致类似于反对第二章发展理论的那种反对意见，即它片面地和夸大地强调许多要素中的一个要素。这种反对意见混淆了对周期的性质及机制的解释问题和关于个别周期的具体因素的理论问题。

第三,从我们的论点得出的结论是,在繁荣的开始以及在萧条的过程中,误差必定起着重大的作用。大多数危机理论实际上以这种或那种方式利用这个要素。可是,误差不会在超过所需要的程度上正常出现;神志清醒的人们,只有在或多或少仔细地考察了事实的基础上,才进入生产过程。尽管估计不周会发生到危及个别企业生存的程度,在特殊场合或许要危及整个工业,然而通常这却不足以危及整个经济体系。这种一般性错误究竟是如何能产生的,从而使整个体系都受到影响?并且,作为不景气的一个独立的原因,而不只是作为不景气的结果,又将如何得到解释?一旦不景气由于其他理由而来临,它自然会扰乱许多先前相当合理的计划,并且会造成否则就很容易克服的错误变得危险。最初的错误需要特别的解释,否则就什么都不能解释。我们的分析则可以提供这种解释。如果繁荣时期的特征不仅仅是如此增加了的商业活动,而且是实现新的和未经试验的组合,那么,正如第二章已经提到的那样,我们会立即可以明白,误差在那里必定起着特殊的作用,起一种从性质上来看不同于在循环流转中的作用。尽管如此,可是在这里将不会找到"误差理论"(error theory)。相反,为了摆脱任何一种这样的印象,我们将隔离这个要素。它的确是一种支持和加强的情况,而不是理解这个原理所必需的基本原因。即使没有人做过任何从他自己的观点出发都不可能认为是"虚假的"工作;即使不存在技术的或商业的"差错",或"投机狂热",或毫无根据的乐观和悲观;即使每个人都赋有广阔的先见之明,但仍然会存在周期运动——尽管采取比较温和的方式。如同我们将要看到的,繁荣所必然创造的客观情况,将独一无二地解释这个事物的性质。①

(b)为什么企业家的出现不是连续的，也就是说，只是在每一个适当选定的时间间隔内出现，而且是成群地出现？这完全因为一个或者少数几个企业家的出现可以促使其他企业家出现，于是又可促使更多的企业家以不断增加的数目出现。

这意味着，第一，由于第二章已经解释了的原因，实现新的组合是困难的，并且只是具有某种特性的人才能接触到。关于这个问题，最好是通过设想一个较早时期的例子，或者设想一个非常类似于处在经济尚未发展阶段的经济状况，也就是处于高级停滞阶段的经济状况的例子。只有少数人具备这种领导才能，而且只有少数人在这样一种状况里，也就是在一种本身尚未成为繁荣的状况里，能够沿着这个方向获得成功。可是，如果一个人或少数人成功地前进，那么许多困难便会消失。于是其他人便会步这些先驱者的后尘，就像在此刻所能达到的成功的鼓舞下，他们将要明确地去进行那样。他们的成功，通过不断完全克服第二章所分析的障碍，将再次使得上述进程变得更加容易，因为更多的人跟踪而来，直到最后创新为人们所熟悉，并且成为一种自由选择的事情。

第二，因为，像我们已经看到的，作为企业家的资格或要求条件，同其他特性一样，是依照误差法则在纯一种族群体中分布的，

① 当然这并不意味着误差这一要素的实际重要性已被否定，也不意味着通常称呼为投机狂热、欺骗舞弊等等要素的实际重要性——生产过剩也属于这一范畴——已被否定。这里我们只是断言，所有这些事情可以说部分是相应而生的，并且，即使就算情况不是这样，那么也不能从它们那里理解这个现象的实质。

所以，在这方面满足累退标准的个人数目将会不断增加。因此，忽略一些例外情况——在黑人人口中少数欧洲人的存在便是一例——连续地日益减轻这项任务，那么，更多的人能够和将会成为企业家，于是，在一个企业家成功地出现之后，不仅伴随以简单地出现其他企业家，而且出现的数目不断增加，尽管他们日益更不合资格或更不合乎要求条件。这就是实际情况，而对它的证言我们只不过加以解释。在仍然存在竞争和大量独立的人们的企业中，首先我们可以看到一个创新的单独出现——压倒多数地在工商业中特地创造出来的——然后我们可以看到现存的工商业如何以变化不同的速度和完整度来掌握它，首先是少数单位，后来是不断增多的单位。我们已经遇到了这个与消除企业利润过程相关的现象。这里，我们又将对它进行考虑，尽管是从另一个角度。①

第三，这解释了企业家成群出现的现象，一种首先在创业者出现的企业部门确实达到了消除企业家利润的地步。实际情况也揭露了，每一个正常的繁荣开始于一个或少数几个企业部门（铁路建设，电力、化学工业等等），并且从它所开始产生的企业的创新中获得特征。但是创业者不仅在他们首先出现的生产部门里为他人消除了障碍，而且由于这些障碍的性质，事实上也在其他部门里消除了障碍。许多事情可由后者所摹仿；这样的例子也可以对他们产生作用；许多成就也直接适用于其他部门，例如国外市场的开发，且不论不久就要出现的、具有第二位重要性的情况——上升着的

① 因为企业家利润的消除——大多数已被预见——不是我们的危机理论中的“唯一”原因。参阅本章3.，第二段。

价格等等。因此，第一批领导人物在他们最直接行动的范围之外发生作用，于是企业家团体将更进一步地增加，经济体系较之在另外的情况下，将更为迅速地和更为完全地被拉入到技术的和商业的重新组织过程，而这一过程将构成繁荣时期的涵义。

第四，发展过程越是变得为人们所熟悉，并且变得对一切有关方面只是一个计算问题，障碍随着时间的进程越是变得微弱，那么，激发创新所需要的"领导"就越少。这样，企业家成群地出现就变得越是不显著，周期运动也就变得越是温和。很清楚，我们解释的这种结果也明显地为现实所证实。经济生活的日益托拉斯化在同一的方向发生作用，即使在今天，和它的销售及金融上的要求的大规模联合仍旧仰赖于市场情况，而这一现象将在相当大的程度上通过竞争来决定，这样，创新的普遍有利的延迟到萧条时期，特别是在建筑业，——有如美国的铁路政策——就偶尔地成为可能。可是，只要能发挥作用，这个要素也就能证实我们的解释。

第五，新组合的成群的出现，很容易并且必然要对繁荣时期的根本特征作出解释。它能够解释，为什么增加资本投资正是未来繁荣的第一个征兆，为什么生产生产资料的企业第一个表现出超乎寻常的兴奋，尤其重要的是，为什么铁的消费增加。它能够解释繁荣时期新的购买力的大量出现，①以及由此而来的价格的特征性上升，而对于这些问题，单靠引用增加了的需求或增加了的成本

① 因此，几乎不需要着重指出，我们的理论不属于向货币与信用制度寻找周期原因的理论之列，不管在我们的解释中，创造购买力的这个要素是何等重要。不过我们并不否认，周期运动要受到信用政策的影响，甚至要受到它的阻碍——确实，和周期运动一起，这类经济发展一般也受其影响。

都不能作出解释。更有甚者，它能够解释失业的下降与工资的上升，[①]利率的上升，货运的增加，对银行收支和银行储备的日益抽紧，等等；并且，像我们已经说过的，还能解释第二性波或次级波的放出——繁荣传遍及于整个经济体系。

3.(c)企业家成批地出现是繁荣产生的唯一原因，它对经济体制的影响在性质上不同于企业家按时间均匀分布的连续出现对经济体制所产生的影响，只要它不像后者那样，意指一种连续的，并且甚至是不可察觉的，对均衡位置的干扰，而是一种跳跃式的干扰，一种具有不同数量级的干扰。当由企业家们的连续出现而引起的干扰可以被连续吸收，企业家成批或成群的出现则需要一种特殊的、可识别的吸收过程，一种合并新事物并使经济体系与之相适应的过程，一种清理的过程，或者，像我过去常说的那样，一种探索以达到新的静止状态的途径。这个过程是周期性萧条的本质，因此，依据我们的观点，它可以被定义为经济体系奋力走向新的均衡状态，适应于由繁荣的干扰所改变了的境况。

这个问题的本质并不在于下述事实，即仅仅关心自己企业制订计划的各个企业家，完全不考虑他人成批地接踵而来，因此，遭到失败。从个别企业的角度认为是正确的行为，其成果有可能被多数人的同样行为的普遍作用所剥夺或抵消，这一点当然是真实的。当我们解释生产者在他们各自努力获取最大利润的过程中，

① 原则上，租金(地租或房租——译注)也必定会上升。但是，在土地以长期租约租出的地方，他们却不能这样做；另外，许多情况也阻止这一领域收入的急速上升。

是如何发动了趋向于消除整个体系的剩余价值的机制并使其运转的时候，我们就认识到了这方面的最重要的事例。同样，普遍作用在这里也可能使那些对个别人正确的东西变成为谬误，并且，这种要素实际上将在大多数的危机中起作用，因为，尽管处于这个企业家之后的这种蜂拥而至的情况，是他事先所知悉的，并且也不能对他攻其不备，然而对情况的规模和发展速度却可能常常估计错误。可是，由繁荣引起的干扰的本质，却并不在于它时常扰乱企业家的打算这一事实，①而是在于下述三种情况：

第一，新的企业家基于新的购买力对生产资料的需求——著名的在繁荣时期"争夺生产资料的竞争"，引自莱德勒的话——提高了这些物品的价格。实际上，这种趋势已被下述事实所减弱：至少有些新的企业不会与老的企业并行出现，而是从老的当中产生；并且老的企业也不会光生产而不要利润，而是仍然要赚取一些"准地租"。可是，我们能够对这种经营的性质作出最好的说明，如果我们假设所有的创新都体现在新建立的行业中，都单独由新开辟的购买力提供资金，并且发生在一些完全属于循环流转的，并且无利润可得的，因而由于成本增加而开始亏本生产的行业之旁。现实生活与这种构想相抵触的情况，比我们所想象的要少。实际上，仅仅是笼罩于繁荣时期的气氛就掩盖了这一事实，那就是在繁荣开始以后不久，并且只要它只是以增加的需求来表达，那么这一繁荣对许多生产者来说便意味着苦难，尽管当产品价格开始上升的时候它又将减轻。这种苦难，正像在第二章所解释的那样，是将生

① 也不在于生产上跟随而来的普遍扩张被证明是错误的这一事实。

产资料从老行业撤出并用于新用途的过程的一种形式。

第二，新产品在几年以后或更快地找到市场，并与老的产品竞争；先前创造的购买力的商品补充——从理论上说抵消购买力而有余——进入到循环流转。另一方面，这个过程的结果实际上为前一节所述原因所缓和；更进一步，由于如下事实而缓和，也就是由于某些投资在程序上远离最终产品，因而这种补充只能逐步地出现。但是，这还没有接触到过程的本质。在繁荣的开始时期，老行业的成本上升；以后，只要消费者的需求变得对创新有利，那么同创新竞争的那些行业的收入便首先减少，然后所有老行业的收入都减少。且不论创新带来赢利(次要地)的可能性如何，他们的亏本生产便只能受到仅仅暂时有效的缓冲器"准地租"的牵制。正因为老行业大都底子较厚，并且看来特别值得享受信用待遇，从而他们的亏本生产并不会立即导致崩溃。他们的部分破产会影响新企业的成功。这种破产受到下述与我们的解释框架极相符合的事实的缓冲：这种繁荣首先从来不是普遍的，而是集中于工业的一个部门或几个部门，从而让其他领域不受到干扰，并且后来仅仅以一种不同的和次要的方式影响其他领域。正像企业家成群地(en masse)出现那样；他们的产品也是成批地出现，由于企业家们不是各做各样，而是做非常相类似的事情，因而他们的产品几乎同时出现在市场上。在新产品出现之前必须经历的那段平均时间[①]——尽管实际上很自然地要依赖于许多其他要素——可以从根本上解释繁荣时期的长短。新产品的出现引起价格的下

① 这个时间首先决定于技术，其次决定于大批商品跟随特价牺牲商品的速度。

跌，[①]这一下跌从自己这一方面来说终止了繁荣，或许会导致危机，或必然要导致萧条，于是所有其余的事情接踵而生。

第三，新企业这种结果的出现导致信贷紧缩，因为企业家现在正处于——具有充分的积极性——偿清债务的地位；同时因为其他借入者没有插手进来，这就导致新近创造的购买力的消失，恰好正当这种购买力的商品补充物出现之时，于是它能以循环流转的方式不断重复生产。这个论点需要细心维护。首先，这种通货紧缩必须和其他两种情形区别开来。新产品的出现一定会引起通货紧缩，这不仅逆向着繁荣时期的价格水平，而且也逆向着前段萧条时期的价格水平，即使支付手段在企业家偿还欠债的过程中没有完全消失，因为很明显，新产品的价格之和在正常情况下要大于这些欠债的总额。这也本应该，尽管在较小的程度上，产生和欠债清理一样的效果；但是我们现在只考虑欠债减少的效果。通货紧缩还出现于已经存在的或者为银行界所预期的不景气之中，因为银行主动努力限制信贷。这个因素实际上是非常重要的，并且常常引起真正的危机；但它是附带的，而不是这个过程所固有的。这里，我们还是不考虑这个因素，尽管我们既不否定这个因素的存在，也不否定它的重要性，而只是考虑它的最初的因果作用。[②] 于是，更进一步，我们的公式包含两个抽象概念，它们将使那些实质

① 在实际过程中，价格的下跌通常由于许多环境因素而延迟。参阅以下关于这个问题的论述。可是，事件的根本状态倒是由于价格下跌的延迟而为之增强，而不是为之消除。唯一被它消除的东西，是作为周期症候的物价指数的可用性。

② 之所以称为“最初的因果作用”，是因为银行主动对信贷的限制的确是事物更进一步出现的“原因”，它们否则是不能预料的。

性的东西显得更为清晰，但却排除了具有极大的现实重要性的缓冲影响。首先，它忽略了如下事实：新产品一般仅仅包含生产过程的投资折旧额的一小部分份额，因此，当新企业准备投入生产时，在繁荣时期的总费用中，只有一部分，并且大都只是一小部分，便以可销售的形式来到市场；所以新创造出来的购买力也只是逐渐地离开流通，部分地也只是在繁荣的后一段时期当更多的信贷追求者(credit seekers)被带入到货币市场的时候。通过储蓄对新的购买力的重新吸收，并不改变通货紧缩过程中的任何东西——但是许多国家、自治区以及农业抵押银行一旦遇上正在减缩的企业方面的需求，那情况就大不相同了。除了企业家负债的逐渐消失外，我们还必须记住，当利息渗入到循环流转的现代经济体系时，信贷甚至有可能永久在流通中保存，只要现在有年复一年生产的商品与之相对应——这是进一步缓冲这个过程的第二个因素。然而，由于所有那些原因，通货紧缩的趋势还是有效的，并且出现成功的企业对欠债进行清理的情况。因此，当繁荣已经充分发展的时候，通货紧缩即使以一种非常温和的形式，也一定会自动地由于客观情况的必然性而出现。这个理论导致了长期的物价水平在发展过程中必定下跌的结论，事实上已经被19世纪的物价历史对此作出了值得注意的证明。未曾被革命性的货币制度变动所扰乱的两个时期，即从拿破仑战争至加利福尼亚发现金矿时期，以及1873—1895年时期，实际上展现了我们从理论上所预料的特征，即每一个周期性低潮都比以前更深，同时，消除了周期波动的物价曲线是向下倾斜移动的。

最后，还必须解释，为什么其他寻求信贷的企业家没有经常地进入清理债务的境地。这有两个原因,并且在实际上还可加上其他的原因,这些其他的原因可被描述为或是我们称为基本要素的结果,或是偶然性的,或是由于外界产生的影响,并且在这种意义下或是次要的、非本质的、附属的。首先一个原因是,如果在那种呈现繁荣的工业的成功的刺激之下,许多新的企业涌现出来,以至于在充分发挥作用的时候,生产大量的、通过价格下跌和成本上升——这种下跌和上升,即使在我们考察中的工业服从于所谓报酬递增规律的情况下,也仍然会出现——消除了企业利润的产品,那么,沿着这个方向进一步向前的冲击力就会消耗殆尽。实际上,即使在有竞争的社会里,消除利润也仅仅是近似的,并且这一过程既不排斥某些利润的保存,也不排斥损失的立即出现。对企业家在其他工业里得以出现的限制,以及对发展的次级浪潮所引起的现象的限制,可以类似地加以确定。当达到限制的时候,这种繁荣的冲击力便被耗尽。第二个原因则解释为什么新的繁荣并不径直地随之而来:因为一批企业家的行动同时改变了经济体系的各项事实,破坏了它的均衡,因而引起了经济体系中显然不规则的运动,而这是我们所设想的一种向新的均衡位置的挣扎和斗争。这使精确计算一般成为不可能,而特别是对规划新的企业。实际上,仅仅是后一要素——那种源于繁荣的新创造而特有的不确定性——常常是可以立即观察到的;第一个命名的限制大都仅表现在个别地方。可是,他们两者,第一,便会被许多个人的先见所预料的那种相应而生的现象,弄得含糊不清。有些人会较其他人更快地开始感觉到紧张,如同银行的情况;有些人又感觉到成本以及其他要素上升,如同许多老企业的情况;并且由此而相应地发生反应——在大多数情况下反应确实为时过晚，但是当时他们，尤其是较弱小者，确实是以受恐慌冲击的方式发生反应的。第二，他们又会被偶然发生的事件弄得含糊不清，这些事件虽然总是会出现的，然而这些事件却是在繁荣所产生的从不曾有的不确定性中获得重要意义。这便解释了为什么有经验的人，在几乎每一次危机中，都设想他可以引证偶然发生的事件，例如说，不利的政治谣传，作为原因，以及为什么推动力实际上经常由这些而产生。第三，他们还被来自外部的干涉行为弄得含糊不清，中央银行对这种缰绳的有意识的拉动通常是干涉行为中最为重要的。

4. 如果读者对于所论述的东西加以深思，并且基于实际素材或者基于危机和经济周期的任何理论的论点，加以检验，那么，他必定会懂得繁荣(现正在被解释中)是如何从自身创造出一种客观的情形，而这种客观的情形，即使忽略了所有的附属物和偶然的要素，也将使繁荣结束，轻易地导致危机，必然地导致萧条，并从而导致相对稳定性的暂时状态以及发展的消失。这种萧条，我们可以称之为再吸收和清理的“正常”过程；至于以下述一系列事件为特征的危机爆发——恐慌、信贷制度崩溃、破产扩散以及其更进一步的结果——。我们则可以称之为“清理的非正常过程”。为了完成和重复一些观点，我们现在对这个过程有几件事情要说一下，但这只是对正常过程而言，因为非正常过程并未表现出有什么根本问题。

以上所述，直接导致对萧条时期所有基本的和次要的特征的理解，这些特征现在表现为单一因果联系的组成部分。繁荣本身必然引起许多行业经营亏损，引起通货紧缩之外的物价下跌，此外，还通过信贷收缩引起通货紧缩——在一系列事件进程中所有处于次级增加的现象。更有甚者，资本投资[①]和企业活动的减少，由此而出现的生产资料生产工业的停滞，斯皮托夫指数（钢铁消费）以及相类似标记的下跌，例如美国钢铁公司未满额的定单，都可从这里获得解释。随着生产资料需求的下降，利率——如果保险系数被消除——以及就业量也都会下降。随着货币收入的下降，这种下降可以从原因上追溯到通货紧缩，即使这种需求由于破产等等而增加，但对所有其他商品的需求最终仍将下降，并且，这个过程已经透入到整个经济体系之中。萧条的图景至此宣告完成。

可是，有两个原因使得这些特征不能够按照它们在因果关系上所处的地位，依时间次序表现出来。第一个原因是这样一种事实，那就是它们不仅被个人的行为所预料，而且是在极不相等的程度上被预料的。这尤其发生在专门投机起着巨大作用的市场上。这样，股票市场有时远在一个真正的转折点到来之前，就表现出投机的初步危机，这个危机于是又被克服，并为仍然属于同一繁荣时期（1873 年和 1907 年）的更进一步的上升运动，创造条件。但是还有一些别的事情却更加重要得多。正如实际上一种产品价格的上升，常常预期那种不过是作为原因的成本的增高一样，因而一个

① 现在所讨论的现象，应同因清理债务而产生的信贷收缩所包含的投资削减区别开来。对于为了新的目的所增加的投资，在此是具有意义的。那种在实际上是一种很好的商业指数（斯皮托夫）的关于股票和债券的发行统计，主要地但不是唯一地反映了第三个要素：银行信贷借助于储蓄而归于统一。

相类似的现象在这里出现。只要当繁荣达到其外部极点之前，考虑到这个过程的必然结果，那么，在刚才所说的意义上所指的资本投资的减少，企业家活动的同样减少，以及例如生产资料工业的停滞，可能都会出现；但是并不一定它们应该这样。相反，如果这些征兆在繁荣终止之前照例地出现，那么，这便是因为它们处于那种相当迅速地能预测什么将要到来的因素的影响之下。但是，第二，各种各样的情况将导致在事情发生的实际过程中，次要因素常常显得比主要因素突出。例如，出借者对利率的上升表现出焦虑，并且仅仅到了不景气的晚期，那种作为事物最本质特征而通常在正常过程中很早就显示了出来的影响，才会表现出来。对劳动需求的减少应当是这种变化的一个极早的征兆，但是，正如由于照例存在着失业工人，因而工资不会在繁荣时期立即提高一样，工资和就业数额由于一系列众所周知的障碍存在，因而通常也不会像人们所期待的那样迅速下降。工商企业界努力保护自己以防价格下跌，并且在竞争不是完全"自由"的地方——这种完全"自由"实际上哪儿也不存在——，当银行提供其资助的时候，它与暂时的成功相抗拒，这样便使最高价格水平常常迟于转折点。这是危机调查的基本工作所应得到的所有这些要点。但是，无需进一步的证实，这里足以说明，所有这些并不改变事情的实质，只不过我在上面所提及的发生在其他领域的相类似的现象，却支持着反对价格理论的论点。

不景气时期事物的发展过程呈现了不确定性和不规则性的景象，这种不确定性和不规则性是我们从寻找一种新的均衡的角度，或是从适应于已经相当迅速和相当可观地改变了的一般情况，来进行解释的。这种不确定性和不规则性倒是易于理解的。日常的资料围绕每一行业而改变。但是这种改变的程度和性质,只能通过经验而了解。有了新的竞争者:老主顾和过往商人没有出现;对新的经济事实的正确态度必须找到;不可估计的事件——对信贷的不可置疑的拒绝——可能出现于任何时候。“纯工商业者”面对存在于常规之外的问题,面对他并不习以为常的问题,面对这些问题,他造成错误,而这些错误将成为进一步出现麻烦的重要次级原因。投机是一个进一步的原因,通过投机者所经历的苦恼,同时也通过投机者对价格进一步下跌的预测,使得所有这些众所周知的要素互相激发而增长。没有一个地方能看清楚最后的结果;而与危机无关的弱点则在任何地方都会显示出来。企业的收缩与企业的扩展,最终将会证明是反应的正确方式,而不可能是在当时提出的对这一问题或那一问题值得相信的理由。情况的这种复杂性以及不明确性,在我看来,理论毫无根据地利用它们来解释不景气的原因,将真正成为实际事件的一个重要因素。

包含在新的调整过程中数据和价值的不确定性,以及有规律地和不可预料地明显出现的损失,造成不景气时期的独特气氛。产生票据交易看法的以及在繁荣时期从商业上和社会上表现得特别显著的投机要素,尤其遇到困难。对许多人,特别是对投机阶层以及部分依赖于需求的奢侈品生产者,情况在实质上比它们所表现出来的还要坏——对于它们,似乎所有这些事物的末日已经来到。从主观上来说,特别是如果生产者抵制不可避免的价格下跌,那么转折点出现在生产者面前,就像是迄今为止的潜在的生产过剩的爆发以及作为其结果的不景气一样。已经生产出来的商品的缺乏销路，更严重的是那些还将要继续生产出来的商品的缺乏销路，这些在仅够偿付成本的价格之下所引起的银根紧缩，甚至可能是无力支付等等进一步的众所周知的现象，是如此的典型，以至于每一种经济周期理论都必须对它作出解释。正如读者所看到的，我们的理论也是这样的，但它并不把这种典型的事实作为基本的和独立的原因。[①] 这种生产过剩被我们已经注意到并作了解释的繁荣的扭曲所加重了。一方面这种环境条件，以及另一方面在不景气过程中出现在许多工业中的有效供给和有效需求之间的脱节，使得有可能用各种不协调的理论来描述不景气的外部形式。每一种这样的理论的要旨，都在于试图解释不协调的出现，以及据认为不协调存在其中的有关的特殊数量。对我们来说，数量与商品价格之间的不协调，这在许多地方是由于经济体系中失掉均衡而产生的，正像生产过剩一样是一种中间现象，而不是一个基本原因。与此相联系，在各个工业的收入之间可能存在着不协调，但在不同经济阶层的收入之间却不存在不协调，因为企业家利润与他人的可能受到干扰的收入之间，不存在正常的比例关系；并且除了

① 在我看来，把生产过剩作为一个原因，甚至作为一个基本原因而发生作用的每一种危机理论，即使它不坚持“一般生产过剩”，也将招致循环推论的责难（且不提已为萨伊所系统阐述了的反对意见）。从这个论断出发，我必须排斥斯皮托夫的理论。他所力图充实的关于再生产消费的货物的周期性生产过剩的非常简短的论点，就不能得到最终的判断。再者，还要看到，斯皮托夫的目的是对这一主题的各个细节，作出透彻的分析。对于这样一种分析，涉及外部问题的要素——生产生产资料工业的停滞当然属于此列——在关系到基本原因方面确实比这样的解说更加重要得多。最后，为强调生产生产资料的工业，还必须提及我认为构成这个问题性质的要素，这样，将斯皮托夫的分析单纯描述为一种生产过剩理论，便不再是正确的了；对他的理论的更详细的解说，或许会显示出比我现在所猜想到的更加影响深远的一致性。

以货币形式固定的收入之外，其他收入则具有以同一速度移动的趋势，有损于或有利于固定收入而相应获利或受损，但让总的消费者需求不受干扰。

繁荣的偏斜或偏离正轨，在很多情况之下也具有这样的结果，那就是局势的紧张和危险，对工业的一切部门来说，并不是同等程度的。经验也告诉我们，正如阿弗达农[①]已经说明了的，许多部门几乎完全不受干扰，有些部门也仅仅受到较小的干扰。在每一个工业范围内，新企业一般比老企业受牵连更重，这似乎与我们的说明相矛盾。这一点可以这样来解释：老企业拥有缓冲器“准地租”，并且更重要的，普遍有积累储备金。它被埋置在保护关系之中，常常得到具有多年地位的银行网络的有效支持。它可能失利若干年，而其债权人却并不感到不安。因此，老企业要比新企业维持长久得多。而新企业总是严格地和被怀疑地受到考察；它没有准备金，至多只有透支便利；并且它只要显出一点遭遇困境的信号，就会被认为是濒临破产的债务者。这样，所有情况变化产生的反应作用，对新企业就比对老企业，要显露得更早一些和更加惊人。所以，它在前者场合比在后者场合更容易导致最后的结果——破产，而对于后者则开始了一种缓慢的衰变。这就歪曲了现实的图景，并且也是为什么对危机中的一个选定过程只能以一种重要的限制而加以论述的原因；因为只有那种受到大力支持的厂商，而不是自

① 《生产过剩的周期性危机》，第一册。可以肯定，区别于我们在这里思考的另一种事情就是，周期性运动总是特别地带有生产新设备工业的明显标志，并且越来越加清晰。从我们的观点出发，它同样易于理解。当然，这并不与此处提出的解释相矛盾，而恰好情况相反。

身最为完善的厂商，具有渡过危机的最好机会。但是这不影响这种现象的本质。

5. 尽管我们有理由说，形成不景气周期的调整和再吸收过程，使经济体系中最有活力、对决定商业界的气氛贡献最大的要素，引起不安；并且，尽管即使一切都以理想的完善形式出现，它也必然要消灭许多价值和存在实体；然而，如果只从繁荣刺激的终止方面来观察，或者仅仅用消极的特征来描述，那么对不景气的性质和结果也就仍然不能充分掌握了。关于不景气，还有更多令人感到高兴方面的事情，比起刚才指出的事情来，能更好地表达它的特征。

首先，这种不景气，正如已经阐述的那样，引向新的均衡位置。为了使我们自己相信，其中发生的所有问题确实可以从这个观点得到理解，并且它不过是显然无意义的和未经限制的，让我们再一次来考虑一下许多个别人在不景气时期的行为。他们必须使自己适应于由繁荣引起的干扰，也就是由新的组合及其产品的蜂群般出现所引起的干扰，由他们与老企业的并肩出现以及由他们的单方面出现所引起的干扰。老的企业——也就是理论上所有的现存企业，除了在繁荣中形成的企业，以及进一步除了由于垄断地位，由于拥有特别优势，或者由于持久的优良技术而实际上脱离危险的企业——面临着三种可能性：衰败下去，如果由于客观的和个人的理由而不能适应的话；开始收敛，并且试图在一个较合适的位置上生存下来；最后，以其自己的资源或借助外界的帮助，或改而从事另一种工业，或采用其他技术性的或商业的手段，以较低的单位成本扩大生产。新企业不得不经受他们的头一次考验，一种比他们如果是陆续出现而不是蜂群般地出现所要经受的考验困难得多的考验。一旦建立起来，他们必定要适当地参入循环流转，并且，即使在他们建立时没有差错，但在许多方面也必定有很多地方需要加以修改。即使从不同的次要原因来看，他们所面临的问题和选择可能性，也同老企业所面临的，有相类似之处；而且，如上所述，在许多方面他们应付问题的能力比老企业要差。在不景气中，商人的特有行为包括采取一些措施，措施的改正，以及解决这一问题的进一步措施。所有这些现象，暂且不论没有事实依据的恐慌以及错误引起的后果——它们表现为危机中事物的非正常过程的特征——可以包含在这种由繁荣造成的情况的概念之中，也就是包含在商人被迫采取的行为，包含在均衡受到的干扰及其反响，或者包含在论据的改变以及对它的成功或失败的适应等等的概念之中。

正如趋向新的均衡位置的努力挣扎，它使创新具体化并对老厂商产生影响等等，是我们从经验中得知的不景气时期的真正意义一样，于是也可以同样表明，这种努力挣扎必定实际上导致非常接近于均衡位置：一方面，不景气过程的能动冲击，从理论上讲，除非在它发生作用，并真正带来均衡之后，是不会停止的；另一方面，除非到那时，以新的繁荣形式发生的新的干扰，也是不会从经济体系本身中出现的。工商业者在不景气时期的行为，显然是由现实的或者即将来临的损失因素所支配的。但是，损失会出现或者已经逼近——并非必然地产生于整个经济体系之中，而只是部分地招致危险——这只要所有的企业，从而整个的体系，不是处于稳定的均衡中;这实际上也等于是说,直到他们再次以接近偿付成本的价格生产为止。因此,只要这样的均衡未接近于达到,那么在理论上就总是存在不景气。这一过程当它在这个意义上发挥了它的作用之前,也不会被一个新的繁荣所打断。因为直到那时,必然存在着关于什么是新数据的不确定性,它使得不可能去估算新的组合,并且使得难以得到必不可少的因素的协作。如果遵守以下的限制条件,那么两个结论都是符合事实的。对于现代工商业界所特有的关于周期运动及其机制的认识,足以使工商业者,只要当最坏的情况过去了,就能预测将要来临的繁荣,特别是它的次级现象;许多个人对于新的均衡的适应性,从而许多价值对于新的均衡的适应性,常常被这样一种期望所延缓或者阻止,那就是,如果他们多少能坚持的话——这常常是以他们的债权人的利益为依据而进行通融——那么他们就能够在下一个繁荣中以有利的条件进行清理,或者根本上就认为完全没有清理的必要,——这在具有优势的繁荣时代,尤其重要,并且拯救了许多实际上不适于生存的厂商,同许多适于生存的厂商一样保存下来。但是无论如何,它延缓或者阻止达到稳定均衡位置的过程。

经济生活的日趋托拉斯化,促进了既在大型联合企业的本身,从而也在它们的外部,失调的持久而又连续的进行;因为,如果在生产的一切部门中都存在自由竞争的话,那么,实际上就只能是完全均衡了。而且,由于某些厂商特别是那些老厂商的财政能力,调整并不总是迫切的,并不总是与生死存亡紧密相关的问题。此外,还存在有外界给予处在困境的厂商或整个工业以支持的做法,例如政府补助金,它的给予是基于认为困难只是外部环境所引起的一种暂时的困难这种**善意的**或**弄虚作假的**设想。在不景气时期，也常常有要求实行保护关税的呼声。所有这些，都以和老企业的财政实力相同的方式，发生作用。不仅如此，也还存在着机遇因素——例如出现在正需要的时候的好收成。最后，不景气过程中的非正常情况有时候产生补偿过度的效果；例如，假使一种未被证实的恐慌曾经不恰当地贬低了一个企业的股票的价格，结果矫正性的上升运动开始，那么这个上升运动便会反过来进行得过火，以不适当的高价维持其股票行情，并导致小规模的虚假繁荣，这种虚假繁荣可能在一定的条件下持续下去，直到真正的繁荣开始。

当然，最终达到的境地从来不会和一个没有发展的体系的理论图景完全相符合，在这一图景中将不再存在利息形式的收入。不景气的相当短暂的持续时间，就独自阻止了这个现象的发生。尽管如此，可是一种对没有发展的境况的接近，总是会出现的；并且这种境况，由于相当稳定，可以再次成为实现新组合的开端。于是，在这个意义上，我们进而得出结论：依照我们的理论，在两个繁荣之间，必定存在有一个到头来接近均衡位置的吸收过程，而导致均衡便是它的作用。这个问题对于我们是重要的，这不仅因为这样的中介位置实际上存在并且对它的解释是每一种周期理论所义不容辞的责任，而且也因为只有对这种周期性的“准均衡”位置的必要性的证明，才算完成了我们的论点。因为我们是从这个位置开始的，而发展的波浪首先便从这里产生——不管在历史上是否有过或者何时有过此种情况。我们甚至可以仅仅假定一种初期的“静止”状态，以便于让波浪的性质清楚地显示出来。但是，就我们用以解释这种现象的本质的理论来说，只说周波的一个低潮**事实上**跟随周波的每一个顶峰是不够的：还要说明它必须是**必然地**这样去进行——这不能简单地假定，也不能用指出它的事实来代替证明。由于这个原因，一定分量的学究行为似乎在这一节是需要的。

第二，暂且不论对刚才已占据我们注意力的创新的消化，不景气周期起了某些其他的作用，这种作用不如它因之而获得名声的现象那样显著：它完成了繁荣所允许的东西。这种影响是持久的，而被感到不愉快的现象则是暂时的。货流得到充实，生产被部分地改组了，生产成本有所减少；[①]并且，最先作为企业利润出现的东西，最终则增加了其他阶层的永久性的真实收入。

尽管这些效应结果一开始就遇到各种阻碍，但从我们的理论得出的这一结论（也参看第四章），却仍被如下的事实证明为正确，那就是不景气的**正常**过程[②]的经济图景，在整个过程中，并不像渗透于其中的情绪引人想象的那样暗淡。除了经济生活的一大部分通常几乎未被触及之外，在大多数场合，总交易额的物质数量的降

① 我们曾两次谈以繁荣对增加成本的影响：首先，企业家的需求推动生产品价格的提高，于是跨于发展次级周波之上的所有人们随之而来的需求就更加提高。这些渐增成本，与古典经济学家在假定人口增长日渐超过生产生活资料的可能性的这一基础上所宣称的长期上升，没有什么关系。现在，问题中的成本降低，也并不是对货币渐增成本的补充。它们是由繁荣带来的生产进步的结果，并且标志着单位产品的真实成本的下降，首先这种下降存在于与老企业相抗衡的新企业之中，然后也存在于老企业之中，因为他们要不就是使其自身与之相适应——例如通过减少总产量并使其自身限于采取最佳可能性——要不就是消亡。在每一次繁荣之后，这种经济体系自身就产生出具有较少的劳动或土地支出的单位产品。

② 当然战后不景气是不正常的。在我看来，试图把经济周期理论的一般结果，去套战后的资料，那是一个错误。但这却是一个常犯的错误。这样，许多关于借助信贷政策的现代的危机治疗学的论断，可以由如下的事实得到解释，那就是他们那些只适用于战后危机的论点、断言为正常周期运动的论点。

低只是微不足道的。任何官方对危机的调查[①]都表明，关于不景气引起荒废的流行概念是如何被夸大了。尽管在繁荣时期出现通货膨胀以及在不景气时期出现通货紧缩的周期性运动，必然特别强烈地以货币形式表现出来，但是，这仍然不仅适用于依据商品所作的分析，而且也适用于依据货币所作的分析。与平均年份的数字比起来，繁荣时期总收入的上升和不景气时期总收入的下降，都不超过 8%到 12%，甚至在美国也是这样，那里发展强度可能使波动较之在欧洲更为显著(参阅米切尔的著作)。阿弗达农已经表明，不景气期间价格的下跌，平均而言，仅仅构成一个低的百分比，而真正大的波动则产生于个别物品的特殊情况，与周期运动没有什么关系。同样的事可以用来说明所有真正大规模的一般性运动，例如战后时期。当那些事件(恐慌、倒闭风潮等等)的不正常过程的不断减弱的征象，以及伴随它们而产生的对于不可预料的危险的焦虑，都归于消失的时候，公众舆论也将对不景气作出不同的判断。

如果我们考虑到不景气所带给不同类型个人的，以及不景气从不同类型个人那里取去的——总是从事件的不正常过程的现象中抽象出来的，对这点我们暂不在这里涉及，那么我们就可以看到不景气时期的真正的特征。它使得企业家及其跟随者们，特别是

---

① 例如，“社会政策协会”所作的调查，或者 1895 年以前主要关于不景气时期的英文报道，比如说，著名的《贸易不景气的第三次报告》。精确的调查只是更近的时期的，例如《伦敦和剑桥经济服务部第 8 号特别备忘录》，由罗提出的；或美国的《总统会议委员会关于失业问题的报告》中的资料和估计。尽管 1921 年并不是不景气的一年(参阅前面的注释)，然而，导致与 1921 年相同结果的有趣方法是由斯奈德提供的，见《管理杂志》，1923 年 5 月号。

那些偶然地或者利用投机享受繁荣期间价格上升的果实的人们，失去了获得利润的可能性——尤其是在投机场合，只能是极不完善地代之以在暴跌中出现的看跌的可能性。企业家在正常情况下已经获得利润，并且已经把它包括在现在已经建立起来和经过调整的企业中；但是他并未进一步获得利润，相反，他倒有蒙受损失的威胁。在一般的情况下，他的企业家利润将会枯竭，他的其他企业家收入也将会是最小的，即使是在事件的理想过程之中。在事件的实际过程中，许多不利的影响，即使被某些已经提及的因素减轻了，也是会并发出来的。与老企业相联系的既存事物，现在正被竞争所制服，自然要吃些苦头。拥有固定货币收入或者拥有只是在一段长时间之后才可能改变的那种收入的人，诸如领取年金的人、靠租金或息票过活的人、政府官员以及以长期条件出租土地的地主，都是典型的受益于不景气的人。他们的货币收入的商品内涵，在繁荣期中曾经被压缩过了，而现在却得到扩展；并且，诚然从原理上说，正如已经表明的那样（参阅上面 3.“第三”），它必定扩展得比原来被压缩的程度更大一些。短期投资的资本家，从单位收入和资本的比前增大了的购买力中获利，但又由于较低利率而受到损失。在理论上，他们受的损失必定高于得利，但是，无数的次要情况——一方面是损失的危险，另一方面是高度冒险的奖赏和过分的需求——使这个原理失去了它的实际的重要性。那些并不把地租用长期合同固定于货币上的土地所有者——因而首先是所有拥有土地的农民——基本上完全处于与工人相同的位置，这样，现在为工人申辩的问题也适用于他们。在实际上具有重要性而理论上不值得考虑的差别是一般都很熟悉的，所以我们将不加以论述。[①]

在繁荣期间，工资必定上升。因为当次级周波上升的时候，首先是来自企业家的，然后是来自所有扩张业务活动的人的新的需求，直接和间接地，主要是对劳动的需求。因此，就业量必定首先增加，并且劳动工资的总额亦随之增加；然后，工资率以及个别工人的收入亦随之增加。正是由于工资的上升，引起对消费品需求的增加，而这又将导致一般物价水准的上升。由于与工人在理论上具有同等地位（第一章）的土地所有者的收入的一部分，出于上述原因不与工资一起上升，并且固定收入根本就不会增加，因而，工资总额的增加也不仅仅是有名无实的，而且是相当于更大的实际劳动收入，并且还相当于尚未增加的社会产品的更大份额。这是普遍真理的一个特殊情况：如果，并且只要新产生的购买力在能对消费品价格发生影响之前首先作用于工资，那么通货膨胀便不能立即有损于工人的利益。只要不属于这种情况，或者只要工资的上升遇到外部障碍（例如在世界大战中），那么工资便会以经常描述的方式落在后面[②]（落后于物价）。如果真的这种通货膨胀是

① 同样，也没有必要去论述不景气对于不同工业的不同程度的影响，——例如，对奢侈品工业的影响大于对生产食品的工业。关于这一点，哪些问题具有理论意义，都已在本章的各个地方涉及了。

② 这种理论的统计检验遇到各种各样的困难。首先，我们关于工人所消费的物品的零售价格的资料，并没有深入到我们所期望的那种完整程度——为此，单单货币工资的运动便自然是没有意义的了；这倒真的证实了我们的论点，如果人们对它满意的话。对就业程度的衡量仍然不十分令人满意，但是我们也不能不用它。就我所知，在战前根本不可能衡量短期劳作，而衡量完全失业也只有借助于工会的资料以及偶然的人口普查。今天，这种尝试将会取得更大的成功，但是由于已经阐述的原因，为了我们的目标，我们只能考虑战前的数字。我们现在可以引出一篇作品，它正好企图寻找

消费中一种过剩的转递手段，例如，假若战争是用通货膨胀来通融资金的，那么经济体系的最终陷于贫困[①]必定也对工人的地位产生反响，即使这种反响不如它对于其他个人团体的地位所产生的反响那样严重。但是在我们的场合，显然相反的情况发生了。

在不景气中，单位工资的购买力上升。另一方面，对以货币表现的对劳动的有效需求，由于繁荣引起的自动通货紧缩的结果，而将会下降。只要仅仅是这种情况出现，那么对劳动的有效实际需求[②]就能仍旧不受干扰。于是劳动的实际收入，将会不仅比以前接近均衡位置时要高，而且比在繁荣时也要高。因为，原来的企业利润，便会流向——理论上并且依照我们的概念全部流向，但实际

我们所需要的东西，那就是由伍德在 1909 年 3 月号《皇家统计协会杂志》上所发表的“1850 年以来实际工资与享受标准”一文中所提出的问题。它延伸到了 1902 年，并证实了我们的预料。可是，在两个世纪交替的时候，出现了非周期性的、并且在这个意义上的长期价格运动，这种运动歪曲了整个景象，而且还包含着超越周期运动界线的越轨行为。依据鲍利教授对伍德工作的继续，也依据伍德夫人在 1913 年 12 月号《皇家统计协会杂志》上所发表的“1900 年至 1912 年伦敦实际工资的进程”一文中所作的研究，还依据汉森在 1925 年 3 月号《美国经济评论》上所发表的“影响实际工资趋势的因素”一文中的研究，我们可以确实地说，所有这些研究都与就业程度无关，这种理论也并不符合事实。但是我们容易看到，如果价格的长期上升现象被剔除，那么我们的结论就会得到证实。关于黄金生产与工资水准的联系问题，可参阅皮古在 1923 年 6 月号《经济杂志》中的论述。

文中接着出现的论点，有充分的数字依据。实际工资在不景气中常常是合乎规律地下降，可是它仅仅是他们从繁荣中所得利益数额的一部分。这正好是我们所应该期待的。

① 由于贫乏及其结果以及由此而产生的问题，因而在支付手段数额大致固定不变的场合，即使不使用膨胀金融的方法，相对通货膨胀也将会出现。本文还提到纸币或信贷膨胀所引起的后果的加剧。

② 这个新概念在这里仅仅指以一种理想标准单位所表现的需求，这种理想标准单位并不经受那种由于流通媒介数量的变化所引起的周期变动；因此，它仅仅是指劳动总需求的实际变动，而不是指那种单纯名义上的变动。

上却是逐渐地和不完全地流向——劳动和土地的服务，只要它没有被产品价格的下跌所吸收（第四章）。但是，下述情况却暂时阻碍了这种事情的发生，并且引起了由统计所实际表明的真实收入的暂时下跌；而与此同时，最终所期待的与我们的理论相一致的收入上升，实际上又常常为下一次繁荣的出现所掩盖了。

（a）首先，我们所称作不景气时期数据与事件的不确定性以及明显的不规则性，还有更多的事件的非正常过程的恐慌和错误，使得许多厂商受到困扰，并且使其他厂商暂时无事可做。这必定引起失业等等事情的发生，而它在实质上的暂时特征并不改变如下事实：这是一个重大事件，并且在某些情况下能为有关方面消除厄运；至于对它的恐惧——仅仅是因为事件的不可预测性——实质上则是添加了不景气的气氛。这种失业情况是不景气时期的典型特征，是劳动过剩供给的来源，这样，就将会导致极大地损害原来由于工会的活动而得到的地位，以及有时，虽不是必然地，将会引起对工资的严重压力，而其影响可能比单纯从失业数字所想象到的结果，还要大一些。

（b）由此，我们必定要识别清楚：新企业或者完全消灭老企业，或者迫使他们限制他们的业务活动。为了抵消由此而引起的失业，可以肯定，就会有新的对劳动的需求，以继续经营新的企业。这种需求常常超过所引起的失业人数究竟有多少，可以用铁路与公共马车的例子来说明。但是并非必然如此；即使是如此，也可能会存在一些困难和摩擦，而这些困难和摩擦，加上劳动市场上的不完全运行，总的说来倒占有不相称的偏重的势头。

（c）上面提到的产生于繁荣到来时对劳动的新的需求，由于曾经引起新投资的企业家对劳动的需求的最终停止，因而也失去了重要性。

(d) 通常繁荣最终意味着迈向使生产过程机械化，从而使单位产品所需劳动量必然减少；它也常常，虽然不一定必然，包含着我们所讨论的工业所需求的劳动量的减少，尽管出现了生产的扩张。技术失业因此而表现为周期失业的一个组成部分，而且不应与后者相对立，以致似乎它与这个周期循环无关一样。

实际上每一次不景气这种要素，都表现为巨大的和使人感到痛苦的，但却又主要是暂时的困难。[①] 这是由于对劳动的总的实际需求一般不可能永久性地下降。因为，不管所有补偿以及所有次要因素如何，企业利润中未被价格下跌所消除的那一部分支出，必然要高到足以阻止任何永久性的收缩而有余。即使它仅仅是支出在消费上，它也必定要分解为工资——和地租，因为我反复说过，这里谈到的每一个问题，在理论上对它们也是适用的。一旦只要它是被投资时，对劳动的实际需求便会开始增加。

(e) 繁荣不论是直接地，或是以其影响，只能以一种方式永久地降低对劳动的实际需求：如果在新的组合（指生产要素的组合——校者）中，它能够改变在对劳动极为不利的老生产组合中所得到的土地与劳动的相对的边际重要性。于是，不仅社会产品中劳动所占的份额，而且劳动的实际收入的绝对数量，都可能永远下降。实际上比这种情况更为重要的——但也不一定属于永久性

① 关于这一问题，参阅我的“分配学说的基本原理”一文，载于《社会经济与社会政策文献》，第42卷。

质——是一种有利于对已经生产出来的生产手段的需求的转变。

基于这种限制条件，于是我们就可以回到我们的结论上来：不景气的经济特征，在于通过力求均衡的机制，把繁荣所带来的成就扩散到整个经济体系；而那种对于这个体系仅仅是部分必需的暂时反应，却掩盖了这个基本特征，产生了以不景气这个名词所表达的气氛，同时也产生了甚至为那些指数所呈现的不属于（或不完全属于）货币、信贷及价格的范畴，并且不单单反映不景气时期所特有的自动通货紧缩的特性的那种反响。

6. 危机的爆发开始了事件的非正常过程，或者开始了在事件的发展进程中那些不正常的事物。正如已经谈到的，它并未提出新的理论问题。我们的分析表明，恐慌、破产、信贷制度的崩溃等等，不一定，然而却可能易于在繁荣转变为不景气的转折处出现。这种危险会持续一段时间，然而只要不景气过程更加充分地发挥其作用，危险就会变得更小。[①] 如果出现恐慌，那么一些差错和失

① 只要不景气在继续，经济体系及其信贷结构崩溃的危险就会不断减轻。这个论点可以与下述事实相符合：大多数的破产并不恰好出现在转折点或其附近，而只是出现在其后，有时还只是出现在经济体系的危险过去之后。因为甚至一家厂商的致命伤也不一定会立即引起破产。相反，每一个人都会尽可能长时间地去抵抗。而大多数厂商能够或长期地或短期地做到这一点。他们自己——和他们一起的还有他们的债权人——希望有一个比较顺利的时候。他们仔细地考虑，不断地想办法，寻找新的支持，有时候他们获得成功，有时候他们至少获得诸如能够同意清理的成功——更常见的，是虽然没有获得成功，但是甚至在那个时候，这种垂死挣扎也会使得破产或改组延迟，常常延到下一个上升运动，这样，溺死的现象便会在干燥的土地上发生。这并非新的灾害带来的结果，实际上其危险已日渐降临，因而是早在很久以前就发生了的灾害的最后结果。在这里，和在别处一样，我们只需考察基本原因以及这种解释的特性，而不涉及在什么时候原因才变得显著可见的问题。这就造成了我们的理论与观察之间的明显差距。但是，如果差距显示出来而又未能获得满意的解释，那么每一种这样的差距就只能成为一种反对或异议。

误，而它们大都首先产生于这样一种情况里或者只是被它投入到待救援的地步，以及公众舆论等等，这些在正常过程中本来不会发生的各项事物，便成为独立的原因；从而它们就成为具有各种不同特征的并且导致偏离正常过程的各种最终结果的不景气的原因。在这里最终建立起来的均衡，不同于那些在相反的情况下建立起来的均衡。这些巨大的错误和破坏，一般不能被改正或重新修复，并且它们将依次构成进一步产生影响的局面，而这一举动最终必定会自寻出路；它们意味着新的干扰，并且将强迫施行，否则就成为多余的那种适应性的过程。事件的正常与非正常过程的这种区别极为重要，这不仅是为了便于理解事物的性质，而且也是为了理解与这种事物有关的理论上和实际上的问题。

我们已经看到——这与那种学说不同，那种学说在经济周期中主要是看到货币现象，或者它以银行信用为其产生根源，并且它在今天特别是同凯恩斯、费希尔、霍特里的名字以及联邦储备局的政策相联系的——不论是繁荣时期的利润，或是不景气时期的损失，都不是没有意义的和不产生作用的。相反，在与对手竞争的私营企业家仍然发生作用的地方，它们是经济发展机制的基本要素，并且它们是不能被消除的，否则就会使经济发展机制受到损伤。这种经济体系，如果不进行把那些同没有希望改变的事物不可避免地联系在一起的实体加以完全破坏的最后斗争，那就不能发生作用。但是伴随非正常过程的损失和破坏，确实没有意义，并且不发生作用。关于预防与治疗危机的各种建议的论证，主要就依靠它们了。其他关于治疗方案的正确起点是这个事实，那就是即使是正常的——尤其是非正常的——不景气，也涉及那些与周期的原因和意义没有什么关系的个人，首先是工人。

最为重要的长期治疗，并且是唯一不会引起反对意见的做法，是对经济周期预测方法的改进。工商业者对经济周期的了解日益增加，这一事实连同托拉斯组织逐渐形成的事实一道，成为为什么真实的危机现象——像世界大战这样的事件以及像战后时期这样的时间，都不属于此列——变得越来越弱的主要缘由。[①] 由国营企业或者大联合企业进行的新的基本建设延迟到不景气时期，从我们的观点来看，似乎是对新联合体成群出现的结果的一种缓和，也似乎是繁荣时期的通货膨胀和不景气时期的通货紧缩的一种冲淡，因而似乎是减轻周期运动和危机危险的一种有效手段。不加区别的和一般的信贷便利的增加，简直就意味着通货膨胀，正如同政府纸币的统治作用一样。它可能完全阻碍正常的过程，也可能完全阻碍非正常的过程。它不仅遇到了反通货膨胀的一般论点，并且还遇到了如下的论点，那就是，它销毁了那种仍可归因于不景气的选择性措施，它使经济体系负担着那些不适应的和不适于生存的厂商。与此相对照，通常由银行无系统地并且没有多大远见地施行的信贷限制，却出现在至少值得公开讨论的政策面前，而这

① 预见性的增加也削弱了正常的周期运动。可是这并不能阻止它，如果我们的论点是从这个观点来检查的话，那么这一点就将会被承认。因此，当亚当斯（T. S. Adams）这样说："预测周期就是使之中和"，未免走得过远。与前面所述的要素不同（2. b之"第四"），所谓在时间的进程中，经济发展日益不断地变成为一个"计算问题"。这个要素和我们现在所谈论的熟悉程度和预见性有所不同。它也减缓周期运动，但却是出于另一个原因：它将趋于消除繁荣的根本原因，因而将以比单纯预计的周期运动进程更加缓慢的速度，但却又以比它更加完整的趋势发生作用——只要原因存在，这些便是不可避免的。它也还不同于托拉斯化：由于同种理由，这种现象将减缓事件的正常的和非正常的过程。

种医治弊病的政策却又听任其剧烈的后果自行蔓延。这种程序，本可以用那些将使个别生产者们难以抵制价格的必然下降的其他措施，来加以补充。但是也可以想象出另一种信贷政策——在那些个别银行本身方面，而更多的是在对私营银行界产生影响的中心银行方面——这种信贷政策将会区别那种具有经济功能的不景气的正常过程中的现象，与那种只破坏而无功能的非正常过程中的现象。可以肯定，这种政策将导致一特殊种类的经济计划，这种经济计划将无限地增加政治因素对个人和团体命运的影响。但是这又涉及政治判断，我们在这里将不予讨论。这种政策的技术性的先决条件，以及对经济和文化生活的若干事实和可能性的综合洞察，尽管在理论上可以如时得到，可是目前仍然毫无疑问地无从获取。但是在理论上，证实如下事实却是有兴趣的，那就是，这种政策并不是不可能的，也不能简单地等同于幻想，或者等同于那种本来就不适合于用作达到目的的一些措施，或者最后等同于那种反作用必然大于直接结果的报偿的一些措施。事件的正常过程的现象与非正常过程的现象，并不只是从概念上加以辨别的。事实上它们是不同的事物；随着足够深入的洞察，甚至今天遇到的具体情况也可以立即被普遍认出是属于其中的一种或另一种。在一群已受过任何不景气的灾害的威胁的工商企业中，这种政策应该将那些被繁荣弄得在技术上或商业上过时的企业，同那些被次要情况、反作用和偶然事件陷入危险境地的企业，区别开来；它将会对前者听之任之，而通过给予信贷以支持后者。这种政策也许可以成功，在同一意义上，正如同自觉制定的种族卫生政策好像也可能导致成功，而实际上只要事情是留待自动地去实行，那是不可能得到成功的。尽管如此，可是无论如何，作为资本主义产儿的危机，将比资本主义制度更早地消亡。

但是，没有一种疗法能够永久地阻止大规模的经济和社会过程，在此过程中，工商企业、各个人的地位、生活方式、文化的价值和理想等等，将以整个社会的规模下沉，并最终消失。在一个存在私有财产和竞争的社会里，这一过程是对新的经济和社会形态的不断出世的必要补充，也是对所有社会阶层的不断增高的实际收入的必要补充。如果真的不存在周期变动，那么这个过程就要缓和一些；但是，这并不能整个地归因于前者，事实上这倒是独立于它们而被完成的。在理论上和实际上，在经济上和文化上，这些变化倒是比长期以来被集中了的所有的分析注意的经济稳定性，要重要得多。而且家庭和厂商的兴与衰，在它们变动的特殊方式中，较之在以固定速度进行反复的自我再生产过程的这种含义上的静态社会里所观察到的任何事物，更能说明资本主义经济制度的特征，包括它的文化和它的成果方面的特征。

附录　经济变动的分析*

自从19世纪60年代，克莱门·尤格拉确认了渗透到资本主义社会制度的经济生活里的波浪式运动的存在之后，收集、综合整理和衡量测度有关事实的这种工作，就开始不断地稳步前进。虽然，这种工作受到了很多不必要的争论和不完善的分析工具的阻障，但仍然取得了成果。我们相信，这项成果只需要适当地加以调整和发展，就可以使经济学能提供一个基本上令人满意并适当详尽的对现象的描绘，从而对人类的福利确实会作出最直接的实际贡献。调整对于历史的、统计的和分析的探讨方式特别必要，这种探讨方式，是受到各个工作者由于在训练、嗜好和眼界上的差异而不愿相互协作所阻挠的。这篇论文的目的，就是说明一种分析工具的主要特征，这种工具或许可用于整理我们所拥有的讯息资料，并制订出从事进一步研究的计划。

（一）外部因素

假如我们考察，举例来说，从1792年"法国战争"开始的英国

---

* 熊彼特的这篇论文，原为英文，题为"The Analysis of Economic Change"，载于美国《经济统计评论》杂志第17卷第4号，1935年5月。后来收进戈特弗里德·哈伯勒、霍华德·埃利斯等人所主编的《经济周期理论选读》，英文本，1944年美国费城出版，第1—19页。——校者注

经济事件的过程，经过停止硬币支付，“亚眠和会”，同美洲的商业战争，直到1809—1810年的经济危机，显然我们就能够毫无差错地用政治“动乱”来解释我们在上述资料中所观察到的一切经济变动。或者，假如我们追随1931年春天经历的世界经济危机的过程，我们就可能探究出从当年初期发生的显著的上升运动的崩溃，是由于奥德同盟问题的重新提出，以及随之而来的短期收支平衡运动，所造成的焦急不安而引发出的一系列事件。[①] 常识立即使我们看到，在这里我们发现了关于经济变动的一个显然很重要的源泉。从普遍存在的事件中，我们可以看出，实际上每一种经济变动必定只是历史上的一个个别现象，并且这种经济变动，只有对于每一场合实际发生作用的无数因素进行了细致的历史分析之后，才能被我们作出解释。换言之，为了要理解经济周期，我们首先要获得那种可以称为历史上的经验的知识，这种历史经验，体现了经济生活对上述各种社会动乱的反应。这也是一种理由，说明为什么掌握过去的事实是头等实际重要的事情；在有些方面，它比起增

① 如果我们进一步询问在德国发生的特别敏感的短期平衡的局面如何，我们就会发现，伴随着1924年到1929年相继发生的事件，那些稳步增加的政府支出，以及这种政府支出款项之所由筹措的方式和方法，在数量上确实相当于征课了流动资本平均每年10亿马克的增加量。如果我们从1930年短期的外债的数值中，不仅扣除德国银行在短期资本账目上的40亿马克的反索权，以及单纯是为了通融德国的对外贸易，从而没有什么危险的周转信用40亿到50亿马克，而且大致上还要扣除如果不是由于那项财政政策，就能够并且必将积累起来的款项50亿到60亿马克，那就容易使我们看清楚，利率就会低一些，而那一部分短期外债，它们的进款代替了（或相当于）国内流动资本的形成，其数额就会是如此微小，以致在整个局势中不能成为主要因素。这样，我们就能够运用不仅是在表面上的，而且更带有根本性的政治原因，来解释1931—1932年局势中最黑暗的情景。请参阅为了辩护这种推理方式的这一节的最后两句话。

添我们关于当代事实的资料库还重要得多，而这种当代事实资料库只能随着时间的推移，通过无限微小的步骤，才能增加我们的知识。为此，对各种反应机制所作的统计上和逻辑上的描述(我们头脑里仍然存在着希望，那就是，我们最终还是能够衡量和测度每一种这样的社会动乱所引起的各种影响)，就成为我们面临的最迫切的任务。顺便我们还要认识到，由于各种理由，任何作用于经济过程的影响，实际上的确不只是产生单个的下陷凹痕，而是产生延续一个较长时间的一种波浪式的运动；同样，如果它冲击在某一特别点上，就会产生贯穿于整个体系的震动。更有甚者，为了要适应于前进中差不多经常有的滞后，以及经常要参照价格的变动比率，而不是参照价格的绝对数量，因此我们要达到准确描述这样的意图，至多也只能得到表现为周期的组成部分的结果。

既然如此，即使社会的制度上的和自然的结构保持绝对不变，但在经济社会的活动中，是否会产生任何这样的波动，并且这种波动是否可以观察得出来，仍然是成为问题的。虽然，一掠而过的动乱及其所引起的反应，在个别场合可能是更加重要的，然而当时经济过程所固有的波动的存在或不存在，则是实际上和科学上的根本问题，也是这里我们要考虑的唯一问题。为了要在这方面取得进展，我们就要像物理科学那样去进行，因为在实验室里做实验，实际上不可能把一种现象完全孤立起来。这样的做法是：从我们有关经济活动的历史知识和日常生活的常识中，我们要建立一个经历一定时间的经济过程的“模型”，看它是否有可能按波浪式运行，并且以其结果同所观察的事实进行比较。因此，从今以后，我们不仅要撇开战争、革命、自然灾害、制度变迁；而且也要撇开在商业政策、银行和货币法规以及支付习惯上的变更，还要撇开由于气候条件或病虫害引起的收成的变化，以及由于偶然发现引起的黄金生产的变化，如此等等。所有这些，我们将统称为外部因素。我们将要看到，在有些场合，我们不容易把这些因素同经济活动的特点区别开来。关于这件事，我们在这里能够做到的，只是建议读者要牢牢掌握这种区别的常识，并且要考虑到每一个生意人都十分了解，当他订购一批新机器时是在进行一种活动，而设法疏通以图对他的产品增加进口税时，则是在进行另一种活动。还可看出，在我们列举的外部因素中，也有许多事情，当我们站得更高一点并且用更广阔的目标来考虑时，却是资本主义机器运转的直接结果，从而它们并不是独立的要素。[①] 事实也确是如此，但这并不降低我们在现有的水平上以及为了我们的目的所作的区别的实际价值。

① 米切尔教授，在他评论罗宾斯教授的近著(《经济学季刊》，哈佛大学出版，1935年5月)时，反对后者把1929—1934年的经济萧条现象，归因于“政治”。从社会学的观点看起来，他当然不只是在这一种情况下是对的，而且一般也是对的。这种行动，也就是罗伯特·皮尔的政府在1846年废止谷物法令，无疑地引起了，同时也是渊源于，一定的时间和地点的经济模式，而这种经济模式，本身也是由包括资本主义机制在内的整个社会制度的运行所产生的。但是，这也只是为了某些目的而才有关联的，比如说，假如我们愿意判断政治家的行动。只要这样做是出自科学家对于某种方式的社会制度的偏爱，那它确实既是超经济的，又是超科学的。在这种情况下，我们只好不同意上面所提到的两位卓越作家的意见，因为他们两位都表现出了这种偏爱。但是，假如问题只是限于把明显而又看得出的结果归之于皮尔政策，那么这种论调就是不相关的：因为，对19世纪40年代英国经济周期过程的考察，就说明这种政策会和地震一样，只是一个外部因素。为了把问题讲清楚，重要的是要把两种观点严格区分开来。当然，同样的道理，可以运用于区分一种经济过程和它的一般制度上的背景。在某种意义上，这种区分是完全不现实的。但是如果我们不这样区分，那我们除了说“每件事物依存于每件事物”之外，将永远不可能再多说一句话了。

（二）周期，趋势，均衡，增长，创新

为了简明起见，在这一节，我们将综述少数必要的定义和命题，实际上这些定义和命题是很简单的。虽然如此，但为了必须使一些专家把我们的意思了解得完全确切，我们不得不在这里和那里加上一些多少有点学究式的公式。

统计学上，“周期”这个名词包括两个东西：其一，在历史的时间（以区别于理论的时间）内经济数量价值的序列，不是表现为单纯的增加或减少，而是表现为这种价值本身的，或它们的一阶或二阶时间导数的“不规则的”再现；其二，这种“波动”并不在每一个这种时间序列里独立发生，而常常是或者彼此同时出现，或者一个接着一个出现。

统计学上，我们所说的“趋势”一词，是指一种事实，那就是在很多的，虽说不是在全部的，这种时间序列中，有可能把我们的材料所包括的整个时间间隔，区分为一些次级间隔，从而这一系列次级间隔的时间组成成分的平均值，随着时间的推移，成为单一的增加或减少，或者它们仅仅只再现一次。

假如我们研究，比如说，1872 年所有国家的经济形势，并且看到繁荣所带来的极度过剩，我们就不难赋予“缺乏平衡”或“不均衡”等词以非常现实的意义。并且，假如我们观察一年以后的情况，同样也不难于认识到，不管当时的情况与 1872 年的情况有多大差别，但有一点是相似的，那就是差不多是同样不平衡的。再者，假如我们分析，比如说，1897 年的一些事件的过程，我们就可以很好地归结为一种比较均衡的状态。这种关于经济制度的比较

平衡状态与比较不平衡状态的常识性的区分,对于描述和测度周期变动现象,具有最大的重要性。为要得到这种观察的精确轮廓,我们可以下一个定义:马歇尔式的局部均衡存在于个别工业中,假如这一工业整个来说,表现出既不增加或减少其产量的趋势,也不改变它所雇用的生产要素的组合。另一方面,如果整个企业的收入总额,用现行货币计算,等于用同样货币计算的成本总额加上能够吸引住每个人继续从事他实际上正在从事的行业的利润,那就达到了总体均衡。像这样可以同一些工业之间的或每一工业内部的多种不均衡状态相并存的事情,是凯恩斯先生关于货币作用的分析的基本概念。假如在研究范围内的每一个家庭和每一个厂商,是各自都处于莱昂·瓦尔拉意义上的均衡状态,那就达到了一般均衡。只是最后的这一种概念,是与我们有关的。为要给它以统计上的意义,我们必须把它同我们的时间序列图表上的某些点联系起来。这些点,我们称之为"正常的点"。因为事实上,这种状态从来不会完全实现,所以我们只能涉及那些与上述状态离得较近的或隔得较远的一些情况。因此,我们可以进一步下定义:"均衡邻近区"是一些时间间隔,在其中正常点都一一出现在我们的时间序列图表上,除掉那些在间隔中被一种确定的和可以验证到的个别情况所引起偏离的点。(因而"邻近"这个字眼,不是以严格的数学意义用于这里的。)但关于我们如何找出这些邻近区的位置这个问题,则不能在这篇文章中加以讨论。

所谓"增长",就是指连续发生的经济事实的变动,其意义就是每一单位时间的增多或减少,能够被经济体系所吸收而不会受到干扰。人口的增长,引起每年至多百分之几的劳动供给量的增加

(历史上每年增加3%就已经是高的了),就是突出的例子。假如,归于这种范畴的因素是仅仅在活动中的因素,那么对于"趋势"的概念,以及用最小二乘方或者用其他基于同样假定条件的方法来决定趋势,就会有明确的经济意义。尽管如此,但在下面我们将不讨论任何单单由增长所发生的问题,也不讨论它们同那种包括在经济变动中的其他类型因素的关系这样一些非常复杂的问题。事实上,为了简明起见,我们将完全不讨论增长因素,但如同在外部因素的场合一样,这并不意味着对它的重要性有什么看法。

最后,我们有理由说,对于产生和形成经济变动的影响因素,并不仅仅限于上述的外部因素和增长因素。显然,假如人们在自然界的事件影响他们的经济生活的变化以及他们自己的非经济行动所引起的变化之外,除了繁殖和节制也不做任何别的事情,那么地球的面貌就将会是很不相同的样子了。如果就现实情况而言,这显然正是由于人们以不懈的努力,用他们的智慧去改进生产方法和商业方法,也就是说,由于改进生产技术,占领新的市场,投入新的产品,等等。在从事活动的过程中,这种历史上的不可逆转的变动,我们称之为"创新",我们把它定义为:创新就是生产函数的变动,而这种函数是不能分解为无限小的步骤的。你可以把许许多多的邮车加起来,加到你想要加到的地步;但这样做,你仍将永远得不到一条铁路。

这是一个引人多少感兴趣的问题,那就是为什么包括马歇尔在内的老牌经济学家,虽然认识到这个要素并且在特殊场合也把它考虑在内,但是,却一直固执地拒绝正视它,更不运用一种分析工具来充分描述它的机制和结果。不管创新同其他的两种因素联系如何紧密,但为了我们的目的,有必要而又充分的理由把创新列举出来,作为经济变动的第三种和逻辑上性质不同的因素,同时提出这样的命题:我们称之为经济周期的这样一种波浪式运动是伴随于工业变动的,而且它在一个只表现生产和消费过程的没有变动的重复的经济世界里,将会是不可能的。工业变动是由于外部因素的作用,由于增长的非周期性要素,以及由于创新的结果。如果真的有一个纯粹的经济周期的话,它也只能产生于这种途径,那就是在资本主义社会制度的条件下,新的事物是被插入经济过程并被吸收的。事实上周期似乎是统计的和历史的形式,在这里就发生了通常所说的“经济进步”。这就是为什么想要从理论上分析和从实际上控制经济周期的任何严肃的企图,只能是一个历史上的想往,意思就是说,解决经济周期的根本问题的关键,只能得之于工商业历史上的事实。

(三)繁荣与萧条

在这一节,我们假定(不久我们将放弃这个假定)在我们的资料中只谈一个“周期运动”是有道理的。

当然,我们从来不期待会发现产生于完全均衡状态的第一次周期的确切日期,但是,为了避免循回推理,制定一个模型来描述这样一种事件就是非常重要的;并且只要历史的和统计的描述允许,我们就从第一次能证实是均衡邻近区的地方开始。于是,我们就获得经济数量体系的图景,而这种图景是从创新影响下的均衡或其邻近区描述而得的,而这种创新,将提供除了外部因素之外的唯一可能的“力量”。让我们想想在这个国家或者在英国所发生的而为人们标记为“铁路繁荣”的任何这样的繁荣,就可以弄清这一点。在这种场合的新事物，需要花许多年才能进入运行次序，并且需要更长的时间才能对工业和农业的区位，人口的聚集，副业和辅助行业的演进等等，施加充分的影响。在这个期间，就严密的逻辑而言，如果上述均衡是一个完整均衡的话，在商品和劳务流程中就很少或者没有增加（事实上在消费品的产出中可能是一次减少）；与此同时，由于信贷开展的结果和其他途径，生产者和消费者的支出将会增加。对于这一点的实际补充是，在这个时期，支出通常比产出要扩充得多一些，并且经济体系中没有创新的领域，将使它们自己适应于这种状况。这里不可能运用关于时间序列活动的历史解释来表明，当我们把一段时间作为经济繁荣的时期时，这对我们所意指的一切事情是解释得何等充分。（同样也没有必要来表明，因为对于任何一个人只要他曾经研究过在这个“评论”[①]杂志上发表过的图解，他就必定是很清楚的。）经过一段孕育时期（当然我们必须把它区别于单个厂商的情况，在那里我们也可以用孕育这个名词来称呼）之后，新的经济结构的产品和劳务就可以到达它们的市场，取代其他这样的产品和劳务，或者取代与它们相联结的现在已变得陈旧过时的生产和企业经营的方法，并强制施行一种清算、调整和吸收的过程。即使没有人曾经犯过任何过失，也没有人曾经有过任何行为失检，情况也将会是上述这样的；虽然更没有什么困难我们就会了解到，过失和行为失检的结果将会揭示出，在这一时期这个体系将竭力挣扎回到一个新的均衡邻近区。就货币和信

① 这是指《经济统计评论》杂志，熊彼特的本篇论文最先就是在这个杂志上发表的。——校者

贷而言，诱发所有其他事物的根本要素就是这样一种事实，那就是一旦出售新产品的进款流入时，以及只要这些进款是用来偿还银行贷款的话，存款在严密的逻辑意义上就渐渐收缩到以前的均衡邻近区的位置上，而实际上，多少是向这一位置靠拢。再者，如果要把那些由经验告诉我们的通常与均衡邻近区相联系的所有的偶然现象，都插入到这个图景中去，那是没有什么困难的，而这种图景则是由一连串重大的事件所产生的并为人们所理解的结果。这不仅描绘了经济周期下降阶段的性质及其有机功能的比较真实的图景，而且也提供了令人满意地符合于统计的说明。

不管这种体系开始怎样偏离于均衡点，虽然没有逻辑上的必要性，但却也常常引起派生现象，这种现象主要是由于工商业者将按照他们所观察到的变动速率而进行活动。这种诱发现象的综合总体，是周期的群众心理的中枢，并大大加剧它们的幅度，我们称之为"次级波浪"。这种表述首先用于 1911 年，很容易使人误解；只是因为凯恩斯先生把它捡了起来，所以至今仍然采用着。但是，这种事情却是非常重要的，以至于大多数研究经济周期的人只看到这一方面而不及其他。这种情况除了可以说明在诊断和补救政策上的许多错误之外，也有助于解释并且部分地证明大量的"理论"是合理的，这些理论即使没有抓住本质现象，但当人们把它们看作是重叠于初次波浪上面的次级波浪结构的组成部分的描述时，倒也是完全令人满意的。

于是，周期运动的各个单位，必然位于均衡的各个邻近区之间。在经济变动的最简单的模式里，只有两个阶段。但是，由于这种事实，那就是萧条力量是从这个体系的"繁荣旅程"走向回程时而获得更大的势头，特别是由于次级波浪的崩溃所引起的现象，这个体系经常超越在它的回程中所冲击的均衡的第一个邻近区，并且又走上“萧条旅程”，从这里它又被均衡牣带的行动所强制，从而又把它带到另一个邻近区，从那里下一个周期的繁荣又将开始。因此，我们通常把周期分为四个阶段，即繁荣，衰退，萧条，和复苏。这几乎是普遍公认了的，但有必要注意，为了要进行基本分析，我们不能自由地从我们喜欢的任何点，或任何阶段开始去计算周期，比如从顶峰到顶峰，或从低洼到低洼，而是必须经常开始于复苏之后，以及在繁荣之初。再者，我们还必须辨别这两种情况（复苏和繁荣），虽然由于两者都是上升的这一事实，要辨别它们可能是困难的。不能做到这一点，特别是不能认清复苏中的活动“力量”是完全不同于繁荣中的活动“力量”，就是造成错误分析的主要原因之一。

但是，根本问题仍旧未得到回答。为什么创新发挥作用，只是蜂聚在某些时间里，而不是以一种连续的方式进行分配，以至于能够像劳动力供给的现行增加那样，恰好是连续被吸收的？（这里所指的创新是要与“发明”及试验区别开的，因为发明和实验完全是另一回事，它们本身对于经济生活不产生任何影响——这正好说明，为什么发明这个要素没有得到马歇尔的什么重视。）为此我们又立即得到一种回答：一旦当社会上对于某些根本上是新的和未经试验过的事物的各种各样的反抗被克服之后，那就不仅重复做同样的事情，而且也在不同的方向上做“类似的”事情，就要容易得多了，从而第一次的成功就往往产生一种蜂聚的现象（可以用汽车工业的出现为例来说明）。这的确是竞争性的资本主义的方法，这种方法在托拉斯化的资本主义社会里还没有完全消失，一般是用以扩散一种改良和收获社会成果——在紧接着的萧条阶段。但是,要获得充分的说服力,就需要更加大大深入到这一现象之中,它的根源延伸到远远超越现在所能达到的经济领域的范围。尽管如此,像本书作者曾经有过不幸的经验那样,即令是非常煞费苦心的陈述,想把他所要传达的真实图景传达给批评者也曾经常常是失败的;他宁愿请求读者把创新的蜂聚情景作为一种符合事实的前提条件或假设,如同在物理学中所作的假设一样,不管其结果是可能被引证说明以支持或反对他们的客观真理。尽管如此,可是他仍然感到有权对任何怀疑这种命题的人说:观察你周围的工业生活,并且你自己看看它是否并非如此。别的作家们曾经十分独立地强调一种事实,那就是有可能从历史上将每个经济周期与一个特定工业或少数几个工业联系起来,这个工业或这几个工业是在工业中处于领先地位,并且好像是运用这个火炬,到后来成为燎原之火,遍及于更加广阔的地面。[①] 投资货物的波动,比起其他场所的波动要更加显著得多的这一确有依据的事实,由于它可以用上述的假设条件来作解释,因而是指向同一方向的。

我们还要指出,上述分析模式提供了关于经济趋势的解释,这种解释也是和决定趋势的生产技术有关系的。因此,我们可以说,除了增长要素以外,影响我们时间序列的趋势的因素,并不能同那

① 就本文作者所知,第一位作家自觉地这样去做的,就是罗伯逊先生。他的《工业变动的研究》专著,于 1915 年出版,以及他早先刊载在《皇家统计学会季刊》上的一篇论文。他还同样独立地拟订了一种信用机构的运转体系,也在很多方面类似于前面谈过的,并于 1911 年拟订的那一种体系;详见他在 1926 年出版的专著《银行政策和价格水准》。

种形成周期波动的影响因素区别开来，而只不过是体现了后者的变动结局。对于这些"结局—趋势"，像作者在他的著作中称呼它们的那样，是完全不能够应用最小二乘方类型的正规方法。就推断而言，自然是在任何情况下都不能得到保证的。但是，它的确有某些一般的特征，可以用来把这种正规方法发展成为或多或少的粗略的近似法。关于四个阶段的相对的或绝对的长度，即令不顾及它们将受到外部因素的影响的事实，也不可能得到一般的概括定论。部分的而不是全部的由于这种理由，单单提出周期顶峰的高度或周期低潮的深度的确没有重大的意义，虽然我们将立即找到一种理由，来预断某些萧条将比其他的一些萧条要严重得多。

（四）"三种周期"体系

上面的分析，不仅能说明这个事实，那就是一旦当均衡邻近区已经"从下线"达到时，繁荣的波浪往往就一定出现，并常常是逐渐减弱而进入另一个新的均衡邻近区；而且，就本文作者所能考虑到的，也能说明那些曾被证实与上升波动或下降波动相联系的每一单个事实或特点，却尚未证实是由于外部因素的作用所引起的。读者最好将他所考虑到的这些特征列为一表，并且观察它们是否适合于这里提供的模式，用这样的方法来检验我们上述的见解是否正确。但我们没有理由相信，只有一种波浪式的运动渗透到经济生活中。恰恰相反，我们倒有理由认为，我们指的创新所包含的一些过程，比起其他过程来，必定要花费更长的时间才能充分显示作用。举例来说，一个国家的铁路化或电气化，可能要花费半个世纪到整整一个世纪的时间，并且包含着这个国家在经济结构和文化类型上的根本转化，它改变人们的生活中的每一件事，直到他们精神上的雄心壮志；可是另外一些创新或创新组合，却出现和消失在很短的年限里。再者，长周期变动一般是以明显的步骤而实现的，并且由此引起较短的波动和较长的根本性的增长，在这种情况下，认为只存在一个单一的周期并认定它将表现出非常明显的规律性，那是不太合乎常情的。事实上，那样的一种认识也只是一种非常大胆的假设，它只有当我们的材料能明白无误地要我们这样做的时候才是恰当的。但是，由于情况不是这样，即令除掉我们的材料很可能遭受外部的干扰这一点不计之外，情况也不是这样，因而更加现实的态度似乎就是要承认有*很多的*周期在同时运行，并且要直接面对分析这些周期彼此干扰的问题（而且也可能要撇开一些虚假的不规律性，这就是说，撇开那种只是由于单个周期的假设所引起的不规律性）。因为，尽管如此，可是还有必要为了处理我们的时间序列，安排一个适当数量的各有显著特点的周期波动，它们可能被看成是彼此重叠的，并且被看成是把它们的常态部位或均衡邻近区域*靠近*这样一些点，在那些点上这些波动要穿越而过为它们作基础的下一个较高层次的周期的轨道。所以"三周期"体系就在这里提了出来，作为一种相当有用的可行的假设。对于这一体系，除了描述性的功用外，我们也不提别的要求；但是，很显然这种体系可以满足一个条件，而这个条件也是这样的一种方法有理由被要求去满足的，那就是要赋予历史的意义，这一点要比完成任何形式上的标准重要得多（像我们的资料所揭示出的外部因素的干扰那样，就概率意义而言，它们不是微小的、自变的或者"无数的"）。

从历史上认识到工业体系在任何时候所实际发生的事情，以及它们所发生的方式，首先呈现出存在着经常所提到的为时五十四年到六十年的“长波”。关于这一长波，过去偶尔也被有些人，特别是被斯皮托夫所认识到，甚至还被测度过，但是只有康德拉季耶夫才对这一长波作了更加详细的描述和分析，所以，人们把它称为“康德拉季耶夫周期”。19 世纪的经济史学家不自觉地和独立地证实了第一次长波的真实性，我们的资料也允许我们去进行观察，这就是从 1783 年到 1842 年的这一长波。这些经济史学家们也正好事先证实了我们关于这种现象的解释，特别创用了“产业革命”这一名词，它包含了我们所意指的每一件事情。这一名词现在看来是不恰当的，而且也陈旧了，但是，它却很好地描述了当时所发生的事情是如何的完全震动了不抱偏见的观察者。1842 年至 1897 年很容易解释为世界上的蒸汽和钢铁时代，特别是解释为世界上的铁路化时代。这看来或许是肤浅的，但是它能够详细显示出铁路建设以及这种建设所附带的、和它有关的或相应而生的操作，就成为那个时候经济变迁和经济波动占主导地位的特征，也成为可以划分为四个阶段的每一阶段的主导特征。未来的历史学家最终将比较容易地认识到，电气、化学和汽车对于大约从 1897 年开始发生的第三个长周期的上升波和下降波的发端的重要性。自然，假如我们宁愿采用一种更加通常的方式来表述同一件事情，我们就可能把这些过程称为“投资”以及信用的扩张和收缩：这的确是这一机制的非常重要的组成部分。不幸的是，这种描述虽说是更通常一些，但也更肤浅一些，而且容易为周期的各种货币理论大开粗糙和错误之门。任何一个令人满意的对原因的分析，必须从引起那种信用扩张的事情开始；如同每一个令人满意的对结局的分析，必须从考查用增加的货币资源进行了什么工作开始一样——此后我们立刻就会停止怀疑，为什么在萧条的时候，或在萧条之前，单纯增加信用便利将会证明是无效的，正如我们所知道的实际情况那样。不过，如果我们停留在投资过程，并且假定它有它自己的机制，我们就不仅不能掌握到事物的核心，而且也将难以逃脱这种铤而走险的逻辑，就像下述结论的含义那样：因而投资的增加及信用的扩张是和繁荣阶段相联系的，所以我们就能用扩张信用的方法来制造繁荣。

大多数研究经济周期的人，并不考虑是否有充分的依据来建立这一特殊的周期。但是，那又意指什么呢？康德拉季耶夫周期这一名词，对于我们来说，不过是某一系列的事实（物价水准、利息率、就业等等的某一长期的变动）的名字而已，其中没有一件事是可以置疑的。的确，这个名词也包含着一种解释，足以用来说明，我们在上面所谈到的时间序列的变动，可以沿着同样的途径，作为较短周期的变动的一种解释。这又只是历史事实的一种推理，直到现在也还没有作为问题提出来。当然，对一种现象只有二分之一到四分之三的经验，是不足以保证作为下结论的依据，更谈不上作为预言的依据了。

所以仅仅作为对事实的一种阐述，我们可以大胆地说，在我们的统计观察的范围内，有两个完整的康德拉季耶夫周期，每一个这样的长周期包含着六个期限为九年或十年的周期，它们是同样被工业史所充分证实了的，尽管在我们的时间序列里显示得没有那样清楚，事实上它们大致是符合那种最先被发现了的周期运动。按照前面分析周期那样的程序，我们可以把这些周期叫做“尤格拉周期”。正像罗伯逊[①]所说的，在每一个实例中，有可能指出造成经济上升波动和调整过程的个别工业和个别创新。

最后，就已经被调查了的大多数情况和这个国家的情况来说，直到现在为止我们所观察的每一个“尤格拉周期”（目前的“康德拉季耶夫周期”所包括的那些短程周期也都在内），是易于划分为三个周期的，而每一个周期大约为四十个月的时间。近百余年来，这种更短的周期的存在，曾经反复被人指出过，更经常地被人所觉察和默认了。但是，我们要指出，这主要是由于基钦先生和克鲁姆教授在本杂志上的两篇研究论文，才使得这种短周期得到证实的。[②]关于商业票据价格变动的记载，这种时间序列是所有周期变动中最富于周期性的，当然也是特别重要的。这个周期，如同其他周期一样，在这个国家比在别的国家更加清楚，特别是比在英国更加显著，这是很容易用这个事实来解释的，那就是大多数时间序列的周期将会趋向于削弱或者完全消失，当一个国家的经济生活同国际影响交织得愈密切，以及这个国家的政策愈趋向于自由贸易，就愈是这样。这一分析所引起的统计方法上的问题（因为统计方法，必须从我们对它所应用的那种现象的理解当中，产生出来），将在另外的时间里加以讨论。

当然，我们可以承认，不仅非周期性变动，也产生波浪般的运动，而且在刚才提到的三个周期之外，也还有其他的周期性波浪。[③] 尽管如此，但我们认为，“三种周期”体系足以满足初步接近

① 参阅以前关于罗伯逊先生的附注。见本书本附录第 302 页。

② 见《经济统计评论》杂志，第五卷（1923 年），第 10—16 页和第 17—29 页。

③ 如同沃德韦尔、库兹涅茨及其他学者所指出的。

阶段的目的，现在我们正处于这一阶段，而且很有可能我们还要在此阶段停留一个相当长的时间。

（五）一个研究规划

假如我们按照拟定的原则去整理那些可以得到的统计的和历史的资料，我们至多只能得到若干启示，使我们对于真正的图景大致像个什么样子有一个概念罢了。这些原则足以使我们能够在大体上联系我们的那些时间序列的行为，那些时间序列是最能象征整个经济生活的脉搏的。这些"系统的"时间序列，可以是"合成的"，比如物价水准序列，或物资生产量；也可以是"天然的"，比如利息率，债务偿还，失业，生铁消费（至少是战前时期），或储蓄的总额等等序列。假如上述所概括的观点是真的符合生活现实的话，那么，总的说来，它们也全都会按照它们应该行动的那样去行动。为了同"系统的"时间序列相区别，在我们可以称之为"单个的"时间序列的场合，比如个别商品的价格和数量这样的场合，我们的分析就变得更为复杂了；同时我们对工业和商业的每一部门的特殊情况就需要有完善的知识，比如，它的滞后、摩擦和惰性，它的从业人员的智力，临时出现的个别偶然的影响，特别是它在任何一个周期中的主动的或被动的作用。因为外部因素冲击在由许多重叠的波浪式运动所组成的这一过程的某些阶段上，也因为每一个这样的波动本身冲击在作为它的基础的其他波动的某一特殊阶段上，因此，就每一个别的工业或个别厂商而言，这一切就冲击在一个特殊的共鸣器上，这个共鸣器按照它自己的结构作出反响。这也许就是阐述这个充满复杂性的问题的最好的方式。它也帮助我们去了解许多“特殊的周期”，而这些周期是一些学者们，在各种个别工业中已经找到，或以为他们自己已经找到了的。

现在，第一，在关于研究规划方面，我们可以这样认为，在上面所说的“系统的”时间序列中，没有任何一个时间序列足以充分代表它所意味着要代表的东西。我们的历史上的情报资料，或当代的情报资料，也绝不能充分地从数量上来解释系统的时间序列的波动。这仅仅是问题的一个方面，那就是它使对结果的任何分析不可能得到有说服力的论证；同时，我们现在所能做的一切，只能是说，我们所掌握的这些事实的证据是和分析的结果相符合的或不相符合的。另一方面，很多问题根本不是原则和分析的问题，而只是相对的数量的重要性的问题。上面的说明，比如说，在任何周期的下坡阶段，工资的惰性可以用来解释那种决定失业数目的一些因素，这是非常明确而不需要任何证明的。但是，不仅为了实际的目的，而且也为了科学研究的目的，只要我们不能够说这一因素究竟能否解释在一定地点和一定时间所考察的失业数字的1%或是90%，那么这种说明就是完全不相干的。由此可见，如果我们不可能做到比这更为精确，那么经济学被实际工作者看成毫无用处，也就不足为怪了。尽管如此，可是我们的分析工具仍将会得到一个确定的回答，只要必需的实际资料能够应用进去；当然，这种资料的搜集是大大超过任何个别工作者或私人工作者集团的能力的。

第二，在一些显然是头等重要的问题上，简直就没有确实可靠的情报资料。两个例子就足够说明这一点。如果我们不那么坚决反对当前过分强调一般的物价水准和货币数量的重要性的那种趋向，我们就可以这样说，家庭用于消费品的源源支出是分析经济周期的最不可缺少的要素之一。我们有了可以接受的虽然很不令人满意的关于战后时期的指示数字，但是，由于这一时期所呈现的特殊情况，这些数字作为对情况的根本了解几乎是没有价值的。就战前时期来说，我们就只好满足于工资支付单一类的数字，这些数字很可能易于引起误解，即使它们还可以追溯到更早的时候。尽管如此，可是仍然有丰富的包括几个世纪的零散资料，如果能汇集在一起，它们定将可以澄清包括这一问题在内的很多迫切的实际问题。

再者，在经济下坡时，投资过程以及相应的信用收缩过程，不管理论家怎么说，除非我们更多地了解关于它的根源的相对重要性和借贷双方的实际行为，那么我们就不能充分地掌握它的重要性和后果。这里，决定性的数字是实际上花费在为了新的目的而进行的耐用的生产资料的生产上的总额。我们的主要困难就在于上句注有着重号的这个短语上，迄今这只是在很少的场合曾经被克服过：例如，我们能够追溯到 19 世纪 40 年代，究竟有多少款项是花费在英国的铁路建设上。我们很难找出每年新投放于工业和商业上的总额是多少。尤其困难的是找出其中有多少是花费在设备上的。即使如此，也还不足以完全表达出此中的困难。但无论如何，调查清楚资本主义社会过去的和现在的这一非常重要的方面，却是完全可以做得到的。

第三，尽管这种周期现象不能定义为和理解为各个工业独立变动的一种平均情况，但是，各个工业的活动，一方面是引起，另一方面又是反应不断变迁的经济情形的波动，则需要我们对它们逐项给以专门研究。沿着这一方面曾经有过许多著作，但是，由于对工业专题文献作过贡献的一些作者，在头脑中没有考虑到这些关键问题，所以，他们的论证是不完善和缺乏说服力的。我们不能说，任何工业的任何事件，或其结构模式的任何特点，都与周期的如何形成的问题没有关系。此外，如果工业变动真的是周期现象的基础，那么，它的机制，只有在详尽的包括关于这种变动的一切有记载的情况之后，才能建立起来。举例来说，肯动脑筋的观察者，就可立即发现，在16世纪到18世纪末期英国炼铁工业发展的不同过程，同现代汽车工业的兴起之间，表现了显著的相似性。在这些情况下，如同在很多其他的场合一样，我们现在的研究已经远远超过了一般印象的范围。尽管如此，但是从这里开始，到建立起创新体系的有效性的目标，以及指示出创新，连同货币补助物一起，如何产生资本主义社会的经济生活所固有的特种波动的目标（而这些波动又是与人类活动的其他领域中相类似的现象并行的），则还有相当长的路程。

译名对照表

三至四画

马奎斯　Marquis
马歇尔，A.　Marshall, A.
马塔雅　Mataja
戈森　Gossen
韦伯，马克斯　Weber, Max
韦奇奥，德尔　Vecchio, Del
瓦尔拉，莱昂　Walras, Léon
瓦格纳，A.　Wagner, A.
孔德，奥古斯特　Comte, Auguste
巴龙　Barone
尤格拉，克莱芒　Juglar, Clément

五　画

卡弗　Carver
卡鲁索，恩里科　Caruso, Enrico
卡塞尔　Cassel
皮尔，罗伯特　Peel, Robert
皮古　Pigou
皮埃斯多夫　Pierstorff
汉，A.　Hahn, A.
汉森，A. H.　Hansen, A. H.
布兰维尔，德　Blainville, de
布伦塔诺　Brentano
弗瑞希　Frisch
兰普雷希特　Lamprecht
本迪克森　Bendixen

六　画

亚当斯，T. S.　Adams, T. S.
亚里士多德　Aristotle
西格　Seager
西尼耳　Senior
西奇威克　Sidgwick
米切尔，W. C.　Mitchell, W. C.
米塞斯，冯　Mises, von
米克斯特　Mixter
达尔文　Darwin
达文波特　Davenport
伍德，G. H.　Wood, G. H.
休谟　Hume
毕希尔　Bücher

七　画

克拉克，约翰·B.　Clark, John B.
克莱尔　Clare
克鲁姆　Crum
劳，约翰　Law, John
劳弗林，J. L.　Laughlin, J. L.
劳德代尔　Lauderdale
麦克文　McVane
麦克劳德　MacLeod
麦卡洛克　McCulloch
阿什利　Ashley
阿弗达农　Aftalion
阿克赖特　Arkwright
库诺　Cournot
库兹涅茨　Kuznets
怀兹，F. X.　Weiss, F. X.

伯克莱　Berkeley
李嘉图　Ricardo
纽科姆,S.　Newcomb, S.
沃德韦尔　Wardwell

八　画

罗,J. W. F.　Rowe, J. W. F.
罗伯逊,D. H.　Robertson, D. H.
罗宾斯,L.　Robbins, L.
罗雪尔　Roscher
罗特达姆　Rotterdam
帕累托　Pareto
帕尔格雷夫　Palgrave
杰文斯,W. S.　Jevons, W. S.
凯恩斯　Keynes
庞巴维克　Böhm-Bawerk
孟德斯鸠　Montesquieu

九至十画

洛克　Locke
洛伊　Loewe
洛茨　Lotz
施穆勒　Schmoller
施莱辛格　Schlesinger
费特　Fette
费希尔,欧文　Fisher, Irving
哈伯勒,戈特弗里德　Haberler, Gottfried
查普曼　Chapman
威登菲尔德　Wiedenfeld
埃利斯,霍华德・S.　Ellis, Howard S.
埃默里　Emery
埃奇沃思　Edgeworth
埃费尔兹,O.　Effertz, O.
配第　Petty
泰罗,兰沃斯　Taylor, Langworthy
陶西格　Taussig
桑巴特　Sombert
莱德勒,埃米尔　Lederer, Emil

十一至十二画

维科　Vico
维塞尔　Wieser
康拉德,奥托　Conrad, Otto
康德拉季耶夫　Kondratieff
基钦　Kitchin
萨伊,J. B.　Say, J. B.
勒维,R. 乔治　Lévy, R. Georges
累克西斯　Lexis
菲利波维奇　Philippovich
斯密,亚当　Smith, Adam
斯皮托夫　Spiethoff
斯图亚特　Stuart
奥佩,雷德弗斯　Opie, Redvers
奥佩蒂　Aupetit
鲁伊斯勒　Roesler

十三至十八画

雷,约翰　Ray, John
鲍利　Bowley
魁奈　Quesnay
熊彼特,约瑟夫・阿洛伊斯　Schumpeter, Joseph Alois
霍布森　Hobson
霍特里　Hawtrey
穆尔,H. L.　Moore, H. L.
穆勒,詹姆斯　Mill, James
穆勒,约翰・斯图亚特　Mill, John Stuart

图书在版编目(CIP)数据

经济发展理论:对于利润、资本、信贷、利息和经济周期的考察/(美)约瑟夫·熊彼特著;何畏等译.—北京:商务印书馆,2017
(汉译世界学术名著丛书:120年纪念版:珍藏本)
ISBN 978-7-100-14084-3

Ⅰ.①经… Ⅱ.①约… ②何… Ⅲ.①熊彼得(Schumpeter,J.A. 1883-1950)—经济发展理论 Ⅳ.①F091.354

中国版本图书馆CIP数据核字(2017)第137963号

汉译世界学术名著丛书
(120年纪念版·珍藏本)
经济发展理论
对于利润、资本、信贷、利息和经济周期的考察
〔美〕约瑟夫·熊彼特 著
何畏 易家详 等译
张培刚 易梦虹 杨敬年 校

商 务 印 书 馆 出 版
(北京王府井大街36号 邮政编码100710)
商 务 印 书 馆 发 行
南京爱德印刷有限公司印刷
ISBN 978-7-100-14084-3

2017年12月第1版 开本710×1000 1/16
2017年12月第1次印刷 印张20¾
定价:98.00元